CW00641385

LA MÉTHODE ESPERE

Paru au Livre de Poche :

Contes à aimer, contes à s'aimer
Contes à guérir, contes à grandir
Contes d'errances, contes d'espérance
Contes des petits riens et de tous les possibles
J'ai encore quelques certitudes
Je croyais qu'il suffisait de t'aimer...
Je viens de toutes mes enfances
La Ferveur de vivre
Papa, Maman, écoutez-moi vraiment
Pourquoi est-il si difficile d'être heureux ?

Avec la collaboration de Christian Potié
Osez travailler heureux

JACQUES SALOMÉ

LA MÉTHODE ESPERE

UNE MÉTHODE
POUR MIEUX COMMUNIQUER

Illustrations
de Françoise Malnuit

ALBIN MICHEL

Cet ouvrage a paru initialement sous le titre
Pour ne plus vivre sur la planète TAIRE
aux éditions Albin Michel.

© Éditions Albin Michel, 1997, 2004, 2016.
ISBN : 978-2-253-18834-6 – 1re publication LGF

Je dédie ce manuel
À tous ceux qui m'ont appris
que j'étais un infirme
de la communication
et un handicapé des relations.

À ceux aussi qui ont eu l'humour,
la tolérance, la patience
de me faire découvrir
que j'étais partie prenante
dans ces situations.

À ceux encore qui m'ont aidé
à dépasser ces difficultés
en acceptant de se former
avec moi.

Sommaire

Introduction

À l'origine, l'ensemble de ces documents était destiné à être utilisé dans le cadre des sessions de Formation aux Relations Humaines que j'ai animées pendant quelque 25 ans.

Ces notes y étaient proposées en tant que support ou référence au travail des groupes, pour guider, soutenir ou stimuler une réflexion, accompagner, baliser ou prolonger une mise en pratique individuelle.

Ces principes et ces idées, synthétisés sous forme de fiches, ont été développés, agrandis, modifiés, remaniés, sculptés et polis au cours de mes années de pratique et de vie.

Ils représentent l'état « provisoirement achevé » d'un cheminement, l'essentiel de mes convictions, de mon enseignement, la structure de la pensée et des rêves que j'aspire profondément à transmettre.

Mon principal souci et ma préoccupation majeure ont toujours été d'ouvrir ces sessions de formation, de les sortir des séminaires spécialisés, des stages techniques, des laboratoires d'apprentissage pour les introduire sur la scène de la vie quotidienne, en partant des actes les plus simples dans le cadre de la famille, de l'école ou du milieu professionnel pour aller jusqu'à des engagements plus affirmés en devenant soi-même un agent de changement.

J'ai rassemblé ces fiches autour des thèmes suivants :

- Présentation et démystification du système SAPPE
- Passage du système SAPPE à la méthode ESPERE
- Présentation et mise en pratique de la méthode ESPERE
- Résistances et difficultés rencontrées dans la mise en pratique de la méthode ESPERE
- Ouvertures et prolongements

Identification du système SAPPE et de la méthode ESPERE

Qu'est-ce que le système SAPPE ?

*(S comme Sourd,
A comme Aveugle,
P comme Pernicieux,
P comme Pervers,
E comme Énergétivore)*

J'appelle système SAPPE l'ensemble des composantes habituelles qui régissent implicitement les rapports humains et cela dans tous les domaines de l'activité relationnelle.

J'ai rassemblé autour de cinq phénomènes les constantes que l'on peut retrouver dans toute tentative d'échange, de partage ou de communication. Celles-ci se font quasi spontanément à partir d'injonctions, de menaces directes ou indirectes, de disqualifications ou de dévalorisations, de culpabilisations et du maintien des rapports dominant/dominé. Ces cinq phénomènes se développent soit au grand jour avec des manifestations très explicites, reprises par les grands systèmes institutionnels (Éducation, Justice, Santé), soit plus voilées et plus subtiles dans les échanges intimes. Elles sont entretenues le plus souvent avec beaucoup de ténacité par tous les protagonistes d'un échange.

Qu'est-ce que la méthode ESPERE ?

*(Énergie Spécifique
Pour une Écologie
Relationnelle à l'École)
ou encore
(Énergie Spécifique
Pour une Écologie
Relationnelle Essentielle)*

J'appelle méthode ESPERE l'ensemble des propositions qui viseront d'une part à désamorcer, à ne plus entretenir le système SAPPE, et d'autre part à proposer de façon active une autre façon de communiquer, de pouvoir mettre en commun au travers d'un échange ou d'un partage, en permettant à chacun des protagonistes de se respecter et, si c'est leur souhait, de s'amplifier mutuellement.

Un des enjeux de la méthode ESPERE sera de promouvoir des moyens accessibles à chacun pour pouvoir se relier au meilleur et au positif de l'autre, sans se laisser polluer par le négatif potentiellement présent en chacun.

Je souhaite
que ce travail puisse servir de support
à un apprentissage de la communication relationnelle
à l'école, que cette méthode soit enseignée comme une des
bases de la scolarité, au même titre que lire, écrire,
compter et s'exprimer.

Le sigle ESPERE (Énergie Spécifique pour une Écologie Relationnelle à l'École) indique bien les lignes de force de cette approche.

- Susciter, développer, entretenir de nouvelles énergies au service de l'être humain et rappeler ainsi que nous pouvons devenir énergétigène.

- Initier à l'importance de l'équilibre de vie de chacun par la qualité des relations entretenues avec soi et avec autrui.

- Montrer l'importance d'un apprentissage précoce à la communication comme un des fondements de notre relation au monde.

- Réveiller chez les adultes (parents, enseignants, accompagnants) qui participent à l'éducation d'un enfant le souci d'une plus grande vigilance, la mise en œuvre d'une meilleure cohérence dans leur position relationnelle.

Cette méthode forme un tout dont le découpage est essentiellement didactique.

Certains grands principes ou notions se retrouvent au carrefour de plusieurs chemins.

Leur présentation sous différents angles, leur réapparition en divers chapitres en faciliteront la compréhension et l'approche, en renforceront les effets, en approfondiront les sillons.

**❝Le seul enjeu réel d'une relation,
c'est d'en sortir plus beau
et plus vivant.❞**

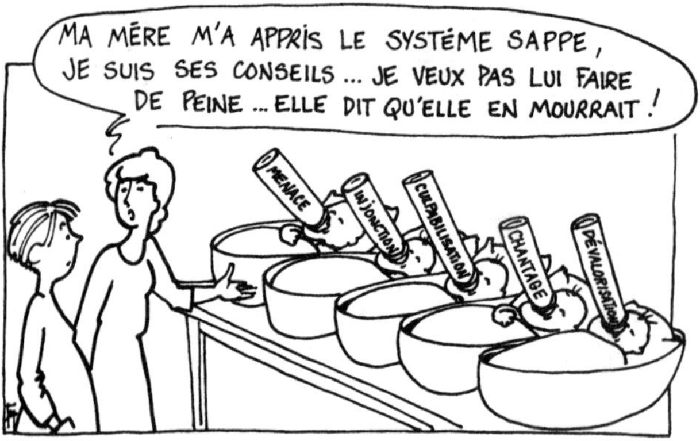
MA MÈRE M'A APPRIS LE SYSTÈME SAPPE, JE SUIS SES CONSEILS ... JE VEUX PAS LUI FAIRE DE PEINE ... ELLE DIT QU'ELLE EN MOURRAIT !
MENACE
INJONCTION
CULPABILISATION
CHANTAGE
DÉVALORISATION

Nous avons été élevés et nous élevons nos enfants
au biberon relationnel du système SAPPE.

Présentation
(non apologique)
du système SAPPE

(S comme Sourd – A comme Aveugle –
P comme Pernicieux – P comme Pervers
et E comme Énergétivore)

Pratique spontanée du système SAPPE

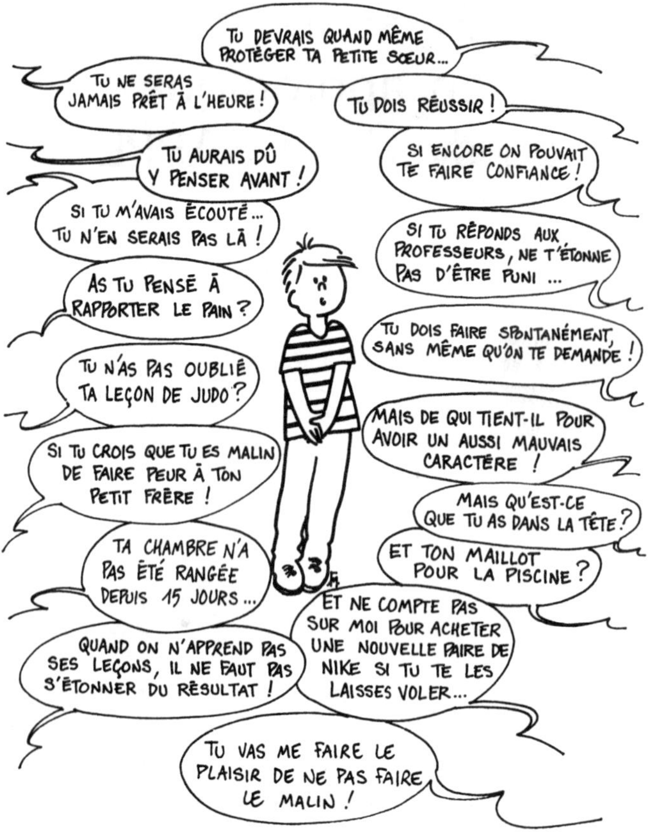
TU DEVRAIS QUAND MÊME PROTÉGER TA PETITE SOEUR...
TU NE SERAS JAMAIS PRÊT À L'HEURE !
TU DOIS RÉUSSIR !
TU AURAIS DÛ Y PENSER AVANT !
SI ENCORE ON POUVAIT TE FAIRE CONFIANCE !
SI TU M'AVAIS ÉCOUTÉ... TU N'EN SERAIS PAS LÀ !
SI TU RÉPONDS AUX PROFESSEURS, NE T'ÉTONNE PAS D'ÊTRE PUNI ...
AS TU PENSÉ À RAPPORTER LE PAIN ?
TU DOIS FAIRE SPONTANÉMENT, SANS MÊME QU'ON TE DEMANDE !
TU N'AS PAS OUBLIÉ TA LEÇON DE JUDO ?
MAIS DE QUI TIENT-IL POUR AVOIR UN AUSSI MAUVAIS CARACTÈRE !
SI TU CROIS QUE TU ES MALIN DE FAIRE PEUR À TON PETIT FRÈRE !
MAIS QU'EST-CE QUE TU AS DANS LA TÊTE ?
TA CHAMBRE N'A PAS ÉTÉ RANGÉE DEPUIS 15 JOURS...
ET TON MAILLOT POUR LA PISCINE ?
ET NE COMPTE PAS SUR MOI POUR ACHETER UNE NOUVELLE PAIRE DE NIKE SI TU TE LES LAISSES VOLER...
QUAND ON N'APPREND PAS SES LEÇONS, IL NE FAUT PAS S'ÉTONNER DU RÉSULTAT !
TU VAS ME FAIRE LE PLAISIR DE NE PAS FAIRE LE MALIN !

Les 5 piliers
du système SAPPE

Nous vivons sans pourtant en être toujours conscients dans un réseau d'échanges et de pseudo-communications universellement antirelationnel.

J'appelle système SAPPE, l'ensemble des interactions qui circulent le plus couramment sur la planète TERRE et qui développent des dépendances et des violences pour beaucoup de personnes.

J'ai construit ce sigle à partir de quelques mots-clés qui me semblaient représenter en les réunissant, les conséquences les plus négatives de ce système.

S comme **SOURD**

A comme **AVEUGLE**

P comme **PERNICIEUX**

P comme **PERVERS**

E comme **ÉNERGÉTIVORE**

Ce qui pourrait se décliner ainsi :

S comme **SOUFFRANCE**

A comme **ALIÉNATIONS**

P comme **PROBLÈMES**

P comme **PATHOLOGIES**

E comme **ENNUIS** ou **EMMERDEMENTS**

Ce système est entretenu de façon quasi automatique et naturelle par la sincérité, la ténacité, le prosélytisme et l'ardeur de ceux qui le pratiquent. Nous baignons depuis des générations dans le système SAPPE et toutes les grandes institutions sociales ou administratives, l'Éducation, la Santé, la Justice, y collaborent et participent à sa pérennisation.

Cinq sortes de phénomènes facilement reconnaissables caractérisent l'ambiance de l'univers sappien :

- L'**injonction**
- La **menace**
- La **dévalorisation** ou **disqualification**
- La **culpabilisation**
- Le **chantage** par pression morale ou affective

Ce sont la répétition et l'exercice abusif de ces 5 conduites qui empoisonnent et rendent mortifères beaucoup de relations. Celles-ci se construisent alors autour d'un pôle central : le désir d'infléchir la position dominant/dominé à son propre profit en tentant de garder un pouvoir d'influence maximal et durable sur autrui et sur l'environnement afin de maintenir la dépendance.

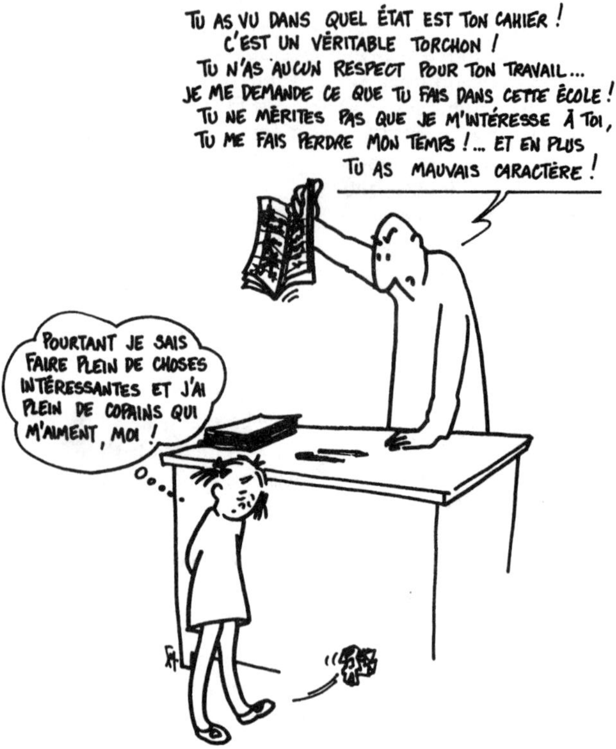
TU AS VU DANS QUEL ÉTAT EST TON CAHIER ! C'EST UN VÉRITABLE TORCHON ! TU N'AS AUCUN RESPECT POUR TON TRAVAIL... JE ME DEMANDE CE QUE TU FAIS DANS CETTE ÉCOLE ! TU NE MÉRITES PAS QUE JE M'INTÉRESSE À TOI, TU ME FAIS PERDRE MON TEMPS !... ET EN PLUS TU AS MAUVAIS CARACTÈRE !
POURTANT JE SAIS FAIRE PLEIN DE CHOSES INTÉRESSANTES ET J'AI PLEIN DE COPAINS QUI M'AIMENT, MOI !

Maintien des rapports dominant/dominé

Une des caractéristiques communes à de nombreux comporte-ments humains, qui apparaît parmi les plus ambivalentes et les plus pernicieuses, consiste à tenter d'exercer une influence directe ou indirecte sur son environnement et le plus souvent sur autrui.

Nous appelons position haute celle de la personne qui impose ou exerce l'influence et position basse celle de la personne qui accepte ou subit l'influence.

> Toute relation,
> pour être vivante et le rester,
> suppose une alternance des positions d'influence acceptée
> et acceptable par les protagonistes.

Trop souvent, dans une relation intime ou professionnelle, l'un des protagonistes va s'approprier la position haute. Le maintien volontaire ou involontaire de la position dominante, ajouté à la collaboration consciente ou inconsciente du dominé, constitue une des caractéristiques du système SAPPE.

Cinq phénomènes participent, entretiennent et nourrissent les rapports dominant/dominé.

- ➤ **L'injonction** (parler sur l'autre, le définir, l'étiqueter).
- ➤ **La menace** directe ou indirecte, réelle ou fantasmée, vient s'ajouter à la répression imaginaire de celui qui en est l'objet (imaginer que l'autre va faire, va dire, ne pas faire ou ne pas dire quelque chose qui nous sera préjudiciable ou dangereux !).
- ➤ **La dévalorisation, la disqualification, les jugements de valeur négatifs** associés à l'autodévalorisation ou à la victimisation.
- ➤ **La culpabilisation** : tenter de rendre l'autre responsable de ce que nous ressentons ou éprouvons.
- ➤ **Le chantage** (pression morale, affective ou manipulatoire pour infléchir le comportement ou la conduite de l'autre).

Prendre le risque de s'affirmer, de se positionner est une façon de ne pas entretenir ou collaborer à des rapports qui pourraient se révéler dans la durée infantilisants pour chacun des protagonistes d'une relation.

Dans les moments de doute, nous pouvons penser que le système SAPPE a encore de beaux jours devant lui car peu de personnes se montrent réellement prêtes à renoncer à le pratiquer. Dans les moments d'espoir, nous pensons alors résolument que nous avons les moyens de ne plus y collaborer et de contribuer inexorablement à sa disparition, ou tout au moins à sa pratique a minima.

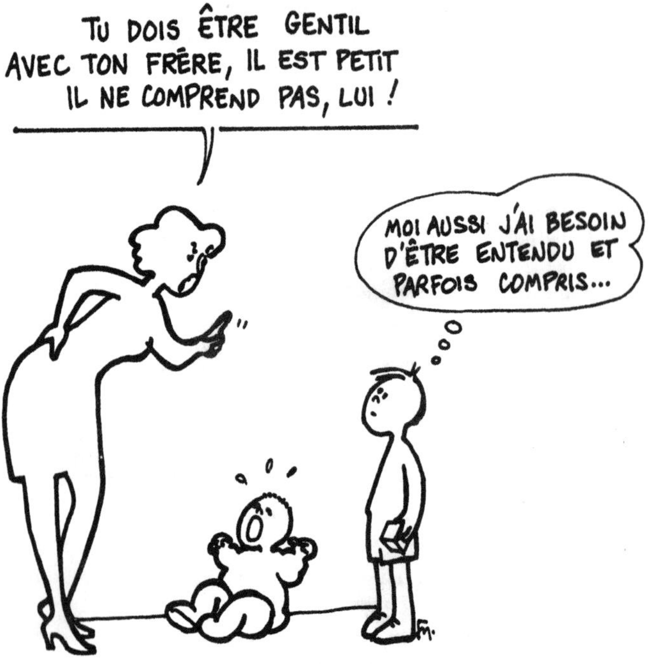
TU DOIS ÊTRE GENTIL
AVEC TON FRÈRE, IL EST PETIT
IL NE COMPREND PAS, LUI !
MOI AUSSI J'AI BESOIN
D'ÊTRE ENTENDU ET
PARFOIS COMPRIS...

1. L'injonction

■ **Injonctions déposées ou imposées par les personnes significatives de notre entourage**

Dès le début de notre vie, nos parents nous abreuvent d'injonctions à base de « **tu dois** », « **tu devrais** » ou « **il faut que** », prétendant ainsi nous dicter non seulement des conduites et des comportements, mais aussi des sentiments, des ressentis, des savoir-faire ou des savoir-être.

De plus, comme une irresponsabilité ne vient jamais seule, les enfants assistent tous les jours à des scènes entre les parents où l'un des deux pratique les mêmes sortes d'injonctions sur un mode trop souvent discriminatoire ou disqualifiant... pour l'autre !

■ **Injonctions que l'on se donne à soi-même, parfois très tôt dans la vie**

Ce sont toutes celles que l'on s'impose et qui demeurent souvent les plus tenaces, les plus durables dans un scénario de vie. « **Je dois, il faut que, je devrais, il aurait fallu que... »**

> Les injonctions sont de véritables carcans qui servent de garde-fous ou de censure à l'expression possible d'un irrationnel qui pourrait s'ouvrir sur la créativité ou la liberté d'être.

Exemples :

Relations parents-enfants

« Tu devrais aimer ton frère, il est plus petit que toi, il ne comprend pas. Tu devrais faire preuve de plus de patience avec lui. »

« Tu dois manger de tout, dans la vie, il faut apprendre à ne pas être difficile. »

« Tu n'en as pas assez de regarder ces idioties à la télévision ? Tu pourrais quand même t'intéresser à autre chose... »

« Je dois être avant tout une bonne mère... »

Relations à l'école

« Tu dois être attentif et ne pas poser de questions si tu n'es pas interrogé. »

« Je dois toujours être un bon camarade. »

Relations conjugales

« Je suis sûr que tu as encore oublié de rapporter le journal ! »

« Tu devrais t'occuper d'eux plus souvent, tu verrais ce que c'est de rester toute la journée à la maison avec trois garnements qui n'arrêtent pas ! »

« Si tu crois que c'est marrant de répéter vingt fois la même chose à quelqu'un qui n'es jamais là. »

« Si tu m'aimais, tu arrêterais de fréquenter les amis que je ne supporte pas. »

« Je dois d'abord penser aux autres. »

Relations professionnelles

« Vous devez vous conformer aux habitudes de service. »

« Tout ce qu'on vous demande, c'est de faire votre travail tel que nous le voulons ! »

« Je dois me comporter comme mes collègues de travail et ne pas me faire remarquer bêtement par mes critiques qui seront mal vues. »

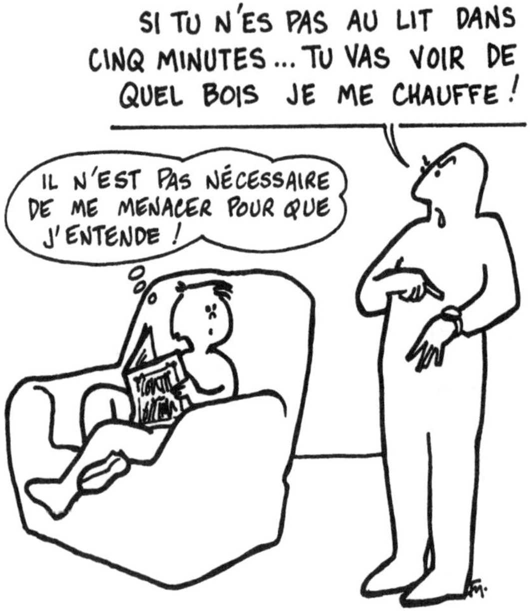
SI TU N'ES PAS AU LIT DANS CINQ MINUTES... TU VAS VOIR DE QUEL BOIS JE ME CHAUFFE !
IL N'EST PAS NÉCESSAIRE DE ME MENACER POUR QUE J'ENTENDE !

2. Les menaces

■ Les menaces peuvent être implicites ou explicites, directes ou indirectes.

■ Les menaces sont parfois contenues dans de petites phrases banales, qui n'ont l'air de rien. Elles peuvent s'exprimer dans des conflits anodins mais qui laissent des traces profondes et qui taraudent la confiance de base d'un enfant.

■ Les menaces sont agitées comme un épouvantail pour freiner la vitalité, contrôler l'imaginaire et l'irrationnel dans la vie d'une personne.

■ Les menaces contribuent à maintenir la dépendance, la non-initiative. Elles limitent la liberté individuelle de choix en annonçant un risque à venir. La répression imaginaire de chacun est ainsi portée et maintenue à son plus haut niveau.

Exemples :

Relations parents-enfants

« Si tu n'es pas couché dans 5 minutes, tu vas voir ce qui va arriver. »

« Attention, la dame va te gronder si tu touches aux jouets de la vitrine. »

« Descends de ce mur, tu vas encore te faire mal ! »

« Fais donc attention à ton bol de chocolat, tu vas te brûler si tu continues comme ça. »

Relations à l'école

« Tu as encore fait 5 fautes ! Si tu ne t'appliques pas davantage, tu vas encore redoubler. »

« Tu n'écoutes jamais rien, tu verras plus tard. »

« Si tu n'écris pas mieux, jamais on ne te fera confiance... »

Relations conjugales

« De toute façon, je sais que je ne sers à rien dans cette maison, un jour je me supprimerai, vous serez tous contents de ne plus me voir. »

« Tu n'es jamais là quand il faut. Plus tard tu verras ce qui arrivera. »

Relations professionnelles

« Si tu n'es pas d'accord avec notre façon de faire, alors là... il ne te reste plus qu'à t'inscrire au chômage ! »

« Dépêche-toi de finir ce rapport, tu vas encore avoir des difficultés avec ton chef de service. »

❝Veillir est vraiment ennuyeux,
mais c'est le seul moyen que nous
ayons trouvé pour faire durer la vie,
le plus longtemps possible.❞

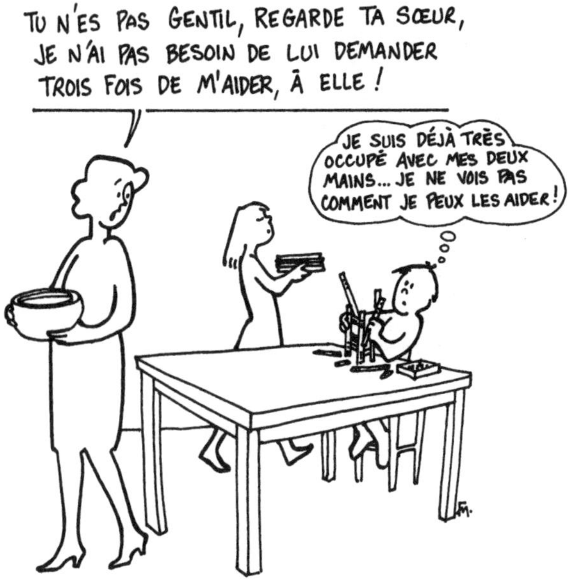
TU N'ES PAS GENTIL, REGARDE TA SŒUR, JE N'AI PAS BESOIN DE LUI DEMANDER TROIS FOIS DE M'AIDER, À ELLE !
JE SUIS DÉJÀ TRÈS OCCUPÉ AVEC MES DEUX MAINS... JE NE VOIS PAS COMMENT JE PEUX LES AIDER !

3. La dévalorisation
ou les disqualifications

■ **Disqualifications pratiquées sur l'autre :**

Elles visent à le blesser, avec parfois l'illusion que cet aiguillon pourra le stimuler, lui donner un coup de fouet, l'amener à changer son comportement quand celui-ci nous gêne ou nous dérange.

La comparaison est souvent associée à la dévalorisation.

Les jugements de valeur sur la personne sont extrêmement blessants.

■ **Disqualifications pratiquées sur soi-même :**

Ce sont des doutes, des dépréciations, des messages négatifs que nous nous envoyons à nous-mêmes.

Exemples :

Relations parents-enfants

« Si tu crois que c'est en t'y prenant comme ça que tu y arriveras, tu te trompes ! »

« Prends exemple sur ta sœur, on n'a pas besoin de lui demander trois fois la même chose, à elle ! »

« Ce que tu peux être maladroit quand tu t'y mets ! »

« Ils ont raison, ça ne sert à rien de se révolter, sinon à s'attirer des ennuis. »

Relations à l'école

« Regarde le cahier de Patrick, il ne fait jamais de ratures, lui ! »

« Ton frère était déjà un cancre, mais toi tu le dépasses ! »

« De toute façon, je n'arriverai jamais à être un aussi bon élève que ma sœur, ça ne sert à rien d'essayer. »

Relations conjugales

« Tu as vu les voisins, ils sortent, eux ! »

« Regarde ma mère, malgré son âge, elle, au moins, elle reste toujours très élégante sans dépenser beaucoup d'argent ! »

« Je ne serai jamais capable d'élever correctement mes enfants ! »

Relations professionnelles

« Prenez exemple sur Mme X. Malgré ses trois enfants, elle arrive toujours à l'heure à son travail ! »

« Tu viens d'arriver dans le service, tu n'as aucune expérience, et tu veux tout changer, ma pauvre ! Quand tu te seras cassé les dents comme nous, tu te tiendras tranquille. »

« Il est inutile que je fasse un projet de service, je n'arriverai jamais à le réaliser, je ne suis pas suffisamment compétente. »

❝Si je suis en tension, j'en transmets ou j'en réveille autour de moi. Si je suis pollué, je pollue.❞

VOUS VOULEZ ME RENDRE FOLLE AVEC TOUTES VOS QUESTIONS !
QUAND JE POSE UNE QUESTION À MA COPINE, JE ME FAIS PUNIR... À QUI FAUT-IL POSER DES QUESTIONS ALORS ?

4. La culpabilisation

■ Elle vise essentiellement à laisser croire à l'autre qu'il est responsable de notre malaise ou de notre souffrance. Elle s'assortit souvent de reproches.

■ La culpabilisation vise à maintenir la dépendance. Elle permet de retarder l'affirmation ou les tentatives de différenciation de celui qui pourrait se positionner, se situer avec des désirs et des attentes qui lui sont propres.

■ La culpabilisation est une pratique qui fait consommer une énergie considérable à celui qui en est l'objet. Un nombre incroyable de nos conduites et de nos attitudes vont être en relation directe avec le sentiment qui en découle. Celui qui est l'objet d'une tentative de culpabilisation se sentira dépossédé d'une partie de sa propre créativité qu'il utilisera pour l'essentiel à tenter désespérément de faire pour l'autre, croyant diminuer ce qu'il imagine être la douleur ou la souffrance de celui qui prétend être blessé… de son seul fait !

■ La culpabilisation qui induit un ressenti ne doit pas être confondue avec le sentiment de culpabilité qui est, en quelque sorte, un signal d'alarme déclenché par notre conscience, émis par notre « tribunal intérieur » pour nous rappeler notre responsabilité et nous faire évaluer les conséquences de nos choix.

Exemples :

Relations parents-enfants

« Si tu pars faire tes études à l'étranger, que deviendra ta mère avec son souffle au cœur ? »

« Tu veux nous faire du mal, hein, en épousant un divorcé ! »

Relations à l'école

« Vous voulez que je sois encore malade en étant aussi peu attentifs pendant la leçon ! »

Relations conjugales

« Après tout ce que j'ai fait pour toi, c'est comme ça que tu me remercies ! J'aurais mieux fait de ne pas t'épouser ! »

Relations professionnelles

« Ça ne te fait rien, à toi, que je laisse mon fils seul à la maison pour assurer cette permanence que tu ne veux pas faire ! On voit bien que tu ne sais pas ce que c'est d'avoir un enfant fragile. »

> Différencier l'erreur de la faute (qui implique intentionnalité) permet de ne pas cultiver la culpabilisation.

“Celui qui croit
que des mots peuvent tuer,
confond le discours et le message.
Le discours est ce qui est dit,
le message ce qui est entendu.”

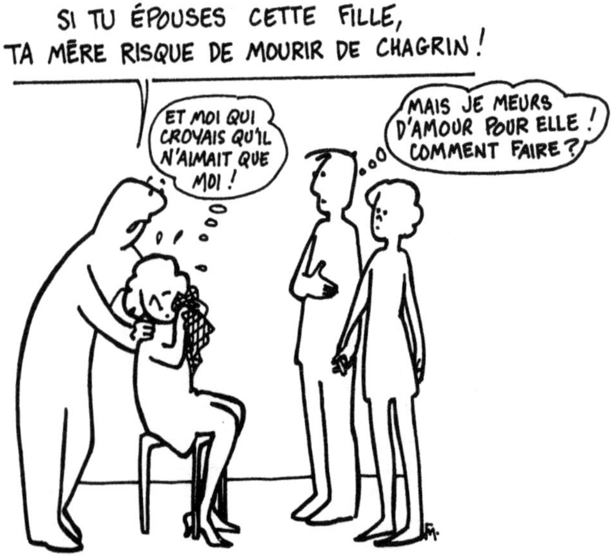
SI TU ÉPOUSES CETTE FILLE, TA MÈRE RISQUE DE MOURIR DE CHAGRIN !
ET MOI QUI CROYAIS QU'IL N'AIMAIT QUE MOI !
MAIS JE MEURS D'AMOUR POUR ELLE ! COMMENT FAIRE ?

5. Le chantage

■ Le chantage est une tentative bien connue d'imposer une influence sur le comportement de l'autre, contre ses choix ou ses désirs à lui.

■ Dans le chantage, la menace est le plus souvent fantasmée, imaginée.

■ Chantage et jugement de valeur cohabitent et s'associent pour peser encore plus lourdement sur les décisions à venir.

■ Le chantage ne marche que si nous l'entretenons en nous soumettant à la menace énoncée et en l'acceptant.

Exemples :

Relations parents-enfants

« Ton père ne supporterait pas que tu aies un enfant en dehors du mariage, cela risquerait de le tuer ! »

« Ne me dis pas quand même que cet homme est plus important que nous pour que tu acceptes de le suivre à l'étranger ! Comment ferait-on pour te prévenir s'il arrivait quelque chose à ton père ? »

« Si tu travaillais mieux à l'école, je suis sûre que ton père serait fier de toi, qu'il s'arrêterait peut-être de boire et qu'il rentrerait plus tôt, au lieu de traîner dans les bars ! »

« On ne sait même pas d'où elle sort, cette femme ! Si tu l'épouses, tu ne seras plus notre fils ! »

Relations à l'école

« Si tu voulais être un bon élève, tu commencerais par te taire lorsque je ne t'interroge pas. »

« Si tu veux faire partie de notre groupe, tu dois obéir à nos règles, sinon... »

Relations conjugales

« Si je découvrais que tu as une relation avec un autre homme, j'en mourrais sûrement ! »

« Si tu m'aimais vraiment, tu ferais des efforts pour ressembler à ma mère qui est une femme parfaite ! Elle ne se plaint jamais, elle. »

Relations professionnelles

« Si tu acceptais nos conceptions sur ton travail, au lieu de toujours critiquer, je suis sûr que le directeur nous considérerait enfin comme une véritable équipe sur laquelle il peut compter. »

Le chantage ne fonctionne que si on adhère aux injonctions de l'autre.

TU SAIS, MA CHÉRIE, ÇA NE VA PAS DU TOUT...
NE T'INQUIÈTE PAS ... J'AI VU LE DOCTEUR, IL
M'A DONNÉ POUR 75 € DE MÉDICAMENTS...
ET TU SAIS, LA RÉPARATION QUE LE PLOMBIER
M'A FAITE ... ELLE NE TIENT PAS DU TOUT... ET
MON DENTISTE M'A DIT QUE JE DEVAIS
CHANGER DE BRIDGE ... ET MA VOITURE
FAIT UN DRÔLE DE BRUIT ... ET JE ME
DEMANDE SI MA PROTHÈSE DE HANCHE
TIENDRA ENCORE LONGTEMPS... ET SI
TU SAVAIS COMME LA VIE EST
TRISTE DEPUIS QUE TON PÈRE
EST PARTI ... MÊME LA CHATTE
REFUSE UN CÂLIN ... AH!
J'OUBLIAIS DE TE DIRE ...
TA SŒUR EST VENUE,
ELLE, DIMANCHE
DERNIER...

Manifestations et expressions banales du système SAPPE

Ce système régit la plupart des communications dans le monde d'aujourd'hui, tant au niveau des relations intimes que professionnelle, sociales et politiques.

Il consiste à maintenir spontanément en place des règles d'échange qui se pratiquent sans aucune remise en cause :

- Parler *sur* l'autre et non **à** l'autre.
- Discourir *sur* soi et non parler *de* soi.
- Passer de l'*impression* à l'*expression* sans souci d'*une mise en commun*.
- Rester dans la *généralisation* sans *concrétiser*, sans *témoigner*, sans *s'impliquer*.
- Poser de *fausses questions* telles que : « Vous ne pensez pas que... ? »
- Entretenir des *communications indirectes* et se méfier des *relations directes*.
- Penser à la place de l'autre.
- Tenter d'infléchir le comportement d'autrui... quand il ne correspond pas à nos attentes.

"Si tu es distrait par la peur de ceux qui t'entourent, ça t'empêche de voir les actions de ceux qui te dominent...**"**

Force et persistance
du système SAPPE

Les différents ingrédients du système SAPPE se mélangent et se renforcent mutuellement.

Pour ceux qui les pratiquent à leur profit, ils deviennent parfois de véritables armes avec lesquelles ils peuvent dominer, garder la position haute et continuer à manipuler ou à maintenir la dépendance des proches, des collègues ou un entourage social et ainsi entretenir une relation qui se révélera à plus ou moins long terme destructrice, aliénante pour ceux qui se laissent ainsi définir.

Le système SAPPE sévit avec des résultats particulièrement probants :

- dans la plupart des familles
- à l'école
- dans la vie conjugale
- dans le monde du travail.

Il est omniprésent dans la plupart des relations car il s'auto-entretient à l'insu de chacun.

Il maintient en effet chez les protagonistes des positions infantiles et infantilisantes paradoxales. À un moment ou à un autre, celui qui s'y soumet fait toujours payer à l'autre la note de sa propre soumission et celui qui l'exerce finit par en vouloir à celui qui se soumet.

Il ne suffit pas de dénoncer le système SAPPE, de vouloir s'y opposer ou de tenter de le détruire. Ce qui importe, c'est de ne pas l'entretenir et de ne plus y collaborer... en arrêtant de le pratiquer !

**Passer du système SAPPE à la méthode ESPERE,
c'est introduire une révolution dans sa vie,
c'est accéder à une renaissance dans les relations humaines.
Ce passage et cette évolution ne se feront pas
sans réticences, sans résistances
et sans risques de régression !**

Pseudo-communication
Pratique de la non-implicati

Le système relationnel le plus répandu au monde
est fondé sur :
- **la non-implication**
- **la mise en cause ou l'accusation
de l'autre ou des autres**
- **la non-confiance et le doute**

à base de :
**reproches, plaintes, culpabilisations, refus, dénonciation
de l'autre, des autres, du système social**

L'enjeu en est :
la non-remise en cause de soi

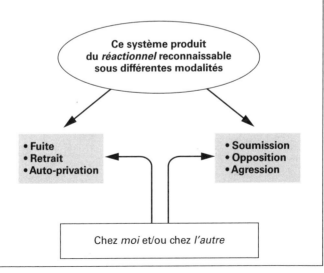

**Ce système produit
du *réactionnel* reconnaissable
sous différentes modalités**

- **Fuite**
- **Retrait**
- **Auto-privation**

- **Soumission**
- **Opposition**
- **Agression**

Chez *moi* et/ou chez *l'autre*

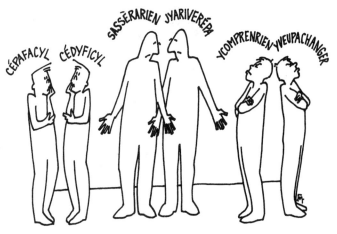

CÉPAFACYL CÉDYFICYL SASSÉRARIEN JYARIVERÉPA YCOMPRENRIEN YVEUPACHANGER

UNE FAMILLE TRÈS UNIE ...

Quelques auto-saboteurs efficaces

Pour entretenir doutes,
manque de confiance, dévalorisations
ou disqualifications.

Nous sommes d'une grande habileté pour nous saboter,
en particulier quand nous sommes près de réussir.

CÉPAFACYL
et son jumeau
CÉDYFICYL

Leur grand frère
CÉPLUFACYLADIRKAFER

Il y a aussi les tontons
SASSÉRARIEN
JYARIVERÈPA

Et les cousins germains
YCOMPRENRIEN
YVEUPACHANGER

Antidote possible aux auto-saboteurs :
CÉPOCYBL'SIVOUL'FÊTE

Le plus efficace des antidotes c'est de s'accorder l'autorisation,
dans le sens de se rendre auteur, d'oser faire quelque chose
qui nous a paru jusqu'alors impossible.

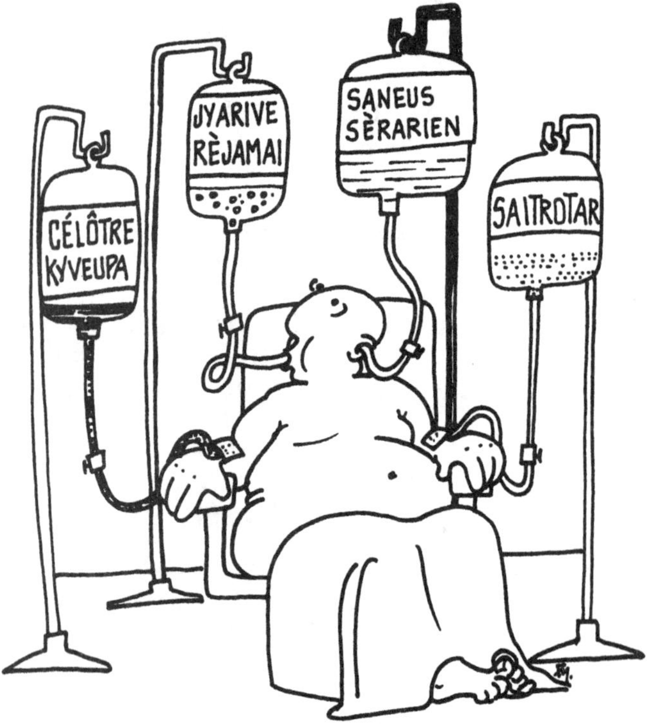
CÉLÔTRE KYVEUPA
JYARIVE RÈJAMAI
SANEUS SÈRARIEN
SAITROTAR

Quelques messages pernicieux

Qui nous démobilisent,
quelques pensées tenaces et récurrentes
qui sont autant de poisons
au quotidien de la vie,
à base d'auto-injonctions
énergétivores.

Ces expressions banales ont un pouvoir d'inhibition
et de paralysie dont nous sous estimons trop la force.

Saneussèrarien

Kesconvafairalor

Jyariverèjamai

Jepeupa

Saitrotar

Célôtrekyveupa
et son cousin
Célôtrekykomprempa

sans oublier
Jypeurien

L'auto-sabotage revient au galop en période de doute,
il est toujours prêt à surgir, tel un diable hors de sa boîte,
face à toute situation nouvelle un peu insécurisante.
Chacun peut ajouter à cette liste, non exhaustive,
son saboteur préféré.

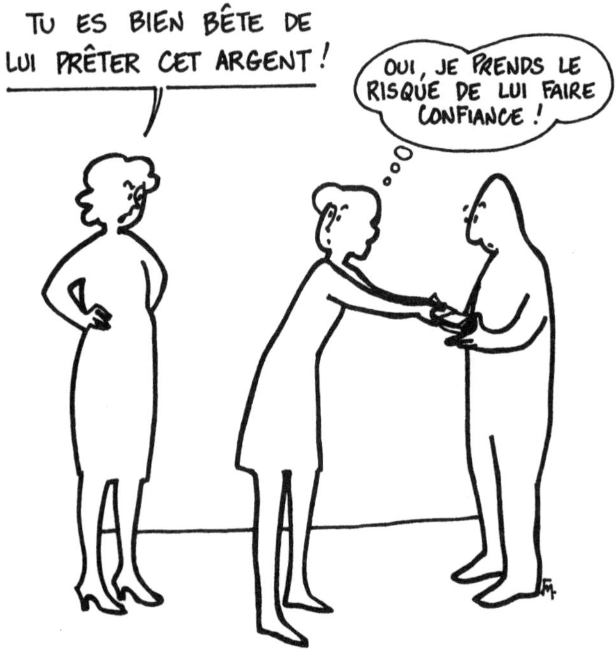
TU ES BIEN BÊTE DE LUI PRÊTER CET ARGENT !
OUI, JE PRENDS LE RISQUE DE LUI FAIRE CONFIANCE !

Quelques toxines relationnelles les plus fréquemment rencontrées dans le système SAPPE

Sur notre personne elles se manifesteront par le rappel constant et incontrôlable des aspects négatifs de notre vie, de doutes et de non-confiance en nos capacités. Les conséquences les plus actives, quel que soit l'élément déclencheur, en seront des ruminations, des répétitions ou des comportements compulsifs, irrationnels avec chaque fois comme double conséquence une alternance de blocages, de paralysies et de passages à l'acte pour faire la preuve du contraire.

■ L'entretien de l'auto-disqualification à partir d'une disqualification ou d'une dévalorisation de notre personne, d'un aspect particulier de notre caractère, de nos comportements ou de nos productions.

Le « *Tu n'as jamais été capable de tenir tes engagements* » va me faire douter de ma fiabilité !

« *De toute façon, je savais que j'étais incapable de mener à bien cette affaire.* »

■ Les jugements de valeur sur les idées, l'engagement, les positions et les choix de vie.

« *Tu es vraiment cinglé d'imaginer qu'un jour tu trouveras la femme de ta vie !* »

« *Tu es naïve de penser qu'il te remboursera cette somme.* »

■ La globalisation, l'étiquetage, l'enfermement dans une image.

« *Tu es toujours comme ça.* »

« *On ne peut jamais te faire confiance.* »

« *Tu ne veux jamais.* »

■ Le procès d'intention : prêter une intention maligne, négative à partir d'une parole, d'un comportement. Imaginer à la place de l'autre ce qu'il va faire ou ressentir.

« *Tu vas te sentir abandonnée une fois de plus lorsque je t'aurai fait part de ma prochaine nomination à l'étranger.* »

■ La suspicion, la mise en cause anticipée :

« *Je suis sûre que tu m'en veux d'avoir fait cela !* »

« *Je ne peux pas te dire, de toute façon, tu n'écoutes pas !* »

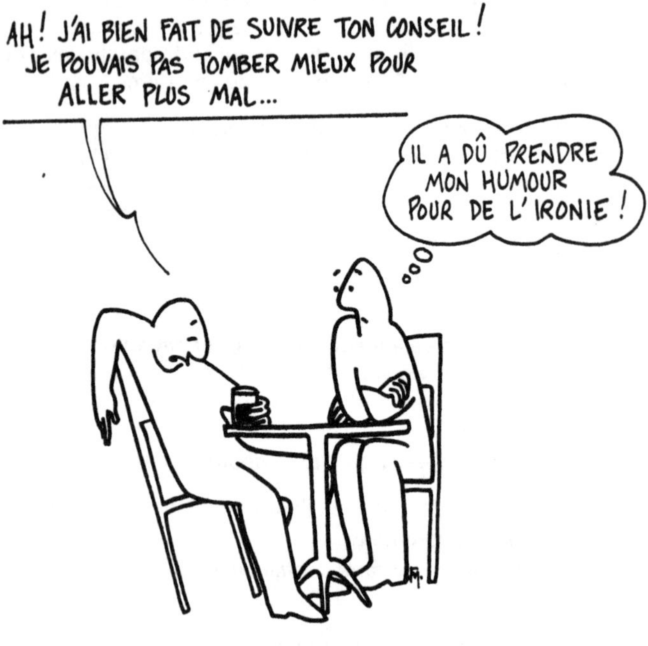
AH ! J'AI BIEN FAIT DE SUIVRE TON CONSEIL ! JE POUVAIS PAS TOMBER MIEUX POUR ALLER PLUS MAL...
IL A DÛ PRENDRE MON HUMOUR POUR DE L'IRONIE !

Quelques toxines relationnelles les plus fréquemment rencontrées dans le système SAPPE

■ L'auto-culpabilisation vient souvent renforcer la culpabilisation déposée par autrui :

« *Il avait raison quand il me disait : Regarde ce que je suis devenu à cause de toi.* »

« *Si je n'avais pas poussé mon mari à jouer ce jour-là, tout cela ne serait pas arrivé.* »

■ Les doubles messages et les fausses alternatives :

« *Il faut savoir ce que tu veux, tu restes au lit et j'appelle le médecin, ou tu te lèves et tu viens avec moi ?* »

« *Bon, si tu ne veux pas venir, je reste aussi ; comme ça, on sera deux à s'ennuyer.* »

« *Ou tu es un menteur, ou ce sont tes parents qui ne vont pas bien.* »

■ La dérision et l'ironie blessante :

« *Ah, voilà miss Catastrophe qui débarque !* »

« *J'ai bien fait de suivre ton conseil, je ne pouvais pas tomber mieux pour aller plus mal !* »

■ La fuite et le refus de confrontation :

« *Je préfère ne pas discuter avec toi.* »

« *De toute façon, tu as toujours raison.* »

L'anti-toxine la plus efficace serait
la confirmation.
Chaque fois que je vois poindre ou arriver vers moi
un signal, un message, un discours
que je ne ressens pas bon pour moi
je peux le restituer, le remettre et le laisser chez l'autre.

« *L'expression que vous avez eue en parlant de mon mauvais caractère n'est pas bonne pour moi. Je vous restitue le négatif de votre regard.* »

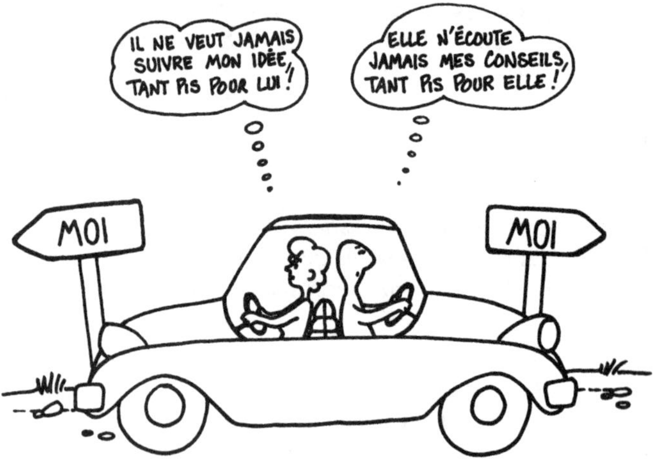
IL NE VEUT JAMAIS SUIVRE MON IDÉE, TANT PIS POUR LUI !
ELLE N'ÉCOUTE JAMAIS MES CONSEILS, TANT PIS POUR ELLE !
MOI
MOI
Serait-ce ce qu'on appelle aujourd'hui une relation de couple ?

Désamorçage possible du système SAPPE

Chacun est invité à reconnaître en lui les mécanismes positifs ou négatifs constitués par des croyances, des habitudes et des conditionnements issus du système SAPPE.

Chacun est invité aussi à prendre conscience des ancrages, des fixations et des débordements du système SAPPE proposé par autrui.

Dans un premier temps, il paraît toujours plus simple de les voir chez les autres.

Ensuite il sera quand même important de les repérer chez soi au quotidien de sa vie intime, sociale ou professionnelle.

Le passage du système SAPPE à la méthode ESPERE ne s'effectuera pas sans mal.
Les résistances, les difficultés d'intégration et la mise en pratique de la méthode elle-même demandent ténacité, cohérence et fermeté.

La règle la plus stimulante :
« J'apprends à me respecter suffisamment pour ne pas offenser la vie en moi et chez autrui. »

HOMO SAPPIERUS
DOMINATEUR, IL AIME
CONTRAINDRE ET
DÉTESTE LA MÉTHODE
E.S.P.E.R.E QU'IL COMBAT
ET SABOTE PAR TOUS
LES MOYENS.

HOMO ESPERUS
LÀ OÙ IL PASSE, IL FOCALISE
À LA FOIS UNE GÊNE ET UN
ESPOIR. IL SE VEUT PRÉSENT
DANS TOUS LES DOMAINES
TOUCHANT AUX RELATIONS
HUMAINES.

Passage de l'HOMO SAPPIEN à l'HOMO ESPERE : portraits-robots

L'Homo sappien se reconnaît à :

- son franc-parler sur l'autre
- ses borborygmes « on, on, on… »
- ses injonctions « tu, tu, tu… »
- ses attitudes péremptoires

Il en existe 2 variétés principales :

- les forts pour dominer, contraindre
- les soumis qui acceptent d'être dominés

L'Homo SAPPIEN déteste la méthode ESPERE.
Il n'hésite pas à la combattre par tous les moyens.

L'HOMO ESPERE ou HOMO ESPERUS

C'est une mutation de l'Homo sappien apparue à la fin du XXe siècle de notre ère et une nouvelle espèce en voie d'affirmation dans quelques îlots de convivialité et quelques oasis relationnelles.

L'Homo esperus se caractérise par :

- Une foi inébranlable dans les relations humaines.
- Une capacité à s'affirmer, à se définir en s'appuyant sur les outils de la communication et les règles d'hygiène relationnelle.
- Les critiques ambivalentes dont il est l'objet.
- Une focalisation de gêne et d'espoir simultanés là où il passe.
- Sa présence dans tous les domaines touchant aux relations humaines : santé, justice, éducation, monde de l'entreprise.
- Son absence inéluctable sur la scène politique.

QU'EST-CE QU'IL NE FAUT PAS FAIRE, QUAND MÊME, POUR ÊTRE EN HARMONIE AVEC SOI-MÊME...
DIVIN
MENTAL
ÉNERGIE COSMIQUE
SENTIMENTS
ÉMOTIONS
CORPS
ÉNERGIE TELLURIQUE

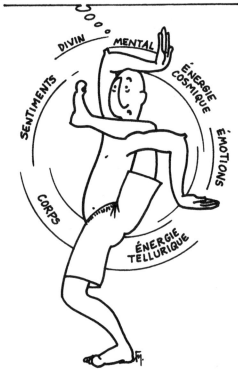

Comment passer
du système SAPPE

(Sourd, Aveugle, Pernicieux,
Pervers, Énergétivore)

à la méthode ESPERE

(Énergie Spécifique Pour une Écologie
Relationnelle Essentielle)

Tel est l'enjeu d'une démarche de conscientisation et d'apprentissage de la communication relationnelle.

Nous sommes aujourd'hui envahis par la communication de consommation confondue avec une inflation de l'information, dépendante elle-même des technologies, des outils de transmission.

Au-delà des avantages et des bienfaits de tous ces moyens sévit le risque réel

- d'un débordement du discours au détriment des messages,
- d'un morcellement des connaissances au détriment du sens,
- de la dissociation du savoir au détriment de la créativité,
- d'un appauvrissement de la communication intime au profit d'une communication prémâchée, en conserve.

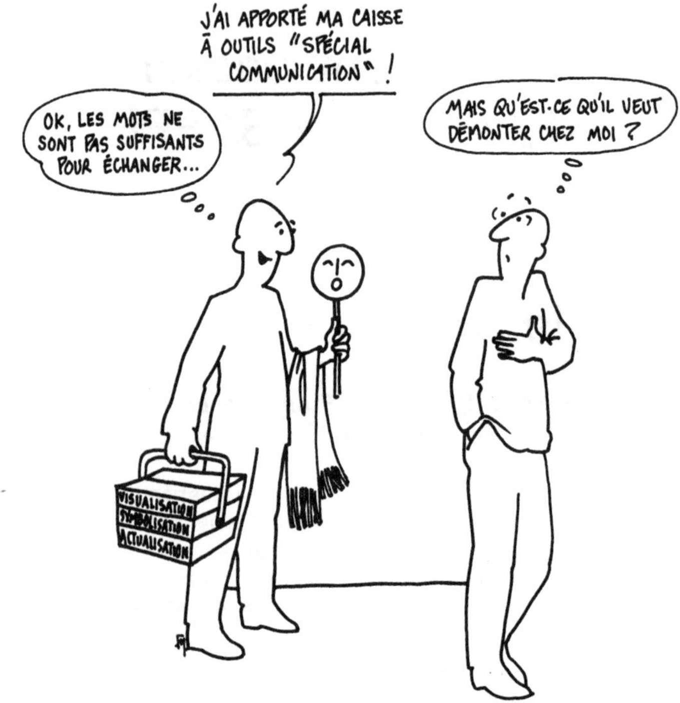
OK, LES MOTS NE SONT PAS SUFFISANTS POUR ÉCHANGER...
J'AI APPORTÉ MA CAISSE À OUTILS "SPÉCIAL COMMUNICATION" !
MAIS QU'EST-CE QU'IL VEUT DÉMONTER CHEZ MOI ?
VISUALISATION
SYMBOLISATION
ACTUALISATION

Présentation
et mise en pratique
de la méthode ESPERE

(Énergie Spécifique
Pour une Écologie
Relationnelle Essentielle)

Essentielle quand on veut la pratiquer
au-delà de l'école

Un chemin d'apprentissages possibles pour passer du système SAPPE à la méthode ESPERE

- Généralités
- Les outils de la méthode ESPERE
- Règles d'hygiène relationnelle

Ce recueil de fiches est un ensemble vulnérable tant il est porteur de contradictions et de remises en cause. Il est justement pour cette raison une invitation au lecteur à s'autoriser des conclusions personnelles propres à accroître son potentiel de créativité.

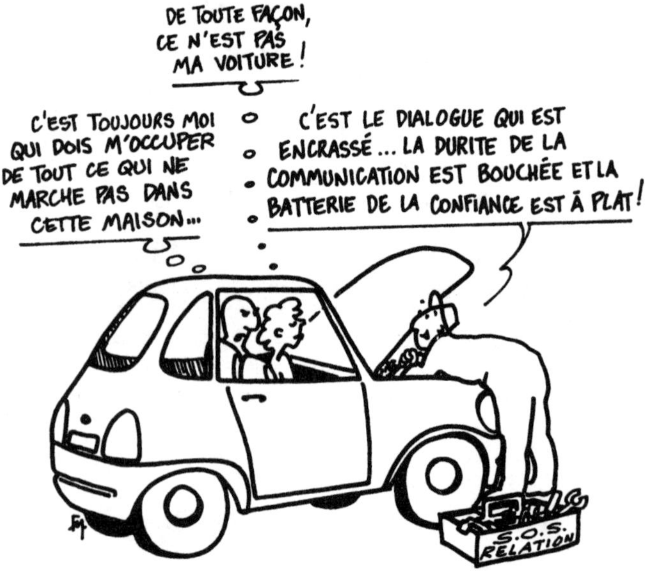
DE TOUTE FAÇON, CE N'EST PAS MA VOITURE !
C'EST TOUJOURS MOI QUI DOIS M'OCCUPER DE TOUT CE QUI NE MARCHE PAS DANS CETTE MAISON...
C'EST LE DIALOGUE QUI EST ENCRASSÉ... LA DURITE DE LA COMMUNICATION EST BOUCHÉE ET LA BATTERIE DE LA CONFIANCE EST À PLAT !
S.O.S. RELATION

Généralités pour un apprivoisement

J'ai tenté de rassembler autour de quelques concepts-clés, d'outils et de règles d'hygiène relationnelle, l'essentiel des découvertes et des pratiques qui ont été les miennes depuis quelque trente ans, comme formateur en relations humaines.

Au départ il s'agissait d'interrogations, de tâtonnements, de confrontations diverses, tant dans ma vie personnelle que professionnelle. Par la suite, ce furent des propositions, des rencontres de plus en plus structurées, élaborées, qui m'ont permis de construire un ensemble méthodologique susceptible d'être transmis.

De l'empirisme du début aux sessions de formation plus réfléchies des dernières années, mon cheminement aura été focalisé autour d'un seul désir : celui de ne pas rester un infirme de la communication, d'agrandir mon autonomie relationnelle, de m'engager dans la responsabilisation pleine et entière de toutes mes relations.

Le fait d'avoir pu développer autant mes idées que mes découvertes auprès de milliers de personnes également en recherche et soucieuses d'améliorer leur qualité de vie dans une démarche de changement personnel m'a permis de baliser ma propre évolution au travers de quelque vingt ouvrages. La confiance de mes éditeurs, la fidélité étonnante et stimulante de mes lecteurs ont donné à ces écrits une ouverture et une amplitude qui vont au-delà de la vie habituelle d'un livre.

> La méthode ESPERE n'est pas une méthode au sens strict du terme, mais une approche méthodologique dont l'objectif est d'apprendre à se poser des questions « ouvrantes ».

Dans ses fondements et ses principes, elle ne s'inscrit pas dans un courant de pensée ou d'école défini, même si elle rejoint parfois ou recoupe des positionnements, des concepts, des données ou théories proposés par ailleurs, sous d'autres termes.

Ce n'est pas que cette méthode n'ait pas de filiation ou d'histoire mais elle relève plutôt d'une démarche autonome.

La méthode ESPERE
témoigne surtout d'un esprit
et d'une éthique de vie.

La méthode ESPERE n'est pas composée d'une succession de recettes, mais correspond plutôt à une méthodologie ouverte sur un esprit, une éthique de vie. Elle est une invitation à un cheminement et parfois même à une ascèse avec ses rigueurs, ses contraintes et ses exigences propres.

La recherche sur laquelle s'est construite et repose la méthode ESPERE se déploie essentiellement dans deux directions :

- Comment développer des communications vivantes ?
- Comment vivre des relations en santé ?

Elle propose dans un même temps de découvrir la nature, les enjeux, les risques et les aléas de la communication tout en invitant au développement des possibles ou des émerveillements du partage et à la stimulation des échanges dans toute rencontre.

Communiquer
pour mettre en commun

Le mot **communication** est un des plus galvaudés. Nous trouvons sous ce vocable un véritable amalgame de notions allant de la transmission organisée d'informations, à des recettes pour mieux se faire entendre, convaincre ou comprendre ou de références à des langages, à des outils et à des techniques favorisant l'émission, la circulation ou la réception de données.

J'ai donné le nom de **communication de consommation** à la tendance qui domine actuellement non seulement dans les mass médias mais aussi dans les échanges interpersonnels.

C'est une communication qui ne laisse pas de traces, qui ne se dépose pas, qui nous laisse aussi démunis après qu'avant la rencontre. Une communication qui nous isole, qui nous cloisonne, qui augmente la désertification des grandes villes ou qui stérilise la famille et les lieux de vie communs.

Je réserve le terme de **communication relationnelle** à de nouveaux modes de communication favorisant davantage la naissance de liens, d'engagements, d'appartenance, d'adhésion ou de solidarité en vue d'un meilleur positionnement de vie.

Nous sommes des êtres de relations, engagés ou prisonniers dans de multiples réseaux qui peuvent soit entretenir la dépendance soit nous ouvrir à plus de liberté d'être.

La communication relationnelle dans le sens où elle nous relie peut nous ouvrir à toute la richesse des partages offerts et reçus.

La communication relationnelle ouvre à un apprentissage concret pour mieux trouver sa propre complétude en apprenant à se différencier ou à se séparer quand cela est nécessaire. Elle favorise maturation, structuration intérieure, organisation et croissance pour des relations plus vivantes.

Dans ce qui va suivre les notions sont abordées dans un langage simple, qui se veut accessible au maximum de personnes, les principes posés et définis, les exemples et les illustrations donnés touchent et renvoient chacun à des niveaux de compréhension aussi variés que possible.

La communication relationnelle va nous confronter aux principaux conflits, enjeux et dynamiques qui jalonnent et ponctuent une trajectoire de vie. Elle interpelle aussi sur les scénarios qui se rejouent de l'enfance à l'adolescence... de l'adolescence à l'âge adulte. En cela les différents concepts développés nous semblent fondamentaux, essentiels et vitaux pour ouvrir à plus d'harmonie, de bien-être et de tolérance dans les relations importantes de notre vie.

Cette approche vise à un travail de conscientisation, tout en sachant que l'inconscient n'obéit pas au conscient, qu'il ne se laisse pas faire par lui parce qu'il dispose d'une économie, d'une autonomie et d'une énergétique propres.

**L'écologie relationnelle est le support à une forme
d'équilibre provisoire et évolutif dans une pratique
de communication et d'échanges.
En favorisant et développant la cohérence globale de l'être,
elle œuvre au respect de chacun et participe
à la croissance vers le meilleur de soi-même.**

Enjeux de la méthode ESPERE

Les enjeux auxquels renvoient chacune de ces questions sont vitaux

Comment être sain dans un environnement malade ?

« Je peux apprendre à garder la bonne distance en renonçant à pratiquer la dynamique de l'éponge (si je ne prends pas sur moi la pollution trop souvent inévitable liée à la production de déchets et de scories qui sont les résidus de toute relation vivante). »

Comment se proposer à soi-même des relations en santé ; à autrui des communications vivantes ; et à la planète Terre une cohabitation respectueuse de son évolution ?

« En acceptant de reconnaître que tous les éléments de l'univers sont reliés ensembles, qu'ils sont interdépendants les uns des autres. »

Comment découvrir que je participe trop souvent de façon lâchement complice à une réalité qui ne me convient pas, dont les manifestations vont se retourner contre moi ?

« Chacun de mes actes, chacune de mes paroles ont un impact, ont un rayonnement positif ou négatif. Chacun de mes positionnements de vie contribue à la diffusion de l'amour ou de la haine qui traverse le monde. »

Comment diminuer le fossé d'incompréhension ou de discorde et de tensions entre la réalité (perception de l'extérieur objective) et le réel (perception intérieure subjective) ?

« En acceptant d'agrandir mon seuil de tolérance, en reconnaissant la relativité, les contradictions de tout engagement, y compris de ceux qui vont découler de la mise en application de la méthode ESPERE. »

Comment découvrir ce qui me fait réussir, mais aussi ce qui me fait échouer ? La seule réussite ne m'apprend rien sur mes difficultés. Les échecs sont sources de changement.

« En approfondissant chaque expérience de vie, en la confrontant au vécu de ceux qui m'entourent. »

➤ Comment envoyer vers l'extérieur des signaux qui puissent être autant de coups de pinceau qui colorent mon environnement ?

« Chaque fois que je me positionne en cohérence avec le respect, l'estime et l'amour que je m'accorde. »

➤ Comment me différencier suffisamment de la partie de moi qui collabore au système SAPPE ?

« En acceptant de découvrir que ce que je combats avec le plus de violence chez autrui est l'effet miroir de tout ce qui est mon propre aveuglement sur moi. »

La mise en pratique de la méthode ESPERE repose sur un principe élémentaire très ancien mais mal connu :

CÉPOCYBL'SIVOUL'FÊTE.

Cela veut dire : oser prendre le risque de poser un premier acte de changement en soi.

Apprendre à communiquer
avec la méthode ESPERE

Lorsque je témoigne, tant dans ma vie personnelle que professionnelle, de cette autre façon de communiquer et d'être en relation que je pratique depuis maintenant près de 20 ans, et qui est si interpellante, si vivifiante mais en même temps si dérangeante, j'ai bien le sentiment que, pour certains, mes propos sont vécus comme une vraie violence.

■ La méthode ESPERE remet implicitement en cause les modes habituels de communication dominants dans le système familial, dans celui de l'école ainsi que dans les pratiques relationnelles de la plupart des institutions sociales.

■ La méthode ESPERE heurte des systèmes de valeurs solidement implantés et bouscule surtout la bonne conscience et les leurres de la pseudo-communication.

■ La méthode ESPERE invite chacun à revoir sa propre façon d'échanger, de partager, de s'approprier, de dominer ou d'accepter les différences. Elle renvoie chacun à se confronter à ses propres seuils d'intolérance.

■ La méthode ESPERE suppose avant tout une cohérence, une exigence envers soi-même plus qu'envers autrui. Elle est en quelque sorte une ascèse pour un mieux-communiquer dans le respect de soi et de l'autre.

Il m'arrive bien sûr de dédramatiser par l'humour, par la tendresse ou la « bonne » distance, le pathétique, le terrorisme et l'emprise terrifiante du système SAPPE sur les conduites et les comportements, mais je ne voudrais pas être conduit à affirmer, comme le faisait Coluche :

« Bien sûr, je dis des conneries, mais, si je n'en disais pas, qui me comprendrait ? »

> • Ma démarche a quelque chose de grave, en ce sens qu'elle tente d'attirer l'attention sur la nécessité de ne plus vivre dans l'accusation ou dans l'auto-accusation.
>
> • Mes propositions de travail invitent au respect de soi et de l'autre pour développer la responsabilisation, l'anti-victimisation et l'affirmation par la confrontation.
>
> • Mon propos vise à ne pas entretenir ainsi la violence endémique qui traverse au quotidien la vie de chacun, et à oser se confronter à l'autre dans un face-à-face créatif.

TU NE VOIS PAS QU'ILS NOUS EXPLOITENT, DANS CETTE BOÎTE ?
... SURTOUT QU'IL Y EN A QUI SONT PAYÉS À NE RIEN FAIRE !
C'EST POUR MOI QUE TU DIS ÇA ?
NON MAIS QUAND JE PENSE À TOUT CE QUE JE DOIS FAIRE...
MOI QUI AVAIS ENVIE DE TE DEMANDER UN COUP DE MAIN POUR LES RANGEMENTS !
TU TOMBES MAL JE PENSAIS TE DEMANDER LA MÊME CHOSE !

Puis-je accepter de vivre
une rencontre au présent ?

Puis-je accepter de vivre une relation donnée
qu'elle soit significative (vie personnelle),
ou nécessaire (vie professionnelle)

Au présent

sans l'enfermer dans les déceptions du passé
ou l'anticipation négative du futur,
en la centrant sur ce que je suis aujourd'hui,
et ce qu'est l'autre aujourd'hui ?

Si *oui*
je peux alors devenir pour l'autre
un présent
et permettre à la rencontre de devenir
un cadeau
pour chacun.

"Créer un espace
en soi où la rencontre
avec le merveilleux
de la vie est possible.**"**

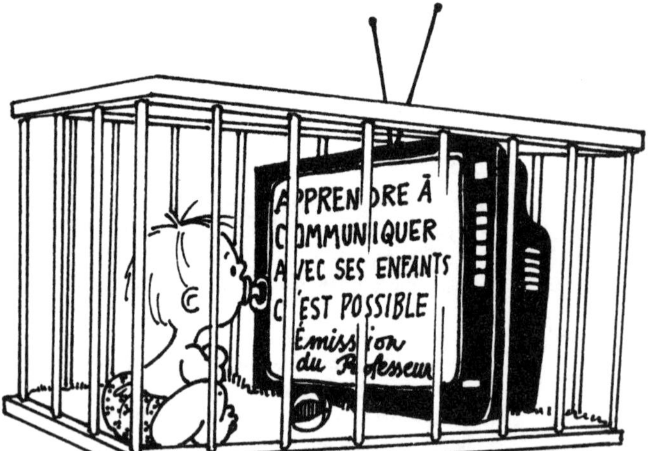
APPRENDRE À COMMUNIQUER AVEC SES ENFANTS C'EST POSSIBLE
Émission du Professeur

La communication relationnelle peut s'apprendre

La communication peut s'apprendre, à condition de dépasser le mythe du spontanéisme, selon lequel « *Communiquer, c'est naturel* », ou de la bonne volonté « *nécessaire* » souvent exprimée par des lieux communs : « *Mais avec un peu de bonne volonté, un petit effort et un zeste d'amour, on devrait pouvoir s'entendre* », « *Si chacun y met un peu du sien, tout peut s'arranger.* »

Il appartient alors à chacun, enfant ou adulte, de commencer là où il est, là où il en est, et de s'exercer à pratiquer la confrontation, en procédant par étapes, en choisissant des situations simples et accessibles dans un premier temps.

Il est urgent de s'y employer à une époque où le langage favori des adolescents et même des enfants devient le passage à l'acte. Passage à l'acte aux formes multiples : violence sur autrui (agression, destruction) et sur soi-même (toxicomanie et somatisations diverses).

La difficulté de beaucoup d'enfants et d'adultes à mettre des mots sur leur ressenti, sur leurs émotions, et même sur leurs sentiments constitue un des problèmes essentiels de la communication familiale et scolaire.

La famille se sent souvent démunie sur ce plan. Implicitement elle demande à des spécialistes, à l'école, aux enseignants de pallier cette carence. De leur côté et à leur tour, ceux-ci se sentent tout aussi démunis que les premiers et revendiquent une formation.

Entre l'illusion de la solution pédagogique ou technologique (audiovisuel, ordinateur) et la tentation ou le leurre du recours disciplinaire, il reste beaucoup de place pour tout le champ relationnel.

Il y a une vraie urgence ! Le cercle des malentendus, des tensions et des réactions s'agrandit, il s'épaissit et sépare. Chacun s'enferme avec de plus en plus de souffrance… et de violences à venir.

En proposant quelques outils relationnels pour une meilleure communication, j'invite **chacun** et plus particulièrement **les enseignants** à oser introduire dans leur cours et leur enseignement cette matière à part entière : la communication relationnelle, en s'appuyant sur les propositions qui vont suivre.

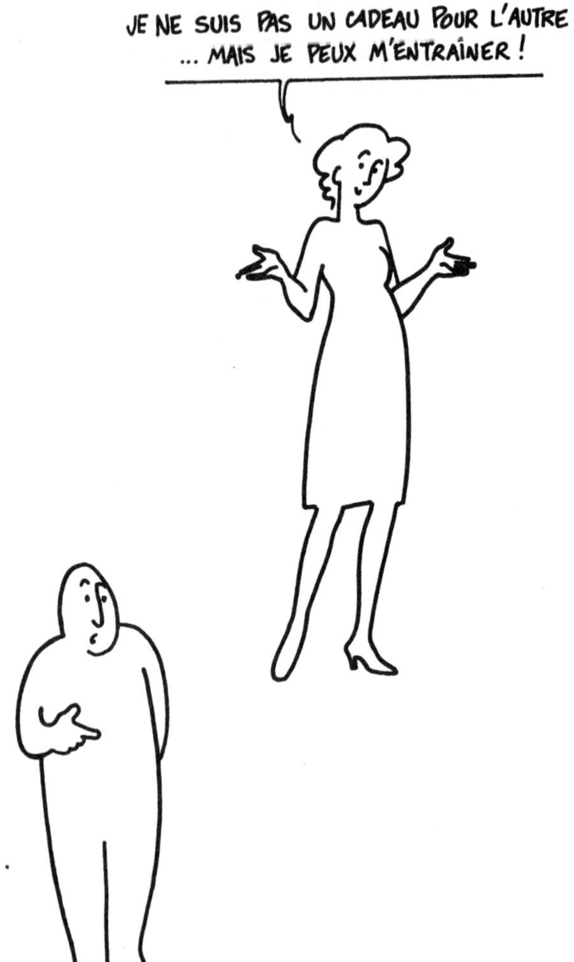
JE NE SUIS PAS UN CADEAU POUR L'AUTRE
... MAIS JE PEUX M'ENTRAÎNER !

Communiquer

c'est pouvoir se dire et être entendu

Je peux me dire dans chacun de ces registres et je veux être entendu dans le registre où je m'exprime.

ÉMETTEUR

au niveau des faits :
Que s'est-il passé :
l'événement, les circonstances,
le déroulement dans l'espace
et le temps.
Où, quand, comment, avec qui ?

au niveau du ressenti :
Comment ai-je vécu, perçu,
engrangé avec ma sensibilité
l'événement dont je viens
de parler ?

au niveau du retentissement :
À quoi cela me renvoie-t-il
dans mon histoire, dans mes
expériences passées, dans
mes relations significatives* ?

au niveau des idées :
Puis-je partager des ressources
et des stimulations
intellectuelles ?
Puis-je accéder à un sens
critique pour percevoir au-delà
des apparences ?

RÉCEPTEUR

La circulation d'informations et l'acquisition de connaissances nouvelles participent à la communication relationnelle quand elles sont de l'ordre du partage.

Le partage des savoirs et des savoir-faire doit s'accompagner aussi d'une interrogation sur les enjeux cachés des actes, des comportements ou des événements.

---

* Les relations significatives (avec des personnages-clés de notre vie) sont celles qui nous ont modelés, impressionnés au sens fort du terme.
Elles nous ont conduits à structurer des réponses, des ajustements, des systèmes relationnels et des modes de communication plus ou moins adaptés à notre environnement.
Ces systèmes et ces modes vont par la suite se révéler porteurs de plus ou moins de liberté ou d'aliénation suivant l'usage que nous en ferons.

Une communication vivante
pour des relations en santé

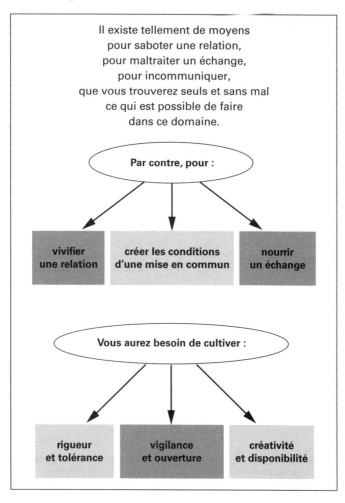

Il existe tellement de moyens
pour saboter une relation,
pour maltraiter un échange,
pour incommuniquer,
que vous trouverez seuls et sans mal
ce qui est possible de faire
dans ce domaine.

Par contre, pour :

**vivifier
une relation**

**créer les conditions
d'une mise en commun**

**nourrir
un échange**

Vous aurez besoin de cultiver :

**rigueur
et tolérance**

**vigilance
et ouverture**

**créativité
et disponibilité**

Une communication ouverte pour des relations en santé

Le difficile dans une relation
c'est d'être capable de gérer simultanément
différents niveaux de messages
qui vont parfois se parasiter mutuellement
et donc perturber l'échange.

Le ressenti immédiat
– agréable
– désagréable
lié à une situation,
à un état émotionnel
à une résonance

Les sentiments
(qui s'inscrivent
dans la durée)
– leur nature
– leur intensité
– leur mouvement

Dans tout échange,
puis-je différencier
les registres suivants :

Le désir
– vers l'autre
– sur l'autre
(à ne pas confondre
avec sa réalisation)

La finalité
– le résultat
escompté
– le but poursuivi

La relation
– bienveillante
– menaçante
– ouverte
– fermée

**Puis-je accepter d'entendre
que circulent en moi, et chez les autres,
des désirs contradictoires et parfois antagonistes
avec lesquels j'aurai à négocier ?**

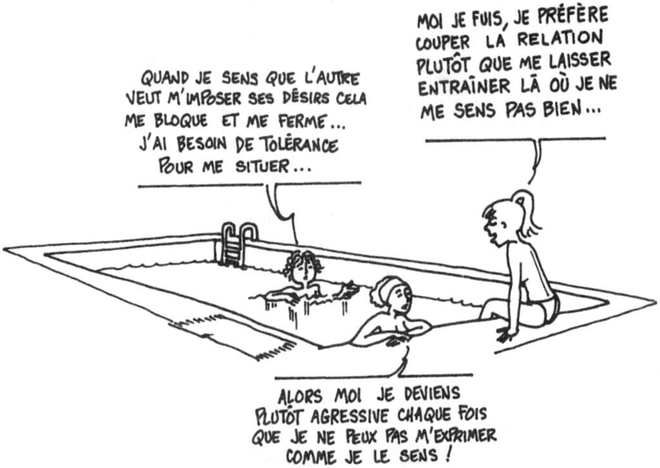
QUAND JE SENS QUE L'AUTRE VEUT M'IMPOSER SES DÉSIRS CELA ME BLOQUE ET ME FERME... J'AI BESOIN DE TOLÉRANCE POUR ME SITUER...
MOI JE FUIS, JE PRÉFÈRE COUPER LA RELATION PLUTÔT QUE ME LAISSER ENTRAÎNER LÀ OÙ JE NE ME SENS PAS BIEN...
ALORS MOI JE DEVIENS PLUTÔT AGRESSIVE CHAQUE FOIS QUE JE NE PEUX PAS M'EXPRIMER COMME JE LE SENS !

Invitation à une mise en mots

Dans une rencontre ou tentative d'échanges

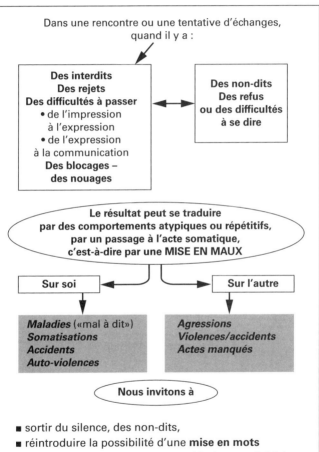

Dans une rencontre ou une tentative d'échanges,
quand il y a :

Des interdits
Des rejets
Des difficultés à passer
- de l'impression
à l'expression
- de l'expression
à la communication
Des blocages –
des nouages

Des non-dits
Des refus
ou des difficultés
à se dire

Le résultat peut se traduire
par des comportements atypiques ou répétitifs,
par un passage à l'acte somatique,
c'est-à-dire par une MISE EN MAUX

Sur soi

Sur l'autre

Maladies («mal à dit»)
Somatisations
Accidents
Auto-violences

Agressions
Violences/accidents
Actes manqués

Nous invitons à

- sortir du silence, des non-dits,
- réintroduire la possibilité d'une **mise en mots**
  - en s'appuyant sur son ressenti intime, en lui faisant confiance,
  - en établissant des reliances entre un événement actuel et une résonance relative à sa propre histoire.

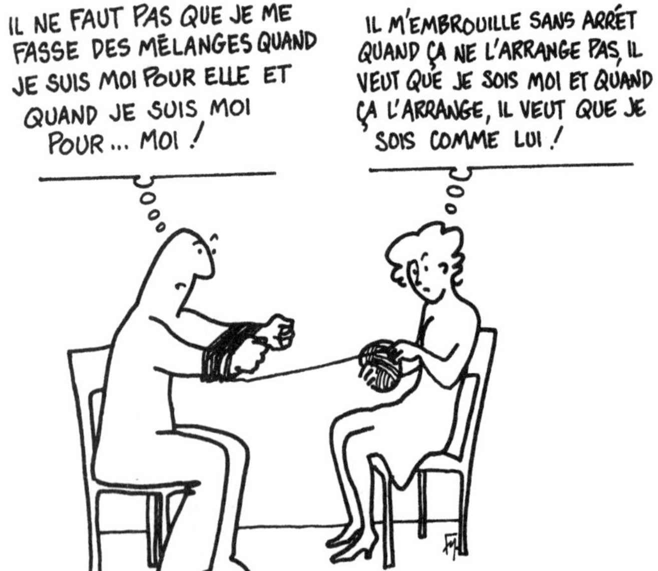
IL NE FAUT PAS QUE JE ME FASSE DES MÉLANGES QUAND JE SUIS MOI POUR ELLE ET QUAND JE SUIS MOI POUR... MOI !
IL M'EMBROUILLE SANS ARRÊT QUAND ÇA NE L'ARRANGE PAS, IL VEUT QUE JE SOIS MOI ET QUAND ÇA L'ARRANGE, IL VEUT QUE JE SOIS COMME LUI !

Apprendre à dialoguer

Une des caractéristiques essentielles du dialogue
est de permettre ou de favoriser une transformation
et une amplification
chez chacun des protagonistes.
« Je ne sors pas d'un dialogue comme j'y suis entré. »

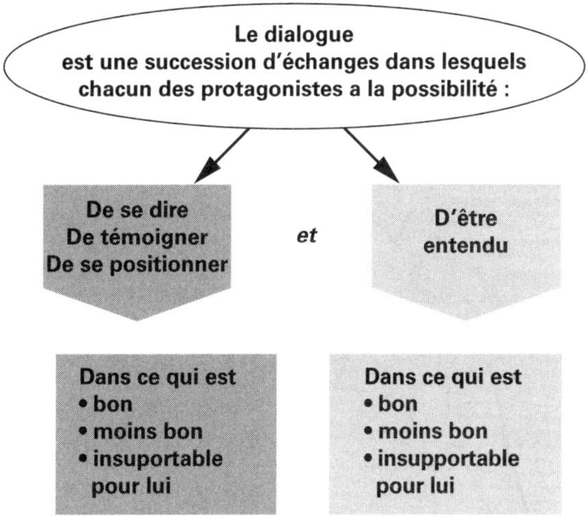
Le dialogue
est une succession d'échanges dans lesquels
chacun des protagonistes a la possibilité :
De se dire
De témoigner
De se positionner
et
D'être
entendu
Dans ce qui est
• bon
• moins bon
• insuportable
pour lui
Dans ce qui est
• bon
• moins bon
• insupportable
pour lui

La ***réciprocité*** dans le dialogue ne signifie pas
pour autant ***accord.***
Elle s'exprime plutôt dans le ressenti
d'un ***aggrandissement mutuel*** procuré par une qualité
de relation.

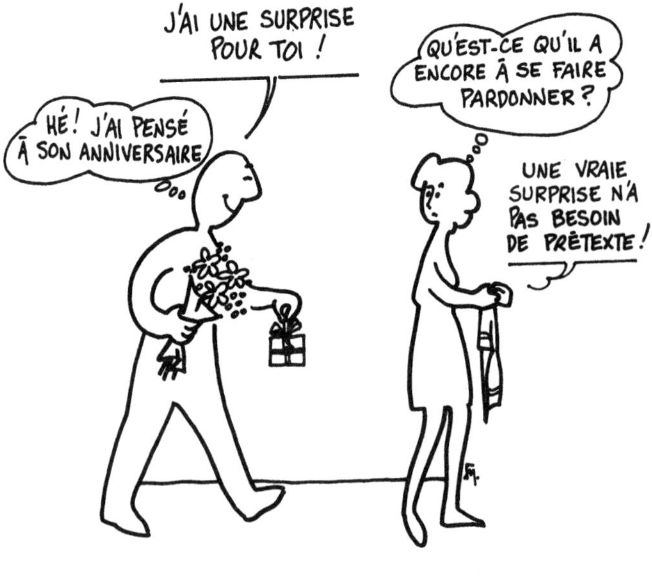
J'AI UNE SURPRISE POUR TOI !
HÉ ! J'AI PENSÉ À SON ANNIVERSAIRE
QU'EST-CE QU'IL A ENCORE À SE FAIRE PARDONNER ?
UNE VRAIE SURPRISE N'A PAS BESOIN DE PRÊTEXTE !

Simples règles de vie

Pour ne pas entretenir notre victimisation ni cultiver nos manques, il sera important :

■ De mieux définir nos besoins et nos attentes.

■ D'apprendre à lâcher nos ressentiments, nos accusations et nos rancœurs.

■ De renoncer à nous disqualifier.

■ De prendre du temps pour être à l'écoute de nous, dans le respect de nous-mêmes.

■ De nous sécuriser en prenant appui sur le meilleur de nous, sur le meilleur de l'autre parfois.

■ De nous encourager en osant reconnaître notre valeur.

■ D'évaluer nos ressources et nos limites.

■ De vivre au présent, car il y a tant d'éternité en gestation dans un instant.

■ Et surtout d'oser nous aimer autant qu'il est possible et même plus qu'il n'est possible, pour introduire ainsi un peu plus de vie dans notre existence, un peu plus de vivance dans notre vie.

❝Prière :
Pour ce jour qui se lève
et qui contient tant de possibles,
puis-je ne pas offenser la vie
qu'il contient.❞

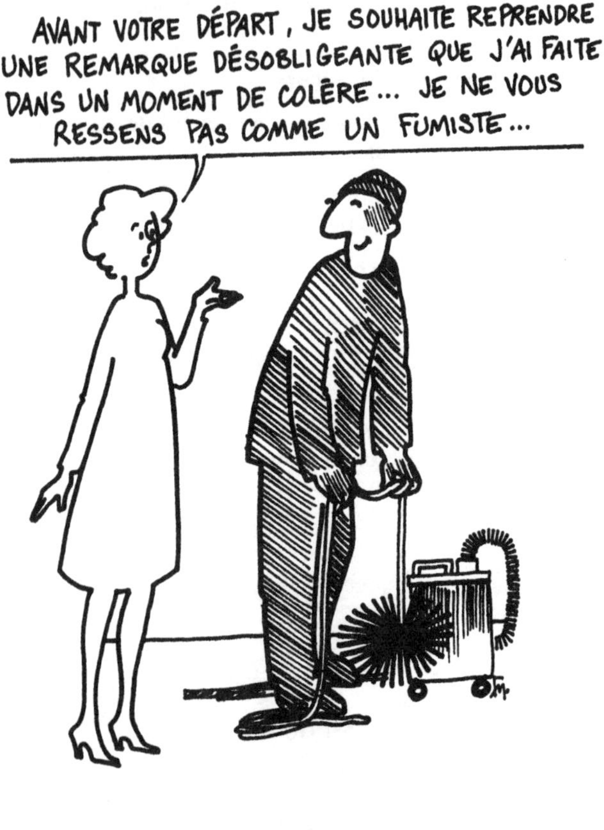
AVANT VOTRE DÉPART, JE SOUHAITE REPRENDRE UNE REMARQUE DÉSOBLIGEANTE QUE J'AI FAITE DANS UN MOMENT DE COLÈRE... JE NE VOUS RESSENS PAS COMME UN FUMISTE...

Besoins fondamentaux

En plus et au-delà de tous les besoins vitaux,
il existe, en termes relationnels,

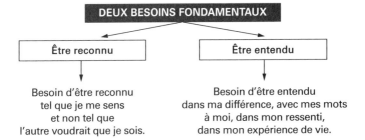

DEUX BESOINS FONDAMENTAUX

Être reconnu	Être entendu

Besoin d'être reconnu
tel que je me sens
et non tel que
l'autre voudrait que je sois.

Besoin d'être entendu
dans ma différence, avec mes mots
à moi, dans mon ressenti,
dans mon expérience de vie.

Pour favoriser l'écoute de ces deux besoins
Un outil fabuleux

LA CONFIRMATION

« OUI, j'entends que cela se passe comme ça chez toi. »

La confirmation suppose la capacité de se décentrer de soi
pour se centrer sur l'autre.

La confirmation ouvre ainsi à une meilleure perception des
différences.

Je peux confirmer à l'autre ce que j'ai entendu de ses idées,
de son ressenti, de ses désirs, de ses attentes ou de ses positions – sans pour autant les partager, les approuver ! Je peux
simplement les reconnaître comme étant les siens ou accepter
de les laisser chez lui.

Une communication vivante suppose des échanges et des partages dans
lesquels je me sens congruent (*) et dans lesquels j'ai le sentiment que
l'autre a la possibilité d'être lui-même.
* Congruent : terme inventé par C. Rogers qui signifie l'accord que je
ressens entre ce que je dis et ce que j'éprouve ou que je vis dans l'ici et
maintenant de la situation.

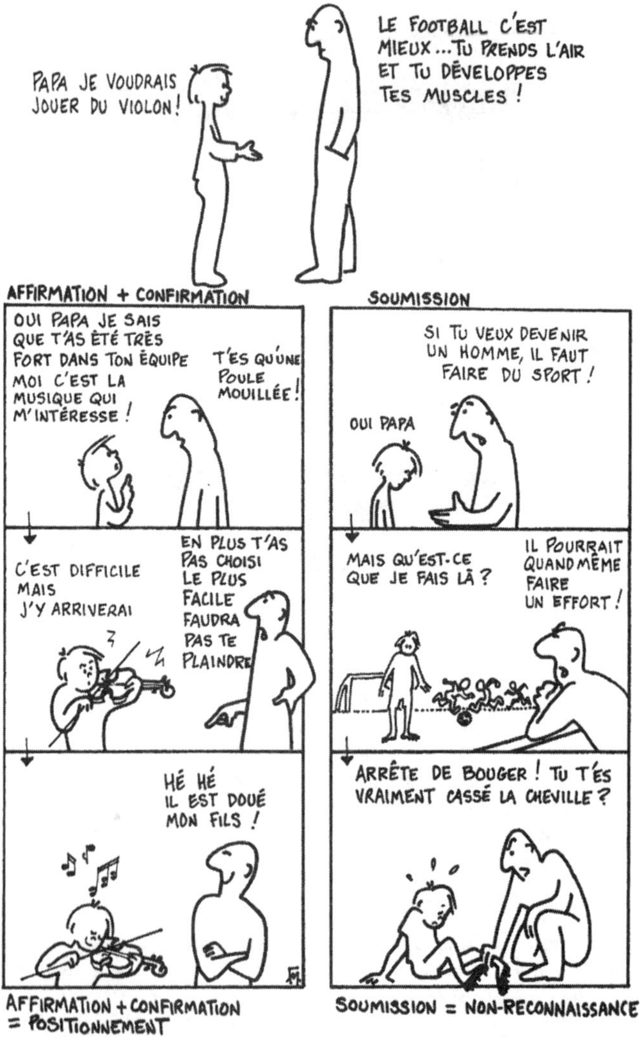
PAPA JE VOUDRAIS JOUER DU VIOLON !
LE FOOTBALL C'EST MIEUX... TU PRENDS L'AIR ET TU DÉVELOPPES TES MUSCLES !
AFFIRMATION + CONFIRMATION
OUI PAPA JE SAIS QUE T'AS ÉTÉ TRÈS FORT DANS TON ÉQUIPE MOI C'EST LA MUSIQUE QUI M'INTÉRESSE !
T'ES QU'UNE POULE MOUILLÉE !
C'EST DIFFICILE MAIS J'Y ARRIVERAI
EN PLUS T'AS PAS CHOISI LE PLUS FACILE FAUDRA PAS TE PLAINDRE
HÉ HÉ IL EST DOUÉ MON FILS !
AFFIRMATION + CONFIRMATION = POSITIONNEMENT
SOUMISSION
SI TU VEUX DEVENIR UN HOMME, IL FAUT FAIRE DU SPORT !
OUI PAPA
MAIS QU'EST-CE QUE JE FAIS LÀ ?
IL POURRAIT QUAND MÊME FAIRE UN EFFORT !
ARRÊTE DE BOUGER ! TU T'ES VRAIMENT CASSÉ LA CHEVILLE ?
SOUMISSION = NON-RECONNAISSANCE

Besoins fondamentaux (suite)

Face à autrui, chacun d'entre nous est porteur de

DEUX ASPIRATIONS FONDAMENTALES

La recherche d'affirmation	La recherche d'approbation

(en particulier dans les relations avec les personnes significatives de notre vie)

Ces deux aspirations se combattent quelquefois et risquent de nous paralyser ou de nous entraîner soit dans l'opposition, soit dans la soumission.

Le besoin d'affirmation est un besoin vital qui vise à se différencier et à pouvoir exister dans l'altérité vis-à-vis d'autrui.

Le besoin d'approbation, lui, prend des formes variées. Il peut se manifester par la tendance systématique ou compulsive à se préoccuper de l'avis ou de la position de l'autre. Il s'exprime par l'emploi d'expressions telles que :

« Tu es d'accord avec moi... Si tu veux... Si tu le penses... » qui prennent parfois l'allure de véritables tics verbaux.

Devant la réserve ou le refus de l'autre, quand notre besoin d'être approuvé est trop fort, nous avons tendance à renoncer à l'affirmation.

« Soit je maintiens ma dépendance et mon malaise en m'adaptant au point de vue de l'autre, au mépris de ma position, soit je lutte contre, j'entretiens alors des oppositions ou des conduites réactionnelles. »

Prendre le risque

De s'affirmer sans disqualifier la position de l'autre	et	Renoncer à l'approbation de l'autre

C'est non seulement se différencier, mais d'une certaine façon commencer à grandir face à l'autre.

La construction d'une autonomie relationnelle est à ce prix !

Certaines attitudes parentales visent à inhiber l'affirmation de l'enfant pour maintenir la dépendance.

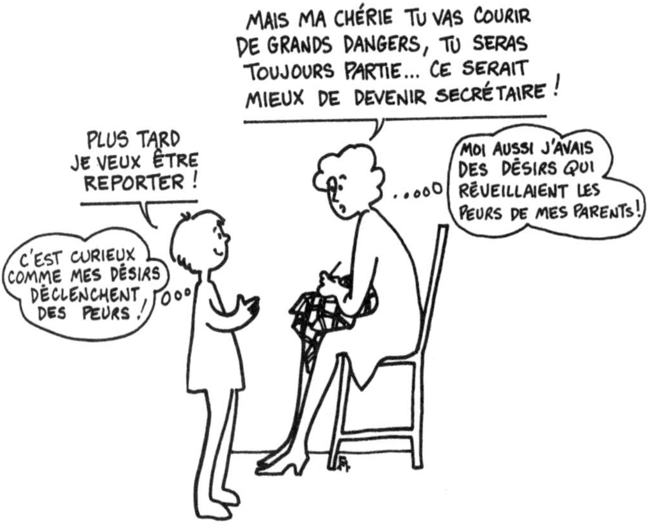
PLUS TARD JE VEUX ÊTRE REPORTER !
MAIS MA CHÉRIE TU VAS COURIR DE GRANDS DANGERS, TU SERAS TOUJOURS PARTIE... CE SERAIT MIEUX DE DEVENIR SECRÉTAIRE !
C'EST CURIEUX COMME MES DÉSIRS DÉCLENCHENT DES PEURS !
MOI AUSSI J'AVAIS DES DÉSIRS QUI RÉVEILLAIENT LES PEURS DE MES PARENTS !

Se positionner

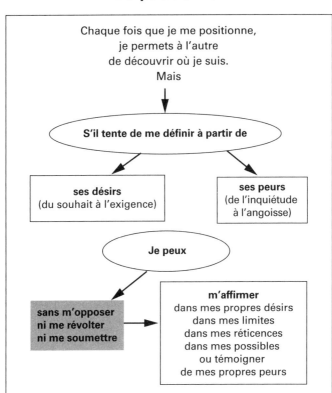

Chaque fois que je me positionne,
je permets à l'autre
de découvrir où je suis.
Mais

S'il tente de me définir à partir de

ses désirs
(du souhait à l'exigence)

ses peurs
(de l'inquiétude
à l'angoisse)

Je peux

**sans m'opposer
ni me révolter
ni me soumettre**

m'affirmer
dans mes propres désirs
dans mes limites
dans mes réticences
dans mes possibles
ou témoigner
de mes propres peurs

*« J'ai entendu ton désir de partir en vacances
avec un copain en vélomoteur. Quels sont les moyens
que tu as pris pour inscrire ton désir dans la réalité ?
Pour ma part j'aurais à me confronter à mes inquiétudes ! »*

Note : La tentation de l'autre est de s'appuyer sur la pratique abusive
de la relation Klaxon :
« **Tu** es, **tu** n'es pas, **tu** as fait, **tu** n'as pas fait, **tu** n'as pas dit, **tu** aurais
dû !... »
Elle est aussi parfois la nôtre...

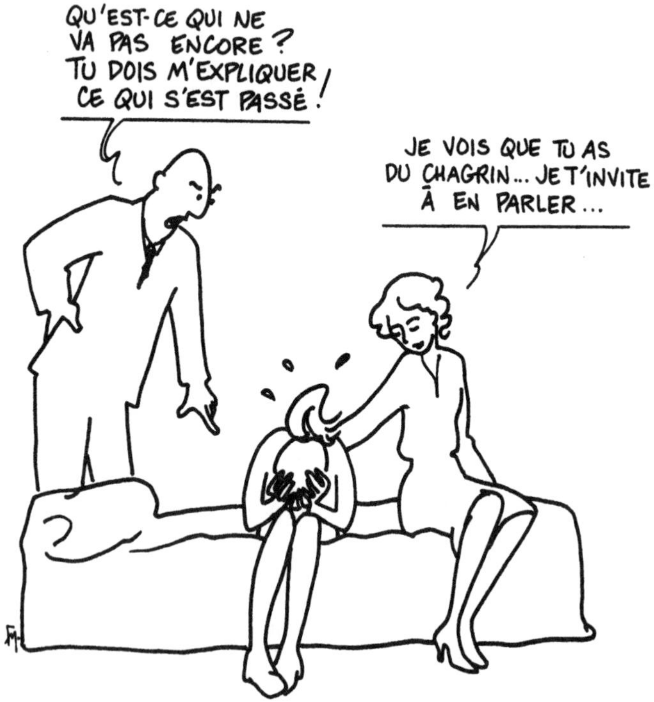
QU'EST-CE QUI NE VA PAS ENCORE ? TU DOIS M'EXPLIQUER CE QUI S'EST PASSÉ !
JE VOIS QUE TU AS DU CHAGRIN... JE T'INVITE À EN PARLER...

Possibilités relationnelles

Quatre possibilités relationnelles,
telles des pivots autours desquels,
avec de multiples variantes,
vont s'articuler tous les possibles
d'un échange

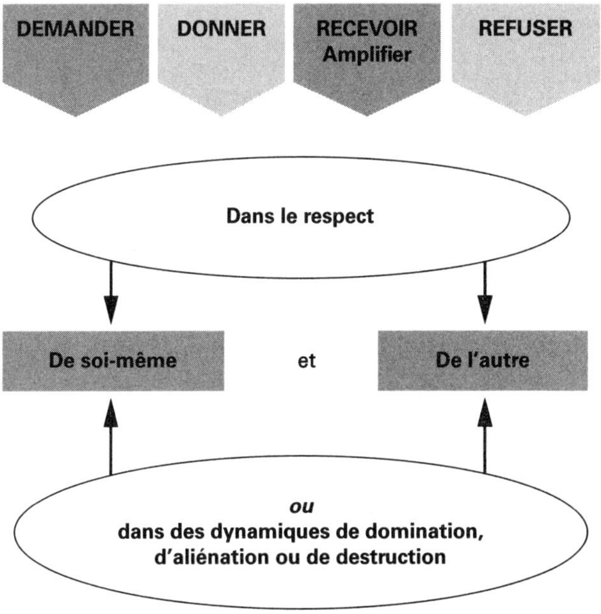
DEMANDER
DONNER
RECEVOIR
Amplifier
REFUSER
Dans le respect
De soi-même
et
De l'autre
ou
dans des dynamiques de domination,
d'aliénation ou de destruction

Il appartiendra à l'autre
de se définir face à chacune de ces possibilités
en fonction de ses attentes,
de ses apports et de son seuil d'intolérance.

MOI, QUAND JE DIS NON C'EST NON ! ÇA NE SERT À RIEN DE ME DEMANDER TROIS FOIS ! JE NE SUIS PAS UNE GIROUETTE QUI DIT NON QUI DIT OUI ...
OH ! MOI JE NE SAIS PAS REFUSER... IL SUFFIT QU'ON ME DEMANDE, JE DIS TOUJOURS OUI...
TU SAIS PAS CE QUE TU VEUX ALORS ...
NON, JE VEUX CE QUE L'AUTRE VEUT !

Dynamiques relationnelles

Une relation *s'équilibre*
quand chacun des protagonistes
se sent suffisamment *en sécurité*
pour oser demander,
donner, recevoir, refuser.

DEMANDER et prendre le risque de la réponse de l'autre	DONNER et prendre le risque d'être accueilli ou refusé par l'autre	RECEVOIR et prendre le risque de ne pouvoir accueillir ce qui vient de l'autre	REFUSER et prendre le risque de s'affirmer

■ J'ai plus de chances de développer une relation de *type créatif et ouvert* quand je suis plutôt au niveau du...

... demander dans : – la proposition – l'invitation ouverte	... donner dans : – l'offrir – l'amplifica- tion	... recevoir dans : – l'accueillir – l'ouverture	... refuser dans : – l'amplification – le position- nement clair

■ J'ai plus de risques de développer une relation de *type infantile* et infantilisante (pour moi) quand au niveau du...

... demander : – j'exige – je manipule	... donner : – j'impose – je contrains	... recevoir : – je suis dans le prendre	... refuser : – je suis dans l'opposition ou le rejet

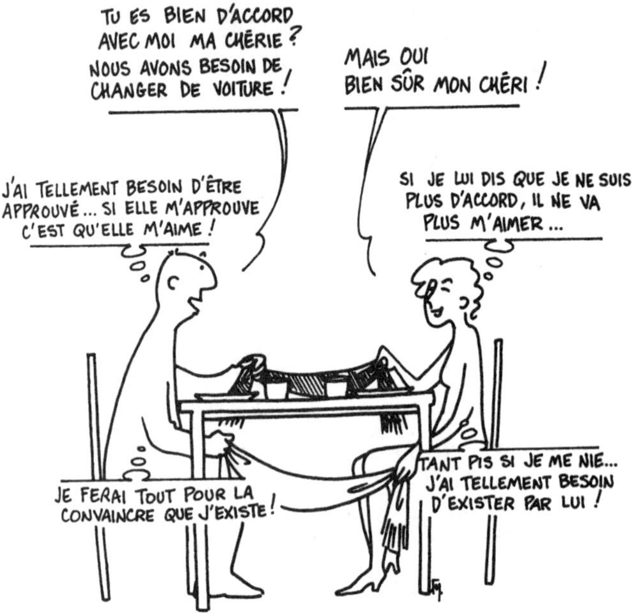
TU ES BIEN D'ACCORD AVEC MOI MA CHÉRIE ? NOUS AVONS BESOIN DE CHANGER DE VOITURE !
MAIS OUI BIEN SÛR MON CHÉRI !
J'AI TELLEMENT BESOIN D'ÊTRE APPROUVÉ... SI ELLE M'APPROUVE C'EST QU'ELLE M'AIME !
SI JE LUI DIS QUE JE NE SUIS PLUS D'ACCORD, IL NE VA PLUS M'AIMER...
JE FERAI TOUT POUR LA CONVAINCRE QUE J'EXISTE !
TANT PIS SI JE ME NIE... J'AI TELLEMENT BESOIN D'EXISTER PAR LUI !

Modèles de relations

Modèle de relation de type infantile et fermé

Exiger Tu dois me dire ce qui ne vas pas	***Imposer*** Je vais t'acheter ce CD pour que tu arrêtes de râler !	***Prendre*** Dis-moi tout ce à quoi tu penses	***S'opposer*** Je vais faire le contraire de ta demande
DEMANDER	**DONNER**	**RECEVOIR**	**REFUSER**
Proposer Je t'invite à parler	***Offrir*** Je donne gratuitement	***Accueillir*** Je te sens préoccupé	***S'affirmer se définir*** J'ai un autre point de vue que le tien

Modèle de relation de type créatif et ouvert

Si je suis dans un rapport de forces favorable :

J'ai toujours la possibilité d'imposer une relation de type infantile **J'ai alors du pouvoir**	Je peux ainsi proposer une relation de type créatif avec la participation de l'autre **J'ai alors de l'autorité**

Rappel : avoir de l'***autorité***, c'est ***se rendre auteur*** en permettant à l'***autre d'être plus lui-même***.

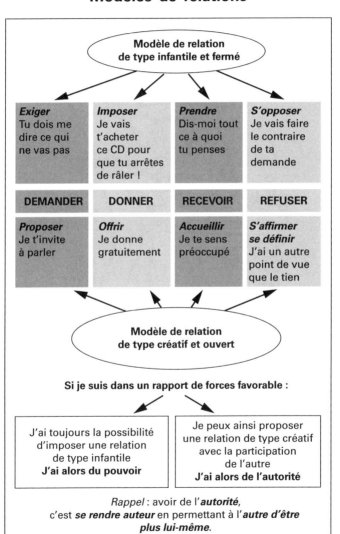

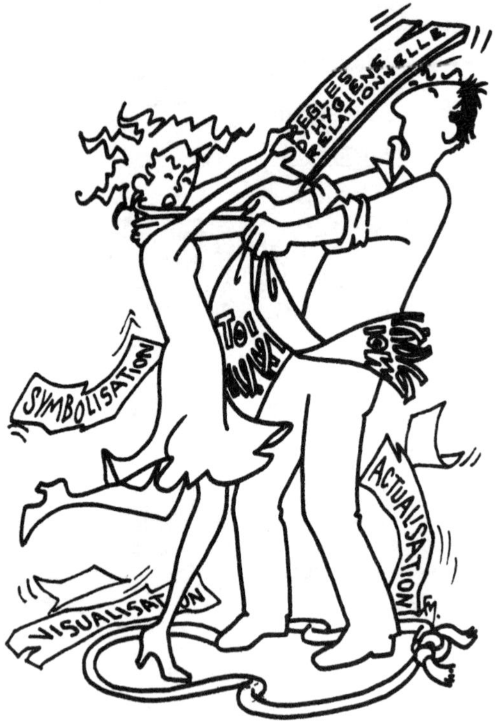
REGLES D'HYGIENE RELATIONNELLE
SYMBOLISATION
TOI
ACTUALISATION

HISTOIRE SÉMANTIQUE

• **Donner** apparaît en 842. C'est le deuxième mot qui structure la grille de base : Demander – Donner – Recevoir – Refuser, pour une mise en commun.

• **Demander et Recevoir** apparaissent en 1080.

• **Refuser** n'apparaîtra que près d'un siècle plus tard (fin du XIe siècle).

Il est à noter que, si le vocabulaire est souvent inventé par les femmes, il est institutionnalisé par les hommes (référence à l'Académie française et au dictionnaire).

Origine des modèles relationnels

En terme de relation les positions Maman/Papa et Père/Mère sont à relier à l'exercice des quatre fonctions essentielles présentes dans toute tentative de communication :

Position Papa/Maman

- **Être capable de donner** (sans contrepartie)
- **Être capable de recevoir** c'est-à-dire d'accueillir sans se dérober

Ce sont des fonctions gratifiantes, comblantes attribuées aux positions prises et exercées par l'un et l'autre des parents. Quand elles sont défaillantes, elles ouvriront à des manques relationnels.

Position Père/Mère

- **Être capable de demander**, voire d'exiger, de contraindre
- **Être capable de refuser** ou d'interdire

Ce sont des fonctions plus frustrantes, plus pénalisantes, quand elles sont exercées dans les relations parents-enfants. Quand elles sont absentes, elles entraînent parfois des carences relationnelles.

Chacune de ces positions peut être développée en terme d'ouverture ou de fermeture.

DONNER
Offrir
Susciter
RECEVOIR
Accueillir
Amplifier
Maman
Papa
IMPOSER
Attendre
SE PRIVER
Subir
Séduire
DEMANDER
Inviter
Dynamiser
Encourager
REFUSER
S'affirmer
Baliser
Mère
Père
EXIGER
Prendre
Éviter
REJETER
Agresser

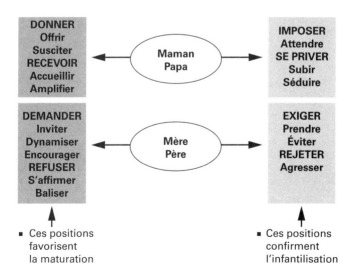

- Ces positions favorisent la maturation
- Ces positions confirment l'infantilisation

Réflexions sur les mouvements
du répertoire relationnel

D'un point de vue relationnel, les échanges que nous entretenons avec nos proches ou avec les personnes significatives de notre vie au quotidien vont :

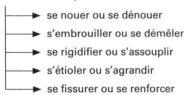

- se nouer ou se dénouer
- s'embrouiller ou se démêler
- se rigidifier ou s'assouplir
- s'étioler ou s'agrandir
- se fissurer ou se renforcer

par le jeu ou la combinaison des 4 principaux mouvements ou dynamiques du partage qui sont de l'ordre du :
- **donner/recevoir** (position maman, papa)
- **demander/refuser** (position mère, père)

La qualité des interactions (même si elle garde un halo de mystère qui échappe à toute tentative de théorisation) dépend de facteurs identifiables qui, à l'usage, vont permettre une clarification.

Cette qualité des interactions varie en fonction de :

- La capacité de chacun des partenaires à utiliser les différents matériaux relationnels.
  « Qu'est-ce que je donne ? demande ? reçois ? refuse ? »
  « Quelle est la part, la place, la priorité que j'accorde à chacun de ces mouvements ? »

- Et la manière dont chacun de ces mouvements est amorcé, impulsé, nourri.
  « Comment je demande, reçois, donne, refuse ? »

Ces interactions entre les différentes positions du clavier relationnel vont varier à la fois dans leur contenu et dans leur mode d'expression, déclenchant soit :

- **Une orchestration harmonique** : c'est la forme la plus créatrice.

- **Une dissonance** engendrant des malentendus, des violences, des hostilités, qui peuvent aboutir dans les cas extrêmes à un conflit, une déclaration de guerre. C'est la forme la plus infantilisante.

Autres réflexions sur les mouvements du répertoire relationnel

Les fiches proposées ci-après reprennent les différentes polarités relationnelles selon le schéma suivant, centré sur les positions de base :

DEMANDER	DONNER	RECEVOIR	REFUSER

POSITION CRÉATIVE

OFFRIR / ACCUEILLIR
INVITER / S'AFFIRMER
dans des modalités ouvertes, libres, maturantes.

POSITION NEUTRE DE BASE

DONNER / RECEVOIR
DEMANDER / REFUSER
avec le minimum d'implication personnelle, le niveau fonctionnel domine.

POSITION INFANTILE

Réactionnel Actif	**Contre-attitude Défensive passive**
IMPOSER / PRENDRE	(SE) PRIVER / SUBIR
EXIGER / REJETER	ATTENDRE / FUIR

On retrouvera les deux dernières positions dans tous les systèmes professionnels de type bureaucratique. Dans la réalité de l'existence, toutes ces modalités se mélangent et s'imposent ou se proposent parfois successivement.

> **"**Garder sa dignité,
> c'est essentiellement ne pas offenser
> la vie, dans les petits gestes
> du quotidien.**"**

Polarités relationnelles du demander

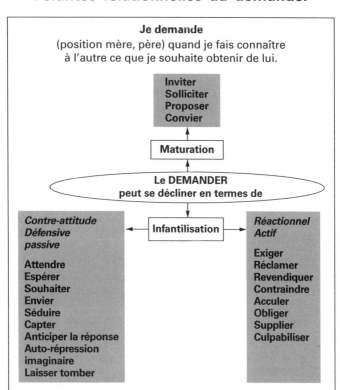

Je demande
(position mère, père) quand je fais connaître
à l'autre ce que je souhaite obtenir de lui.

Inviter
Solliciter
Proposer
Convier

Maturation

Le DEMANDER
peut se décliner en termes de

Infantilisation

Contre-attitude
Défensive
passive

Attendre
Espérer
Souhaiter
Envier
Séduire
Capter
Anticiper la réponse
Auto-répression
imaginaire
Laisser tomber

Réactionnel
Actif

Exiger
Réclamer
Revendiquer
Contraindre
Acculer
Obliger
Supplier
Culpabiliser

Les principaux écueils :

- Exiger ouvertement : « *Dans ce cas, ma priorité porte sur ce que je désire obtenir et tous les moyens peuvent être bons pour obtenir satisfaction.* »
- Obliger : « *Dans ce cas, la priorité porte sur la manière dont je fais savoir à l'autre ce que je désire.* »
- Mettre en œuvre des procédés ou des moyens plus ou moins subtils pour exercer mon influence sur l'autre : « *Dans ce cas, je peux séduire, manipuler.* »
- Me contenter de désirer obtenir sans toutefois le faire connaître à l'autre : « *Dans ce cas, je suis dans mon imaginaire.* »

Polarités relationnelles du donner

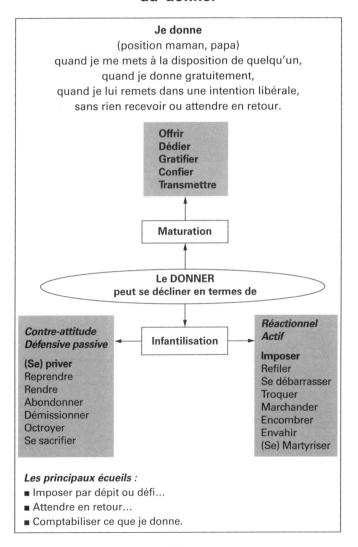

Je donne
(position maman, papa)
quand je me mets à la disposition de quelqu'un,
quand je donne gratuitement,
quand je lui remets dans une intention libérale,
sans rien recevoir ou attendre en retour.

Offrir
Dédier
Gratifier
Confier
Transmettre

Maturation

Le DONNER
peut se décliner en termes de

Infantilisation

Contre-attitude
Défensive passive

(Se) priver
Reprendre
Rendre
Abondonner
Démissionner
Octroyer
Se sacrifier

Réactionnel
Actif

Imposer
Refiler
Se débarrasser
Troquer
Marchander
Encombrer
Envahir
(Se) Martyriser

Les principaux écueils :
- Imposer par dépit ou défi...
- Attendre en retour...
- Comptabiliser ce que je donne.

Polarités relationnelles
du recevoir

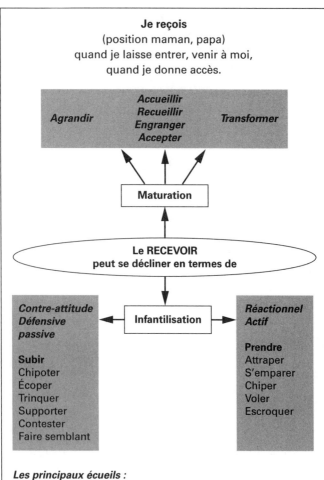

Je reçois
(position maman, papa)
quand je laisse entrer, venir à moi,
quand je donne accès.

Agrandir   *Accueillir*
Recueillir   *Transformer*
Engranger
Accepter

Maturation

Le RECEVOIR
peut se décliner en termes de

Contre-attitude   **Infantilisation**   *Réactionnel*
Défensive   *Actif*
passive

Prendre
Subir   Attraper
Chipoter   S'emparer
Écoper   Chiper
Trinquer   Voler
Supporter   Escroquer
Contester
Faire semblant

Les principaux écueils :
■ Refuser ou subir ce qui me vient de l'autre.
■ Accepter sous condition.

90

Polarités relationnelles du refuser

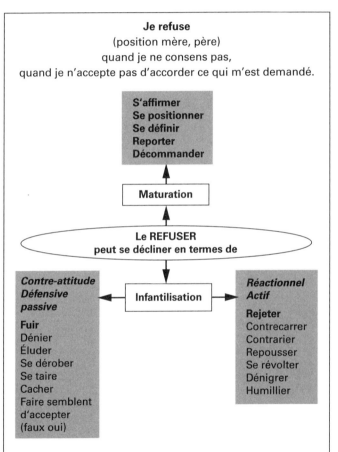

Je refuse
(position mère, père)
quand je ne consens pas,
quand je n'accepte pas d'accorder ce qui m'est demandé.

S'affirmer
Se positionner
Se définir
Reporter
Décommander

Maturation

Le REFUSER
peut se décliner en termes de

Infantilisation

Contre-attitude
Défensive
passive

Fuir
Dénier
Éluder
Se dérober
Se taire
Cacher
Faire semblent
d'accepter
(faux oui)

Réactionnel
Actif

Rejeter
Contrecarrer
Contrarier
Repousser
Se révolter
Dénigrer
Humillier

Les principaux écueils :
- Répétition du réactionnel, de la révolte.
- Refus sur le mode de la fuite.
- « *Sur quoi je fonde mon refus ? Est-ce en me respectant, en dénigrant ou en respectant la position de l'autre ?* »

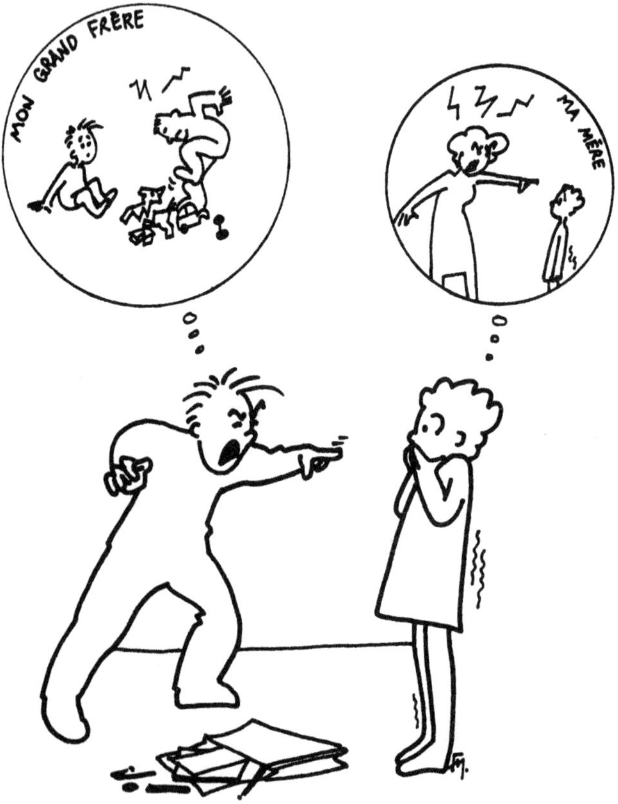
MON GRAND FRÈRE
MA MÈRE

Toute situation contemporaine nous renvoie à des situations passées, qui ravivent des blessures anciennes.

Réinventons la communication
à partir du quotidien

Ce que je fais habituellement

- Je questionne, je mitraille, j'interroge.
- J'emploie le « ON », le « NOUS ».
- Je reste dans les généralisations.
- Je plane dans les idées, les concepts. J'idéalise, j'utilise le « IL FAUT », les « TU DOIS ».
- Je tente de définir l'autre, de l'enfermer dans mon désir, dans mon point de vue.
- Je me laisse parfois définir par l'autre.
- Je reste dans l'implicite (croyances non dites selon lesquelles l'autre a les mêmes valeurs que moi, les mêmes références ou les mêmes repères.)
- J'ai tendance à proposer l'opposition : *« Je ne suis pas d'accord. »*
- Je parle trop sur l'autre. Je parle parfois sur moi (langue de bois, discours en conserve).
- Je reste centré sur le problème.
- Je pense souvent à la place de l'autre *(et aussi je « panse » pour lui...)*

Ce qu'il me serait possible de faire

- Je peux écouter, inviter, confirmer, regarder, témoigner.
- Je peux oser le « JE ».
- Je peux concrétiser, donner un exemple vivant me concernant.
- Je peux personnaliser, partager le vécu, dire mon ressenti, ma position.
- Je peux lui permettre de se définir, de s'affirmer.
- Je définis mon point de vue, mes désirs, mes projets, ma position.
- Je passe à l'explicite avec une mise en mots et non une mise en cause de l'autre.
- Je peux créer la confrontation : *« J'ai entendu ton point de vue, voici le mien. »*
- Je peux parler à l'autre. Je peux parler de moi (je m'implique).
- Je peux me centrer sur la personne.
- Je peux lui permettre de se dire, avec ses mots à ELLE (à LUI), avec ses propres références, pour lui permettre de s'entendre ELLE (LUI).

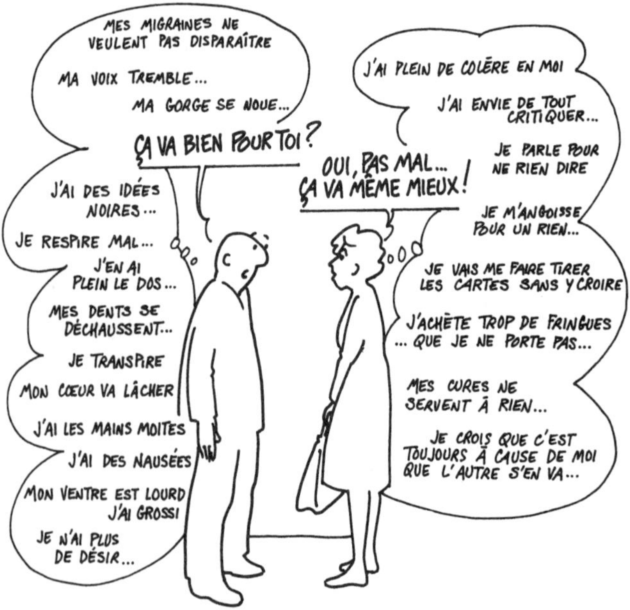
MES MIGRAINES NE VEULENT PAS DISPARAÎTRE
MA VOIX TREMBLE...
MA GORGE SE NOUE...
ÇA VA BIEN POUR TOI ?
J'AI DES IDÉES NOIRES...
JE RESPIRE MAL...
J'EN AI PLEIN LE DOS...
MES DENTS SE DÉCHAUSSENT...
JE TRANSPIRE
MON CŒUR VA LÂCHER
J'AI LES MAINS MOITES
J'AI DES NAUSÉES
MON VENTRE EST LOURD J'AI GROSSI
JE N'AI PLUS DE DÉSIR...
J'AI PLEIN DE COLÈRE EN MOI
J'AI ENVIE DE TOUT CRITIQUER...
JE PARLE POUR NE RIEN DIRE
OUI, PAS MAL... ÇA VA MÊME MIEUX !
JE M'ANGOISSE POUR UN RIEN...
JE VAIS ME FAIRE TIRER LES CARTES SANS Y CROIRE
J'ACHÈTE TROP DE FRINGUES ... QUE JE NE PORTE PAS...
MES CURES NE SERVENT À RIEN...
JE CROIS QUE C'EST TOUJOURS À CAUSE DE MOI QUE L'AUTRE S'EN VA...

Quand peut-on dire d'une relation qu'elle est vivante ?

Une relation est vivante
quand quatre possibilités
me sont offertes
par l'attitude de l'autre.

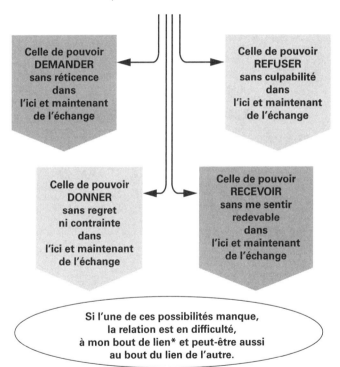

Celle de pouvoir
DEMANDER
sans réticence
dans
l'ici et maintenant
de l'échange

Celle de pouvoir
REFUSER
sans culpabilité
dans
l'ici et maintenant
de l'échange

Celle de pouvoir
DONNER
sans regret
ni contrainte
dans
l'ici et maintenant
de l'échange

Celle de pouvoir
RECEVOIR
sans me sentir
redevable
dans
l'ici et maintenant
de l'échange

**Si l'une de ces possibilités manque,
la relation est en difficulté,
à mon bout de lien* et peut-être aussi
au bout du lien de l'autre.**

* Un lien a toujours deux extrémités.

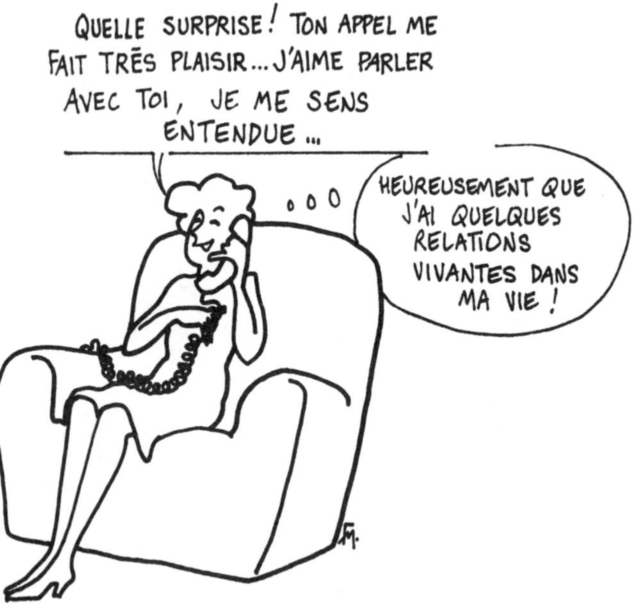
QUELLE SURPRISE ! TON APPEL ME FAIT TRÈS PLAISIR... J'AIME PARLER AVEC TOI, JE ME SENS ENTENDUE...
HEUREUSEMENT QUE J'AI QUELQUES RELATIONS VIVANTES DANS MA VIE !
FM.

Qu'est-ce qu'une relation ?

Une relation est semblable à :
- un canal
- un couloir
- un pont

Ce canal est-il libre à l'autre bout pour recevoir ?

Ce canal est-il encombré de déchets relationnels
dus à de précédents échanges ?

Ce canal est-il vidangé ? détartré ?

Ce canal est-il nourri, entretenu, vivifié convenablement
par des stimulations positives de part et d'autre ?

Moi — *La relation* — L'autre

Ce conduit, ce canal qui peut

Laisser circuler   *Retenir/Bloquer*   *Déformer*

Comment est-il

Entretenu ?   *Vivifié ?*   *Maltraité ?*

D'UN CÔTÉ COMME DE L'AUTRE

Ainsi une relation saine peut se transformer en lien
suffisamment solide pour résister aux malentendus,
aux avatars inévitables de la communication
et à une évolution différenciée des protagonistes.

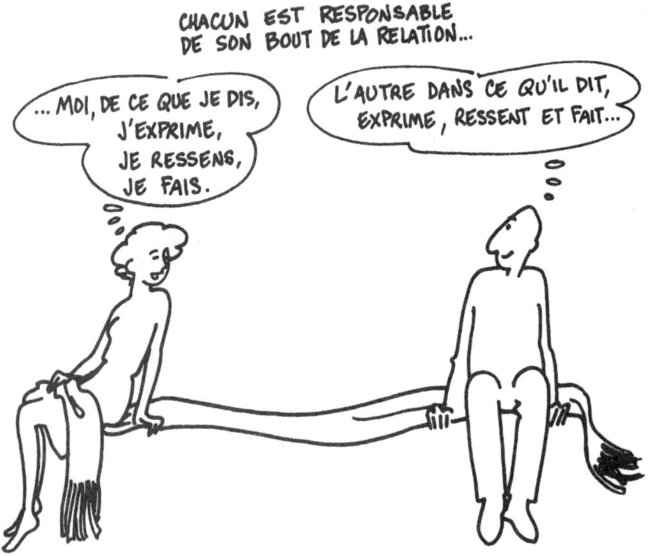
CHACUN EST RESPONSABLE
DE SON BOUT DE LA RELATION...
... MOI, DE CE QUE JE DIS, J'EXPRIME, JE RESSENS, JE FAIS.
L'AUTRE DANS CE QU'IL DIT, EXPRIME, RESSENT ET FAIT...

Un principe relationnel de base

La responsabilisation

Dans une relation de **non-dépendance**,
chacun se sent **responsable de son bout**
et **se comporte** (ou apprend et s'engage à se comporter)
en cohérence avec cette responsabilité.

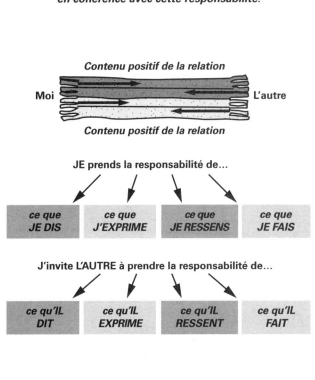

Contenu positif de la relation

Moi — **L'autre**

Contenu positif de la relation

JE prends la responsabilité de...

ce que JE DIS	ce que J'EXPRIME	ce que JE RESSENS	ce que JE FAIS

J'invite L'AUTRE à prendre la responsabilité de...

ce qu'IL DIT	ce qu'IL EXPRIME	ce qu'IL RESSENT	ce qu'IL FAIT

Note : Dans une relation dominant/dominé, chacun collabore directement ou indirectement au pouvoir de l'un et à la soumission de l'autre.

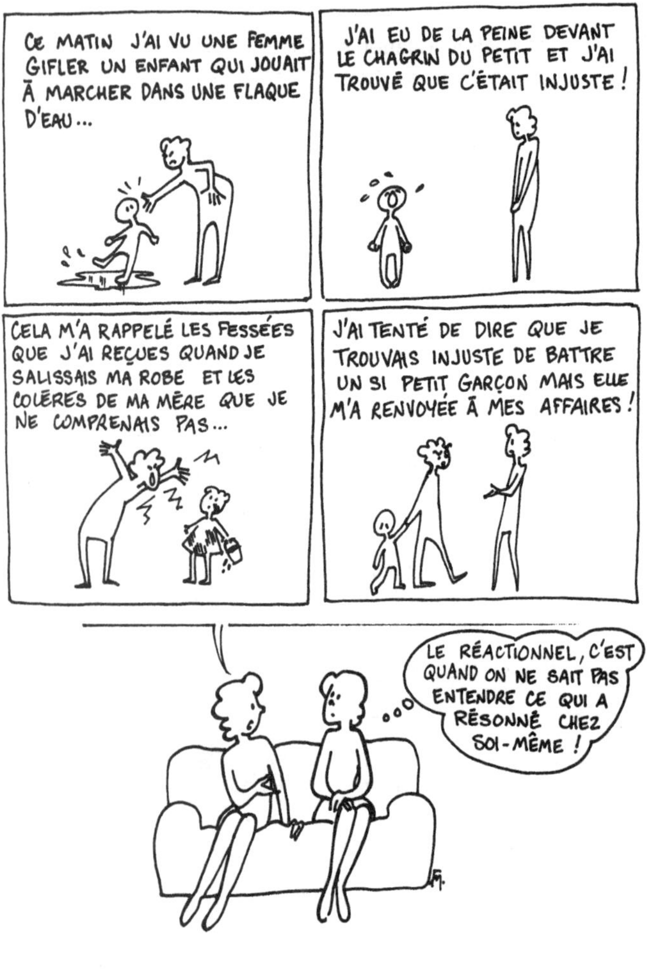
CE MATIN J'AI VU UNE FEMME GIFLER UN ENFANT QUI JOUAIT Ā MARCHER DANS UNE FLAQUE D'EAU...
J'AI EU DE LA PEINE DEVANT LE CHAGRIN DU PETIT ET J'AI TROUVÉ QUE C'ÉTAIT INJUSTE !
CELA M'A RAPPELÉ LES FESSÉES QUE J'AI REÇUES QUAND JE SALISSAIS MA ROBE ET LES COLÈRES DE MA MÈRE QUE JE NE COMPRENAIS PAS...
J'AI TENTÉ DE DIRE QUE JE TROUVAIS INJUSTE DE BATTRE UN SI PETIT GARÇON MAIS ELLE M'A RENVOYÉE Ā MES AFFAIRES !
LE RÉACTIONNEL, C'EST QUAND ON NE SAIT PAS ENTENDRE CE QUI A RÉSONNÉ CHEZ SOI-MÊME !

Autre principe relationnel de base

La co-responsabilisation

Dans une relation de *réciprocité* possible,
chacun assume la *responsabilité de ce qu'il émet et reçoit*

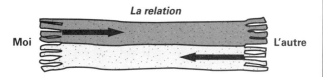

La relation

Moi | L'autre

**Je suis RESPONSABLE de la façon dont
JE REÇOIS ce qui vient de L'AUTRE.
C'est moi seul qui donne SENS
au MESSAGE que je reçois.**
Je suis aussi *partie prenante* bien sûr
de ce que *j'émets* et de la façon
dont je *l'envoie à l'autre*.

**L'AUTRE est RESPONSABLE de la façon dont
IL REÇOIT mon message.
C'est lui seul qui donne SENS
au MESSAGE qu'il reçoit.**
L'autre est bien *partie prenante* de tout ce *qu'il émet*
et de la façon dont… *il envoie*.

Responsable : le mot **responsable** est ambigu en français,
nous lui préférons l'expression « partie prenante ».
   « *Je suis partie prenante de toute situation relationnelle.
   Je deviens coauteur de mes relations quand je dispose
   d'une autonomie affective, matérielle et spirituelle suffisante.* »

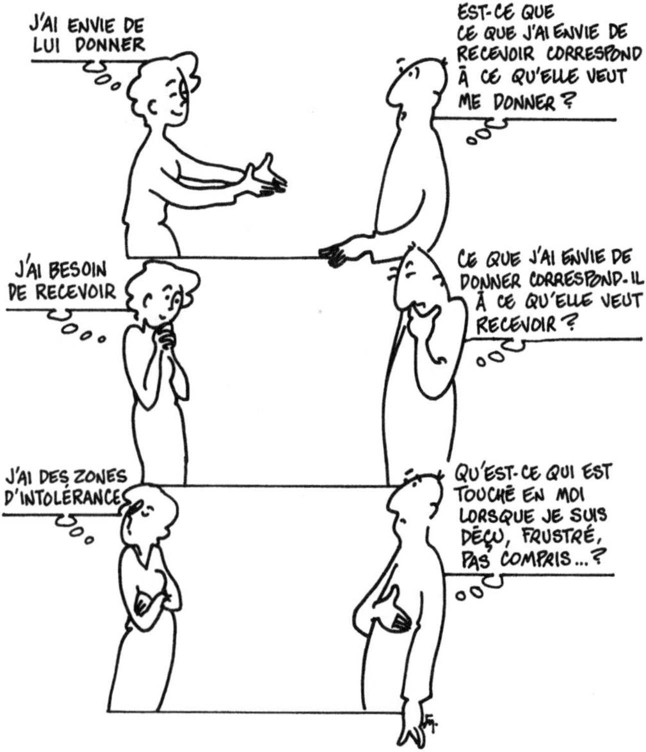
J'AI ENVIE DE LUI DONNER
EST-CE QUE CE QUE J'AI ENVIE DE RECEVOIR CORRESPOND À CE QU'ELLE VEUT ME DONNER ?
J'AI BESOIN DE RECEVOIR
CE QUE J'AI ENVIE DE DONNER CORRESPOND-IL À CE QU'ELLE VEUT RECEVOIR ?
J'AI DES ZONES D'INTOLÉRANCE
QU'EST-CE QUI EST TOUCHÉ EN MOI LORSQUE JE SUIS DÉÇU, FRUSTRÉ, PAS COMPRIS... ?

Ce qui est en jeu dans une relation

Soit sur un mode complémentaire,
soit sur un mode antagoniste

Moi
Registre de la relation
Registre des sentiments
Registre du désir
Au-delà de la rencontre, chacun arrive avec son histoire, ses attentes, ses apports, ses zones d'intolérance, et la relation se construira dans la confrontation avec les apports et les zones d'intolérance de l'autre.
Zones d'intolérance Apport Attente
Zones d'intolérance Apport Attente
Registre du désir
Registre des sentiments
Registre de la relation
L'autre

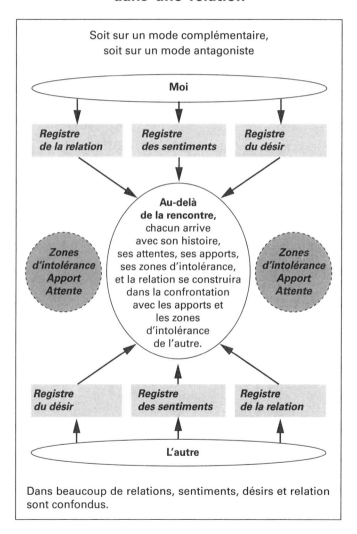

Dans beaucoup de relations, sentiments, désirs et relation sont confondus.

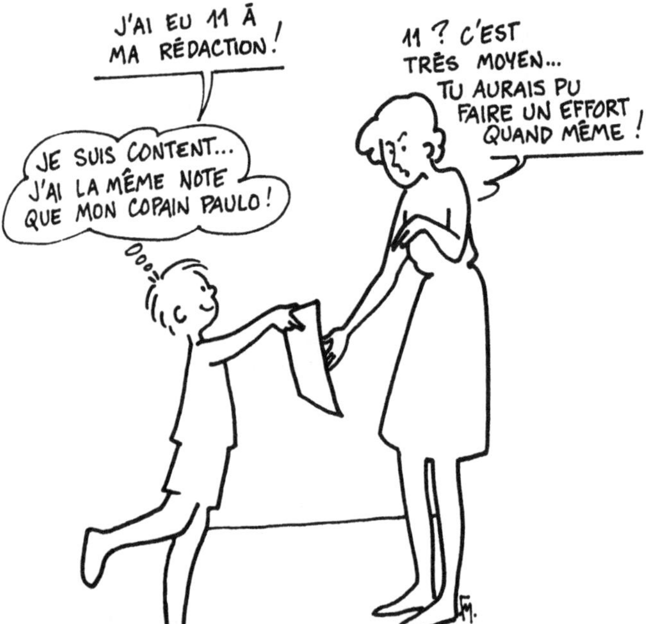
J'AI EU 11 Ā MA RÉDACTION !
JE SUIS CONTENT... J'AI LA MÊME NOTE QUE MON COPAIN PAULO !
11 ? C'EST TRÈS MOYEN... TU AURAIS PU FAIRE UN EFFORT QUAND MÊME !

Sujet et objet de la relation

Dans une relation,
il nous appartient de ne pas confondre :

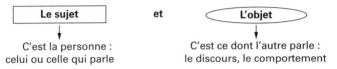

Le sujet	et	**L'objet**

C'est la personne :
celui ou celle qui parle

C'est ce dont l'autre parle :
le discours, le comportement

L'écoute centrée, active et personnalisée
porte essentiellement sur celui qui parle
et pas seulement sur ce qu'il dit !

– « Maman **j'ai** (sujet) **eu 10/10 en calcul** (objet de mon discours) aujourd'hui ! »

– « Je suis très heureuse de ton 10, je suis fière de tes bonnes notes. »

« **Je** (sujet) me sens incompris par **toi** Maman quand toute ton attention se focalise sur ce 10 (objet). Je préfère que tu sois fière de moi ! »

La mère (sujet) risque de se blesser en entendant le ressenti de son enfant.

Il est difficile en effet d'entendre l'autre, quand nous l'assimilons à l'objet de son discours car notre attention se focalise... sur ce qu'il nous montre avec autant d'enthousiasme !

Le 10 en calcul focalise sur le résultat et risque d'aveugler sur le ressenti.

« Quand je me sens mis en cause... par l'autre, je ne peux plus l'écouter et encore moins l'entendre, car je n'entends que ma propre déception. »

Nous proposons trop fréquemment un défi paradoxal au partenaire dont nous souhaitons l'écoute, quand nous commençons par l'impliquer négativement.

« Je voudrais pouvoir te parler sans que ça tourne tout de suite à la dispute, mais tu as toujours des réponses qui me blessent ou m'éloignent de toi... »

Conclusion : ne pas oublier que le vécu de la personne (j'ai eu, j'ai senti que...) est plus important que la réalité, l'événement, l'objet ou le résultat.

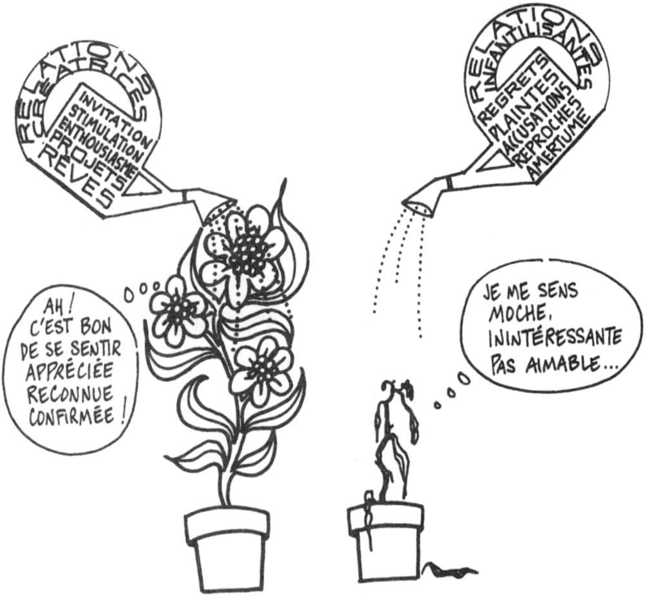
RELATIONS CRÉATRICES
INVITATION
STIMULATION
ENTHOUSIASME
PROJETS
RÊVES
RELATIONS INFANTILISANTES
REGRETS
PLAINTES
ACCUSATIONS
REPROCHES
AMERTUME
AH ! C'EST BON DE SE SENTIR APPRÉCIÉE RECONNUE CONFIRMÉE !
JE ME SENS MOCHE, ININTÉRESSANTE PAS AIMABLE...

Comment je nourris
la relation?

Puis-je m'interroger sur la façon dont je nourris une relation?
Est-ce par des apports positifs ou par des dépôts négatifs?

Relation avec des apports positifs

Moi   **L'autre**

Relation avec des apports négatifs

Avec des :
– demandes claires ?
– refus
– propositions ouvertes ?

Avec des :
– ambivalences
– intentions de domination ?
– critiques ?

Avec des :
– invitations ?
– stimulations ?
– demandes directes ?
– enthousiasmes ?
– projets ?
– rêves ?

Avec des :
– regrets ?
– plaintes ?
– reproches ?
– accusations ?
– culpabilisations ?
– amertumes ?

Le nourrissement d'une relation
doit se faire dès le début de la rencontre,
il peut ensuite s'actualiser au quotidien.

**"Au-delà de l'intention,
quels sont les moyens concrets
que je prends pour nourrir
et prendre soin d'une relation?"**

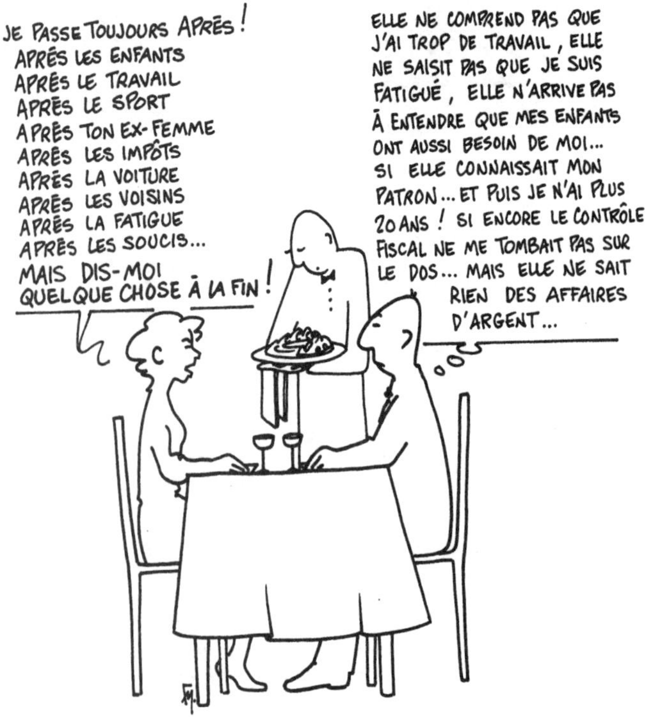
JE PASSE TOUJOURS APRÈS ! APRÈS LES ENFANTS APRÈS LE TRAVAIL APRÈS LE SPORT APRÈS TON EX-FEMME APRÈS LES IMPÔTS APRÈS LA VOITURE APRÈS LES VOISINS APRÈS LA FATIGUE APRÈS LES SOUCIS... MAIS DIS-MOI QUELQUE CHOSE À LA FIN !
ELLE NE COMPREND PAS QUE J'AI TROP DE TRAVAIL, ELLE NE SAISIT PAS QUE JE SUIS FATIGUÉ, ELLE N'ARRIVE PAS À ENTENDRE QUE MES ENFANTS ONT AUSSI BESOIN DE MOI... SI ELLE CONNAISSAIT MON PATRON... ET PUIS JE N'AI PLUS 20 ANS ! SI ENCORE LE CONTRÔLE FISCAL NE ME TOMBAIT PAS SUR LE DOS... MAIS ELLE NE SAIT RIEN DES AFFAIRES D'ARGENT...

Réactionnel et relationnel

**Suis-je capable de me dire
sans tomber dans *le réactionnel*
en restant dans *le relationnel* :**

Il y a des aspects de *l'autre*, paroles, conduites, comportements, attitudes ou gestes qui sont ***bons pour moi***, que je vis comme positifs et que ***j'accueille*** donc avec ***plaisir***.

Il y ***en moi*** des zones de fragilité, de résonance qui me renvoient à des expériences douloureuses, à des blessures anciennes et qu'il me paraît ***vital de protéger*** pour l'instant.

Il y a des aspects de ***moi*** dont j'ai besoin de ***témoigner***. Il y a des pensées, des ressentis qu'il me paraît important d'***exprimer***. Il y a des moments de mon vécu où je ***protège mon intimité***, où je ne favorise pas le partage. *« Il y a des choses que je peux partager, et d'autres qui appartiennent à mon jardin secret. »*

Il y a des aspects de ***l'autre***, paroles, conduites, comportements, attitudes ou gestes qui **ne** sont pas ***bons pour moi***, qui ***me blessent***, ou qui ***me déstabilisent***, que ***je vis comme négatifs*** et que ***je ne souhaite pas accueillir***. *« Je peux les laisser chez toi sans les prendre en moi. »*

Passer de l'expression à la mise en commun conforte la vitalité du relationnel.

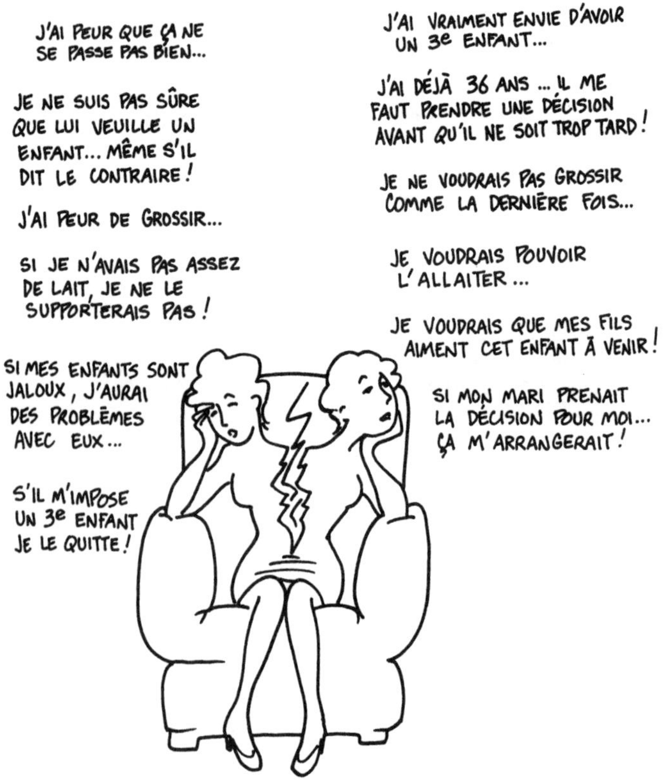
J'AI PEUR QUE ÇA NE SE PASSE PAS BIEN...
JE NE SUIS PAS SÛRE QUE LUI VEUILLE UN ENFANT... MÊME S'IL DIT LE CONTRAIRE !
J'AI PEUR DE GROSSIR...
SI JE N'AVAIS PAS ASSEZ DE LAIT, JE NE LE SUPPORTERAIS PAS !
SI MES ENFANTS SONT JALOUX, J'AURAI DES PROBLÈMES AVEC EUX...
S'IL M'IMPOSE UN 3e ENFANT JE LE QUITTE !
J'AI VRAIMENT ENVIE D'AVOIR UN 3e ENFANT...
J'AI DÉJÀ 36 ANS ... IL ME FAUT PRENDRE UNE DÉCISION AVANT QU'IL NE SOIT TROP TARD !
JE NE VOUDRAIS PAS GROSSIR COMME LA DERNIÈRE FOIS...
JE VOUDRAIS POUVOIR L'ALLAITER...
JE VOUDRAIS QUE MES FILS AIMENT CET ENFANT À VENIR !
SI MON MARI PRENAIT LA DÉCISION POUR MOI... ÇA M'ARRANGERAIT !

Une relation vivante

Quand elle est nourrie et entretenue par des soins réguliers,
une relation peut rester longtemps vivante et fertile.
Si elle n'est pas entretenue, une relation s'abîme, se détériore,
se pollue et s'encombre de déchets relationnels.

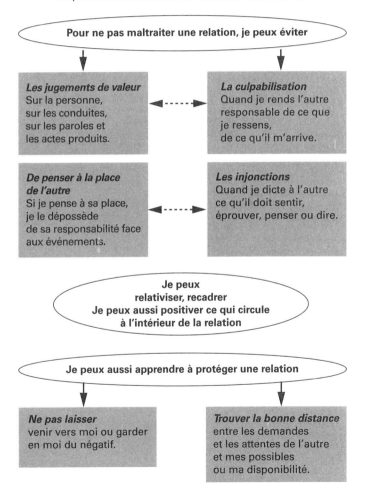

Pour ne pas maltraiter une relation, je peux éviter

Les jugements de valeur
Sur la personne,
sur les conduites,
sur les paroles et
les actes produits.

La culpabilisation
Quand je rends l'autre
responsable de ce que
je ressens,
de ce qu'il m'arrive.

*De penser à la place
de l'autre*
Si je pense à sa place,
je le dépossède
de sa responsabilité face
aux événements.

Les injonctions
Quand je dicte à l'autre
ce qu'il doit sentir,
éprouver, penser ou dire.

Je peux
relativiser, recadrer
Je peux aussi positiver ce qui circule
à l'intérieur de la relation

Je peux aussi apprendre à protéger une relation

Ne pas laisser
venir vers moi ou garder
en moi du négatif.

Trouver la bonne distance
entre les demandes
et les attentes de l'autre
et mes possibles
ou ma disponibilité.

Rechercher la confrontation

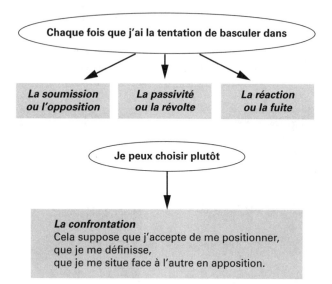

Chaque fois que j'ai la tentation de basculer dans

La soumission ou l'opposition

La passivité ou la révolte

La réaction ou la fuite

Je peux choisir plutôt

La confrontation
Cela suppose que j'accepte de me positionner,
que je me définisse,
que je me situe face à l'autre en apposition.

**La confrontation est différente de l'affrontement,
qui se fonde sur l'opposition.**
L'opposition vise à affaiblir, à diminuer ou à disqualifier l'autre.
L'apposition vise, par la confrontation, à susciter chez l'autre
le possible d'un positionnement plus clair
et d'une affirmation plus nette face à une définition
de ma part clairement posée.

**Communiquer le plus librement possible,
c'est pouvoir se dire et être entendu à l'intérieur
d'une relation de réciprocité.**

Proposer la confrontation

**Se préparer à la confrontation
en se différenciant**

**COMME
DEMANDANT**

**COMME
RÉPONDANT**

Chaque fois que j'exprime
une demande,
je prends le risque
*de la réponse personnalisée
de l'autre.*

Si je ne peux prendre
le risque que sa réponse
puisse différer de mon attente,
je ne peux en fait qu'imposer
*une relation d'exigences
implicites ou explicites.*

Chaque fois que je réponds
à partir
de mon ressenti intime,
je prends le risque
*de décevoir, d'irriter
ou de déstabiliser l'autre
dans ses attentes.*

*Si je ne peux prendre
ce risque, je reste
dans la dépendance.*

En me positionnant dans le respect de moi, j'ai l'opportunité
**de faire découvrir à l'autre où je suis,
où j'en suis.**

**Exister est, d'une certaine manière,
prendre le risque de se séparer de l'autre
en se différenciant.**

Cultiver la confrontation

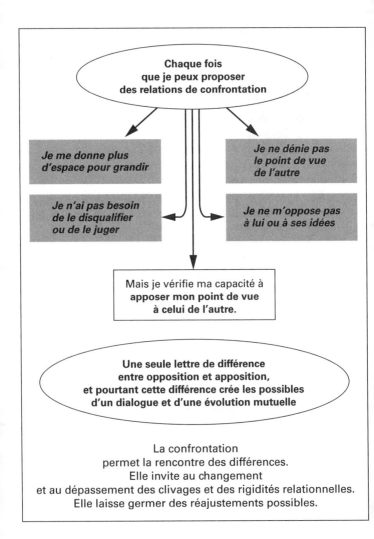

**Chaque fois
que je peux proposer
des relations de confrontation**

*Je me donne plus
d'espace pour grandir*

*Je ne dénie pas
le point de vue
de l'autre*

*Je n'ai pas besoin
de le disqualifier
ou de le juger*

*Je ne m'oppose pas
à lui ou à ses idées*

Mais je vérifie ma capacité à
**apposer mon point de vue
à celui de l'autre.**

**Une seule lettre de différence
entre opposition et apposition,
et pourtant cette différence crée les possibles
d'un dialogue et d'une évolution mutuelle**

La confrontation
permet la rencontre des différences.
Elle invite au changement
et au dépassement des clivages et des rigidités relationnelles.
Elle laisse germer des réajustements possibles.

Les outils
de la méthode ESPERE

Pour me donner les moyens de mieux communiquer,
puis-je utiliser quelques
outils
qui vont soutenir et renforcer au-delà des mots, les autres
langages
que j'utilise habituellement ?

Je peux exprimer des idées,
je peux me dire dans mon ressenti,
mes sentiments, je peux relater un fait, un événement,
je peux témoigner d'une résonance
et être écouté dans tous ces registres.
Pour être entendu,
il me faudra toutefois
quelque chose de plus
que les mots.

Les mots sont nécessaires,
indispensables pour communiquer,
mais
sont insuffisants
pour créer, nourrir, dynamiser
une relation de durée
et surtout une relation d'apprentissage
ou de formation.

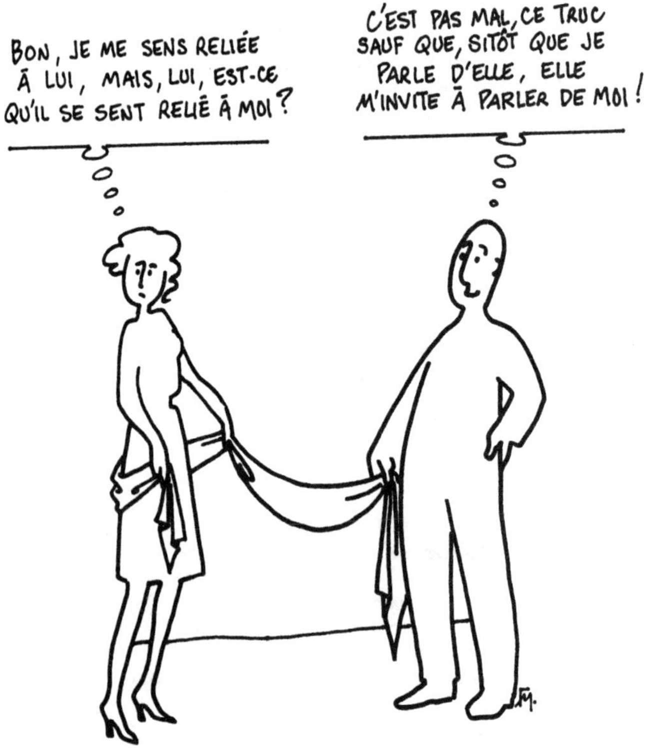
BON, JE ME SENS RELIÉE À LUI, MAIS, LUI, EST-CE QU'IL SE SENT RELIÉ À MOI ?
C'EST PAS MAL, CE TRUC SAUF QUE, SITÔT QUE JE PARLE D'ELLE, ELLE M'INVITE À PARLER DE MOI !

L'écharpe relationnelle

Nous pouvons montrer,
visualiser une relation entre deux êtres
par un foulard ou une écharpe.
Cette écharpe symbolise le « lien » entre deux personnes.
Toute relation est constituée d'un double conduit.

Ce qui vient de moi
et va vers l'autre
Ce que l'autre reçoit
et ce qu'il en fait
Moi
L'autre
Ce que je reçois
et ce que j'en fais
Ce qui vient de l'autre
et va vers moi

Dans toute rencontre,
nous sommes toujours trois :
• L'AUTRE
• MOI
• LA RELATION
qui nous prolonge
qui nous relie

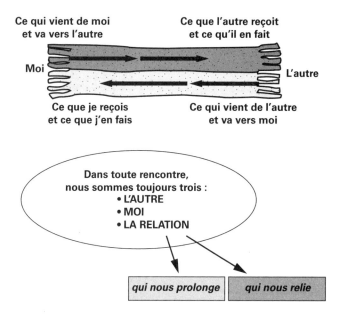

C'est de la qualité de la relation que dépendra la richesse de l'échange.

- Comment ce que je dis est-il reçu, amplifié ou refusé, voire rejeté ?
- Comment est-ce que je reçois la façon d'être ou la réaction de l'autre, quand il accueille, valorise ou disqualifie ce que j'ai dit, ce que j'ai fait ?

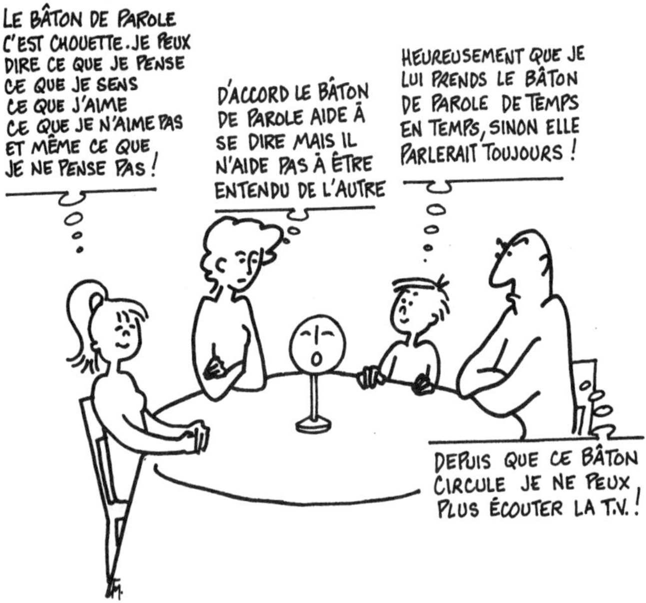
LE BÂTON DE PAROLE C'EST CHOUETTE. JE PEUX DIRE CE QUE JE PENSE CE QUE JE SENS CE QUE J'AIME CE QUE JE N'AIME PAS ET MÊME CE QUE JE NE PENSE PAS !
D'ACCORD LE BÂTON DE PAROLE AIDE À SE DIRE MAIS IL N'AIDE PAS À ÊTRE ENTENDU DE L'AUTRE
HEUREUSEMENT QUE JE LUI PRENDS LE BÂTON DE PAROLE DE TEMPS EN TEMPS, SINON ELLE PARLERAIT TOUJOURS !
DEPUIS QUE CE BÂTON CIRCULE JE NE PEUX PLUS ÉCOUTER LA T.V. !

Le bâton de parole

Quand je prends et que j'ai le bâton de parole, je peux dire ce que je sens, ce que j'ai vu, ce que je pense et même ce que je sais !

Le bâton de parole signifie que j'ai quelque chose à dire et que je souhaite être entendu. Il confirme que je ne serai pas interrompu.

Quelques principes de base autour du bâton de parole

■ Le bâton de parole s'inspire de rituels africains et amérindiens.

■ Il signifie que celui qui le prend a quelque chose à dire et qu'il demande écoute, attention, respect.

■ La personne qui le prend à sa suite ne peut parler sur celui qui vient de s'exprimer, elle se limite à énoncer son ressenti ou ses propres idées.

■ Le bâton de parole invite d'une part à préparer son intervention et d'autre part à faire un effort de conscientisation, de clarification :

« Suis-je au clair avec ce qui m'habite, ce que je veux dire et mettre en commun ? »

■ Le bâton de parole ne m'autorise pas à parler sur l'autre. Il m'autorise seulement à parler de moi dans le registre du témoignage autour d'une idée, d'un fait, d'un ressenti, d'une résonance, d'un sentiment ou d'une croyance.

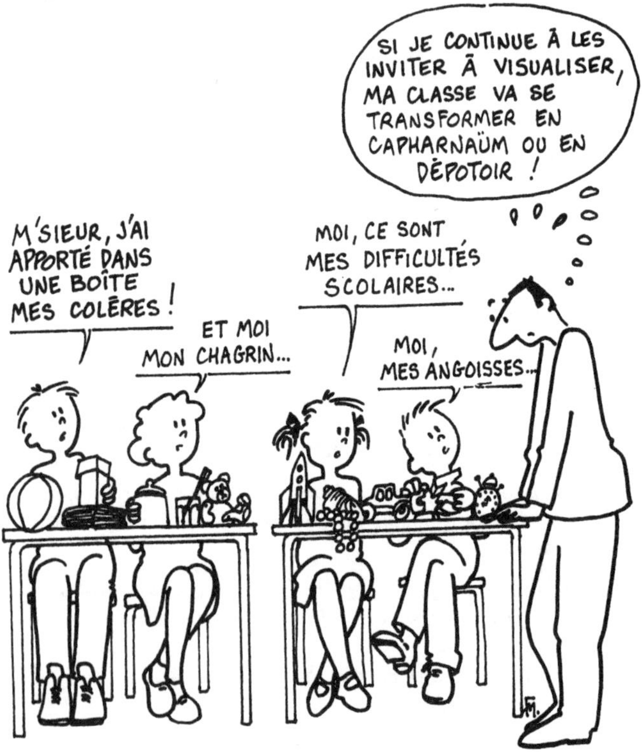
SI JE CONTINUE À LES INVITER À VISUALISER, MA CLASSE VA SE TRANSFORMER EN CAPHARNAÜM OU EN DÉPOTOIR !
M'SIEUR, J'AI APPORTÉ DANS UNE BOÎTE MES COLÈRES !
ET MOI MON CHAGRIN...
MOI, CE SONT MES DIFFICULTÉS SCOLAIRES...
MOI, MES ANGOISSES...

La visualisation externe

Nous appelons visualisation externe (par différenciation de la visualisation interne qui se fait sous forme d'imagerie mentale) le fait de représenter matériellement et de montrer, par un objet, ce dont nous voulons parler.

La visualisation externe permet de localiser le point fort du message à transmettre.

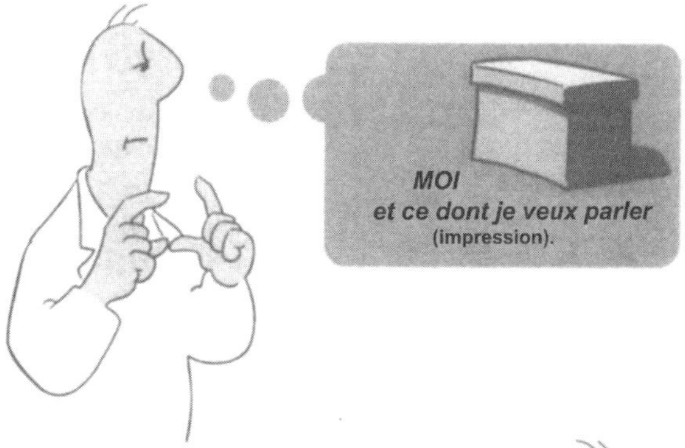
MOI
et ce dont je veux parler
(impression).

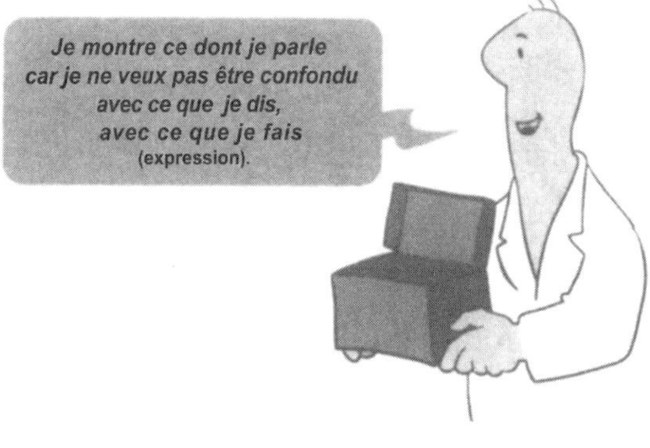
Je montre ce dont je parle
car je ne veux pas être confondu
avec ce que je dis,
avec ce que je fais
(expression).

Quand le message est clairement visualisé, qu'il est matérialisé, cela évite qu'il se perde dans... le discours.

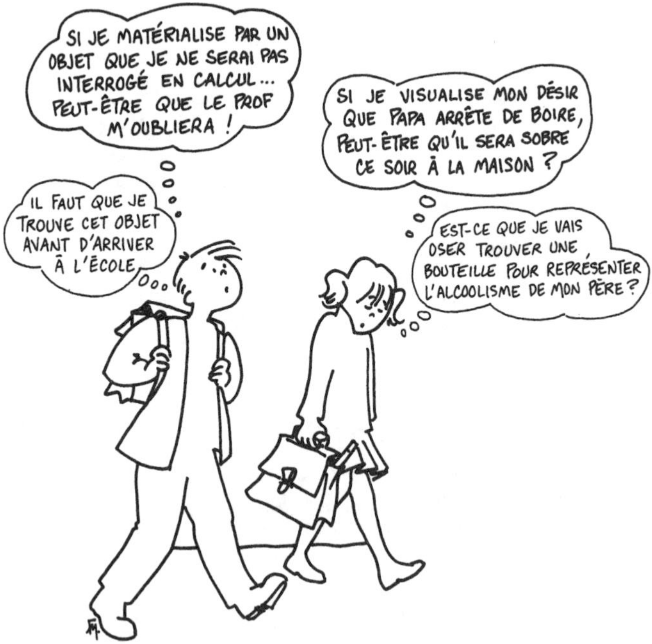
SI JE MATÉRIALISE PAR UN OBJET QUE JE NE SERAI PAS INTERROGÉ EN CALCUL... PEUT-ÊTRE QUE LE PROF M'OUBLIERA !
IL FAUT QUE JE TROUVE CET OBJET AVANT D'ARRIVER À L'ÉCOLE
SI JE VISUALISE MON DÉSIR QUE PAPA ARRÊTE DE BOIRE, PEUT-ÊTRE QU'IL SERA SOBRE CE SOIR À LA MAISON ?
EST-CE QUE JE VAIS OSER TROUVER UNE BOUTEILLE POUR REPRÉSENTER L'ALCOOLISME DE MON PÈRE ?

Pratique de la visualisation externe

La visualisation externe (matérialisation) telle que nous la proposons est un procédé qui permet de représenter, par un objet choisi de façon improvisée et spontanée, ce dont nous voulons parler.

■ Ainsi je me donne les moyens de rendre visibles une idée, un sentiment, un désir, une perception par essence immatériels pour celui qui m'écoute.

■ Le choix de l'objet aura bien sûr une signification particulière, et en ce sens celui-ci n'est jamais neutre pour celui qui le choisit.

■ La visualisation permet de ne pas entretenir la confusion trop fréquente
– entre la personne et ce qu'elle dit,
– entre celui (sujet) qui parle et ce dont (objet de l'échange) il parle.

■ Elle permet de mieux différencier
– le sujet (celui qui s'exprime)
– de l'objet (ce dont il parle).

Exemples :

Relations parents-enfants

« Maman, ce compas représente mes difficultés à l'école. Je te le montre pour que tu ne me confondes plus avec mes difficultés. De la même manière, si tu veux, toi, visualiser ta colère ou ton irritation devant mes difficultés scolaires, cela me permettra également de ne pas m'identifier à ton angoisse, à ton irritation… qui sont parfois très importantes et qui pèsent trop sur moi. »

Relations à l'école

« Pour vous transmettre ce que je sais en calcul, j'ai besoin de votre attention. Ce ballon que j'ai apporté ce matin représente la demande qui m'habite : avoir votre attention pendant au moins 15 minutes !

Pour demain, je vous propose de venir en classe avec un objet qui représentera votre attention à vous. Quand vous sentez qu'elle n'est plus là, vous déposez l'objet à terre.

Comme cela, je peux voir quand je perds votre attention et envisager avec vous comment je peux m'adapter… »

> **"**Si l'homme
> n'est que poussière,
> c'est dire l'importance du plumeau.**"**
>
> *Vialatte*

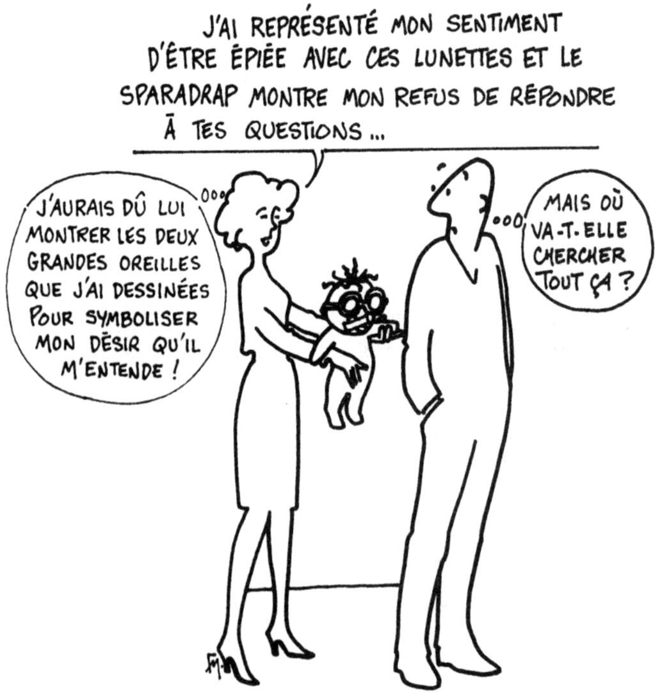
J'AI REPRÉSENTÉ MON SENTIMENT D'ÊTRE ÉPIÉE AVEC CES LUNETTES ET LE SPARADRAP MONTRE MON REFUS DE RÉPONDRE À TES QUESTIONS...
J'AURAIS DÛ LUI MONTRER LES DEUX GRANDES OREILLES QUE J'AI DESSINÉES POUR SYMBOLISER MON DÉSIR QU'IL M'ENTENDE !
MAIS OÙ VA-T-ELLE CHERCHER TOUT ÇA ?

Pratique de la visualisation externe

■ La visualisation est donc un outil, elle n'est pas une finalité en soi.

■ Elle vise à améliorer la qualité de l'échange en permettant à celui qui s'exprime de mieux se définir et à l'écoutant de mieux cerner et clarifier le contenu de ses propos.

■ Elle permet de mieux s'entendre soi-même.

■ La visualisation devra bien être utilisée pour soutenir le relationnel d'un partage et non pour entretenir le conflictuel d'un échange.

■ La visualisation peut servir également de support et de première étape (voir plus loin) vers des démarches de symbolisation.

■ Elle permet souvent de démystifier le système relationnel d'accusation ou de victimisation dans lequel nous risquons de nous enfermer ou que nous risquons d'entretenir chez l'autre.

Exemples :

Relations conjugales

« J'ai bien entendu ta jalousie que j'ai visualisée pour mon compte par cette paire de lunettes, car j'ai le sentiment d'être épié sans arrêt. Et d'autre part cette boîte fermée à clef, que je te montre, représente mes refus de répondre à tes questions, car j'ai découvert que, plus j'y répondais, plus j'entretenais ta jalousie. »

Relations professionnelles

« J'ai représenté par ce caillou la colère qui m'habite quand je suis confronté à tes retards. Et, pour ne pas te confondre avec eux, je les ai représentés par cette poche en papier. »

« La bande rouge que j'ai ajoutée à ma feuille de paie représente ma demande d'être augmenté. Il est possible que ma demande vous irrite, vous mette en difficulté. Mais je ne veux pas être confondu dans votre irritation avec ma demande. Cela me permettra de mieux entendre que votre réponse est bien en relation directe avec ma demande et non avec ma personne. »

"Un désert
c'est un espace
entre deux oasis.**"**

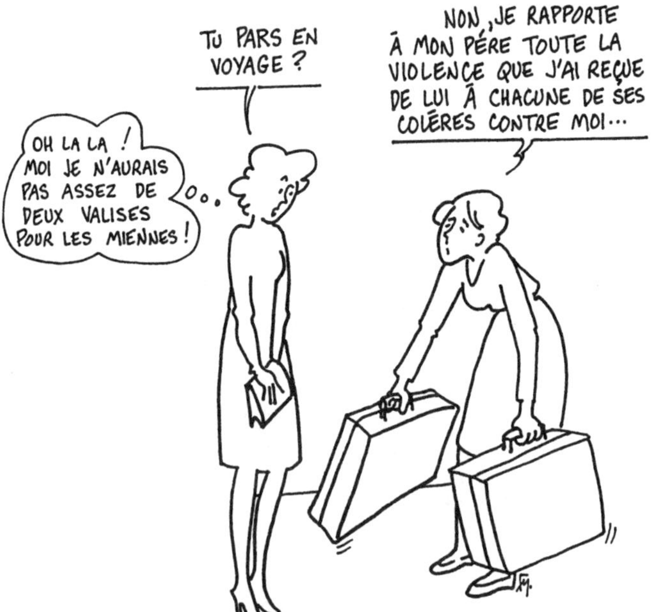
TU PARS EN VOYAGE ?
NON, JE RAPPORTE À MON PÈRE TOUTE LA VIOLENCE QUE J'AI REÇUE DE LUI À CHACUNE DE SES COLÈRES CONTRE MOI...
OH LA LA ! MOI JE N'AURAIS PAS ASSEZ DE DEUX VALISES POUR LES MIENNES !

La symbolisation

C'est une façon de clore, de donner un sens à quelque chose qui était resté jusque-là en suspens dans l'inachevé, dans l'incomplétude ou dans le non-dit.

« L'amour que j'ai pour maman, et que je n'ai pas pu lui donner. »

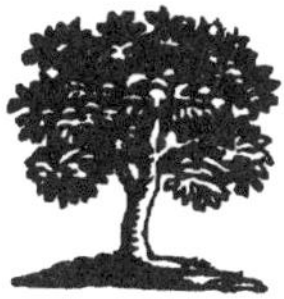

Je symbolise cet amour par un arbre que je plante et dont je prends soin.

La symbolisation a un pouvoir dynamisant réel important. Chaque fois que nous pouvons nous appuyer sur un de ces outils, considéré comme un moyen (et non comme une arme), nous nous donnons plus de chances *d'être entendu en permettant à l'autre de se dire.*

« J'ai planté cet arbre, Maman, pour te montrer l'amour que j'ai pour toi et que je n'ai pas su te donner. »

Puis-je me rappeler que les *mots*, qui sont *nécessaires, indispensables* pour *mettre en commun*, ne sont pas toujours *suffisants* pour *échanger, partager, dialoguer en réciprocité.*

La symbolisation ouvre à des ressources énergétiques nouvelles car elle s'adresse à l'inconscient de chacun : de celui qui pratique l'acte symbolique et de celui qui le reçoit.

MOI, J'AI PEUR QUE, SI JE SYMBOLISE LE DÉSIR QUE J'AI D'ELLE, ELLE ME VOIE COMME UN OBSÉDÉ SEXUEL !
SI JE SYMBOLISAIS TOUS MES DÉSIRS, LA MAISON NE SERAIT PAS ASSEZ GRANDE POUR LES CONTENIR... ET JE NE PARLE PAS DE MES BESOINS ÉLÉMENTAIRES !

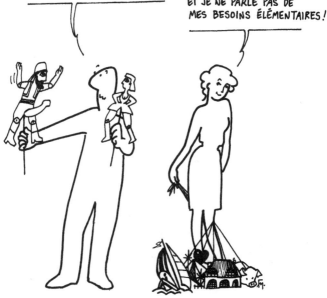

Mise en pratique
de la symbolisation

La symbolisation est l'ensemble des actes symboliques que nous pouvons imaginer, créer, déposer et introduire dans les relations qui sont pour nous les plus significatives.

Il y a aussi des symbolisations pour prendre soin d'un état émotionnel, d'un sentiment, d'un désir, d'un besoin.

■ La symbolisation constitue une des démarches les plus puissantes pour nous réconcilier avec les forces vives de la vie et nous permettre de sortir de la victimisation.

■ Elle permet de se réunifier en donnant un moyen concret de lâcher les violences reçues, de sortir du ressentiment, de l'accusation de l'autre ou de la vie.

■ Elle nous permet de mieux nous différencier de ce que nous éprouvons, soit pour ne pas être envahi, écrasé, soit pour ne pas être confondu avec.

■ En prenant « soin de... » par un acte symbolique de quelque chose qui se passe chez moi, je me réapproprie des énergies et un pouvoir de vie.

Exemples :

Relations parents-enfants

« Grand-père, ta mort m'a causé une très grande violence. Je choisis un caillou que j'irai déposer sur ta tombe pour te rendre la violence reçue lors de ta disparition car je tenais beaucoup à toi. J'ai pour toi un très grand amour que je ne t'ai jamais dit. Je symbolise cet amour par un cyclamen dont je prends soin. »

« Maman, par cette grande main en carton, je te rends la violence de la gifle que tu m'as donnée lorsque je t'ai parlé de ce projet de voyage à l'étranger. Je symbolise par cette petite mappemonde mon désir de voyage et je l'emmène partout avec moi. »

Relations à l'école

« Je symbolise par cette boule en papier froissé la violence que vous avez déposée sur moi en affichant, devant toute la classe, mon cahier plein de taches et en me traitant de souillon. Je vous donne donc cette boule. Je symbolise par cette image découpée dans un journal mon désir d'être une petite fille plus soigneuse. Je la mets en évidence sur ma table de travail pour visualiser ce désir. »

> **❝**Nous portons
> les cicatrices
> de nos blessures.
> À nous de les honorer
> car elles disent aussi
> que nous avons survécu
> et que peut-être cela nous
> a rendu plus fort
> ou plus lucide.**❞**

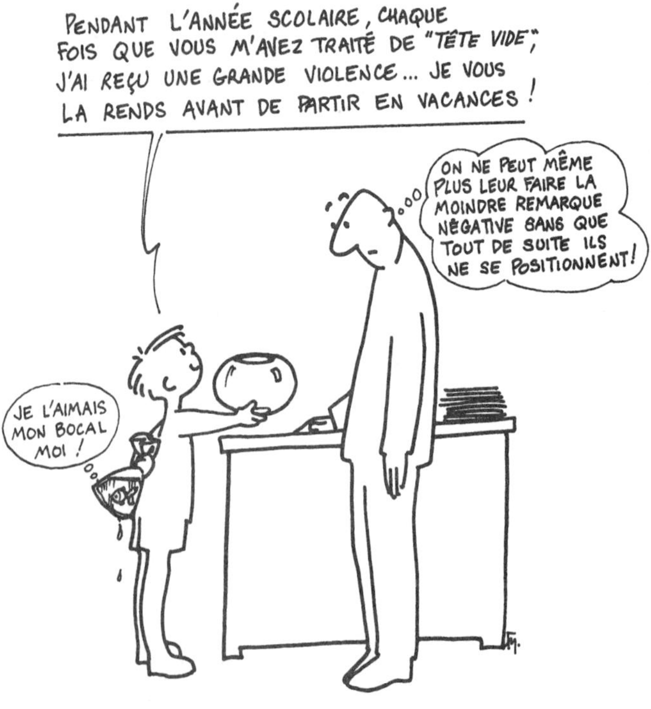
PENDANT L'ANNÉE SCOLAIRE, CHAQUE FOIS QUE VOUS M'AVEZ TRAITÉ DE "TÊTE VIDE", J'AI REÇU UNE GRANDE VIOLENCE... JE VOUS LA RENDS AVANT DE PARTIR EN VACANCES !
ON NE PEUT MÊME PLUS LEUR FAIRE LA MOINDRE REMARQUE NÉGATIVE SANS QUE TOUT DE SUITE ILS NE SE POSITIONNENT !
JE L'AIMAIS MON BOCAL MOI !

Recours à la symbolisation

La symbolisation est un langage passerelle entre la réalité et le réel.

■ Elle est à la fois démarche de visualisation et démarche relationnelle.

■ Elle invite à une recentration, favorise un ancrage, elle ouvre à un repositionnement de vie.

■ Avant de pouvoir symboliser, il faut tenter de reconnaître ce qui a été touché, blessé en moi par les paroles ou le comportement de l'autre.

■ À partir de cette première « conscientisation », je peux essayer de trouver l'objet symbolique qui permettra de visualiser ce qui a été imposé par l'autre et qui ne m'a pas paru bon pour moi. Et je choisirai ensuite un autre objet qui symbolisera mon ressenti par rapport à cet acte.

■ Je remettrai à l'autre l'objet qui symbolise la violence reçue. Je prendrai soin de l'objet qui symbolise mon ressenti ou mon désir mis à mal par la violence reçue.

■ En acceptant que mon désir reste inassouvi ou non satisfait, je peux continuer à le respecter avec une symbolisation.

Exemples :

Relations conjugales

« Par cette photo d'enfant déchirée, je te rends la violence reçue lorsque tu m'as traitée de folle en apprenant mon désir d'avoir un autre enfant. Je symbolise mon désir d'un deuxième enfant par cette petite poupée en chiffon que j'emmène avec moi. »

Relations professionnelles

« Par ce morceau de chiffon, je rends à ce chef de service, la violence reçue lorsqu'il m'a traitée de mégère. Je symbolise par cette petite boule en bois que je laisse à portée de mes doigts au fond de ma poche mon désir de ne plus être agressée. »

« Avec cette démarche, je ne vise pas à vous mettre en accusation, mais à me libérer d'un malaise.

• Quand je vous restitue une violence reçue, je me respecte, je me libère d'un poids, d'un mal-être.

• Quand je prends soin d'un sentiment, je redeviens responsable. »

Prendre soin d'un désir, ne veut pas dire le réaliser, mais lui accorder une attention, une bienveillance suffisante pour témoigner de notre intention de lui donner une valeur.

« Si je n'ai pas réalisé mon désir de bébé je dois prendre soin de ce désir jusqu'à la ménopause, au moins ! »

Difficultés rencontrées
• L'écueil du fétichisme.
• Cultiver une fixation.
• Cultiver l'illusion que le désir de l'autre changera.

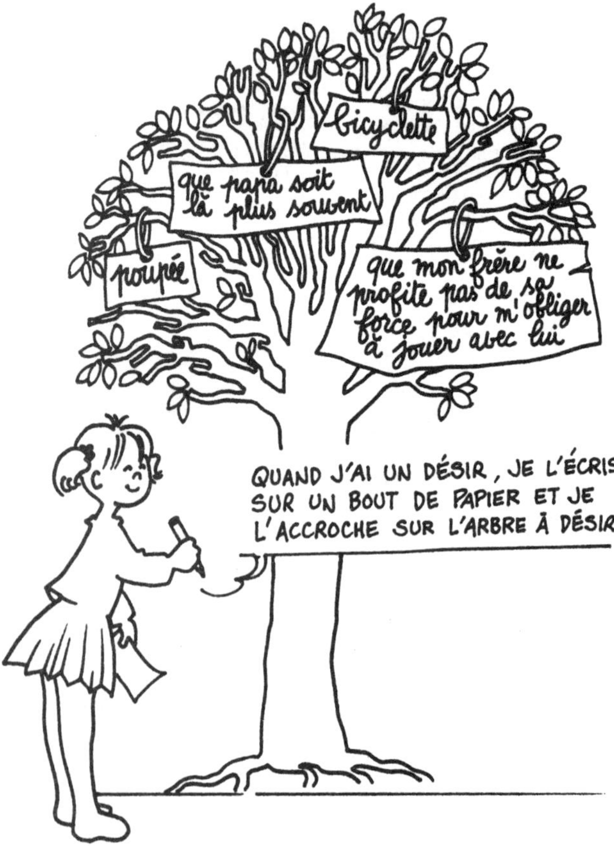
bicyclette
que papa soit là plus souvent
poupée
que mon frère ne profite pas de sa force pour m'obliger à jouer avec lui
QUAND J'AI UN DÉSIR, JE L'ÉCRIS SUR UN BOUT DE PAPIER ET JE L'ACCROCHE SUR L'ARBRE À DÉSIRS!

Poser des actes symboliques

L'acte de symboliser est en quelque sorte une passerelle,
un pont, un chemin possible pour faire communiquer
trois mondes aux antipodes les uns des autres,
représentant trois niveaux de complexité différents
de la condition humaine.

*Le monde
des apparences,
de la réalité extérieure*

*Le monde intime,
personnel, celui du réel
propre à chacun*

**Acte
symbolique**

*Le monde énergétique,
cosmique et spirituel,
celui de la mémoire
immémoriale de l'Humanité,
si nous croyons que
l'Humanité a une mémoire*

Nous entrons ici dans l'ordre de l'expérience
non transmissible, non communicable
au sens d'une mise en commun, seulement partagée
ou partageable au travers de témoignages.
Ainsi, quand cette institutrice a proposé aux enfants
d'une même classe de planter un arbre pour représenter
la petite camarade qui avait été tuée dans un accident
de la route, quelques jours auparavant,
elle donne un support pour à la fois laisser une trace
de l'enfant disparue, dédramatiser et permettre
la démarche de deuil par l'évacuation
des sentiments négatifs et mortifères.

La symbolisation

Possibilité de symbolisation

■ Symboliser, c'est donner un **sens** et des **attentions particulières** à un objet choisi par nos soins et qui servira de support à une représentation significative pour nous et pour l'autre.

■ Un symbole peut représenter ainsi un sentiment, un désir, un besoin, une attente, un ressenti, un projet... ou encore une violence reçue et que nous souhaitons restituer à celui qui l'a déposée en nous.

■ Plusieurs actions s'articulent dans la démarche de symbolisation :
• Conscientiser ce dont nous voulons prendre soin.
• Choisir un objet – matérialisation concrète.
• Prendre soin de : c'est-à-dire accorder de l'attention, s'occuper de, poser des actes de bienveillance, d'amour.
• Restituer, s'il s'agit d'une « violence » reçue.
• Reprendre, s'il s'agit d'une « violence » que nous avons nous-même déposée chez quelqu'un.

■ Nous appelons « violence » tout vécu intériorisé comme déstabilisant ou agressant par celui qui reçoit le comportement, les paroles, les attitudes ou les gestes négatifs pour lui et venant de l'autre.
• La force de la violence ne dépend pas uniquement de ce que l'autre a fait, mais de la façon dont nous avons reçu... ce que l'autre a fait.

Exemples :

Relations parents-enfants

« Comme c'est la première fois que tu quittes la maison pour plusieurs jours, je te donne ce petit ours en peluche pour te rappeler tout mon amour. »

Relations à l'école

« Jusqu'ici j'avais peur d'être interrogé, je me sentais paralysé. J'ai choisi un caillou pour symboliser le désir qu'il y a derrière ma peur : le désir de savoir répondre. Je le garde au fond de ma poche, à portée de ma main, tout au long de l'interrogation. »

Relations conjugales

« J'ai un désir d'enfant qui n'est pas réalisable pour le moment, j'ai symbolisé ce désir par un rosier dont je prends soin. »

« Lorsque tu me traites de sorcière, je reçois de ta part une très grande violence. Je ne veux pas la garder chez moi, je te la restitue sous la forme de ce balai. Comme tu le vois je m'essaie aussi à l'humour pour ne pas trop désespérer »

Relations professionnelles

« J'ai un désir de changement, qui n'est pas entendu. J'ai décidé de prendre soin de ce désir, je l'ai symbolisé par ce cyclamen déposé sur mon bureau et dont je m'occupe chaque jour. »

« Toutes les fois que vous me traitez d'incapable quand je ne réponds pas à vos demandes, je reçois une très grande violence, que je vous rends par cet objet. »

Difficultés rencontrées

• Risque de tomber dans une fixation de type paranoïde... bien sûr. Quand tout ce qui vient de l'autre est mauvais. C'est l'écueil de cette démarche, qui suppose de ne pas entretenir le sentiment de persécution.

• Peur du regard de l'autre.

• Réticences ou résistances à mettre en mots ce qui est important pour moi, ce qui a été touché en moi.

Expérience de centration par la symbolisation

Me responsabiliser à mon bout de la relation, c'est m'engager vis-à-vis de moi-même, c'est dire « oui » à tout ce qui m'habite.

• C'est entrer dans une attitude de réceptivité, de patience, d'humilité, de silence, d'abandon pour entendre tout ce qui se passe en moi.

• C'est entrer dans la conscience de ce que je ressens, de ce que je vis.

• C'est accepter la vibration de l'instant et la relier à la pulsation de l'univers.

La symbolisation

→ La symbolisation d'un besoin, d'un désir, d'un sentiment, d'une violence est comme un pont qui me relie à moi-même, à mes idées, à mes sentiments, à mes sensations.

→ La symbolisation est aussi un bon moyen de recentration. C'est un moyen de désidentification au ressenti immédiat :
« Je ne suis pas que mon besoin d'amour, mon inquiétude ou mon désir. Je suis bien autre chose que cela. »

→ C'est un moyen qui me permet de prendre soin de ce qui m'habite et donc de sortir de la dépendance ou de la victimisation, en assumant, en prenant conscience par une meilleure différenciation.

→ C'est avant tout une expérience personnelle d'intériorisation où je sollicite mon cerveau droit, où je m'ouvre à la créativité, à une transformation de la relation à moi-même.

❝Le plus difficile dans la vie, c'est d'oser la vivre pleinement.❞

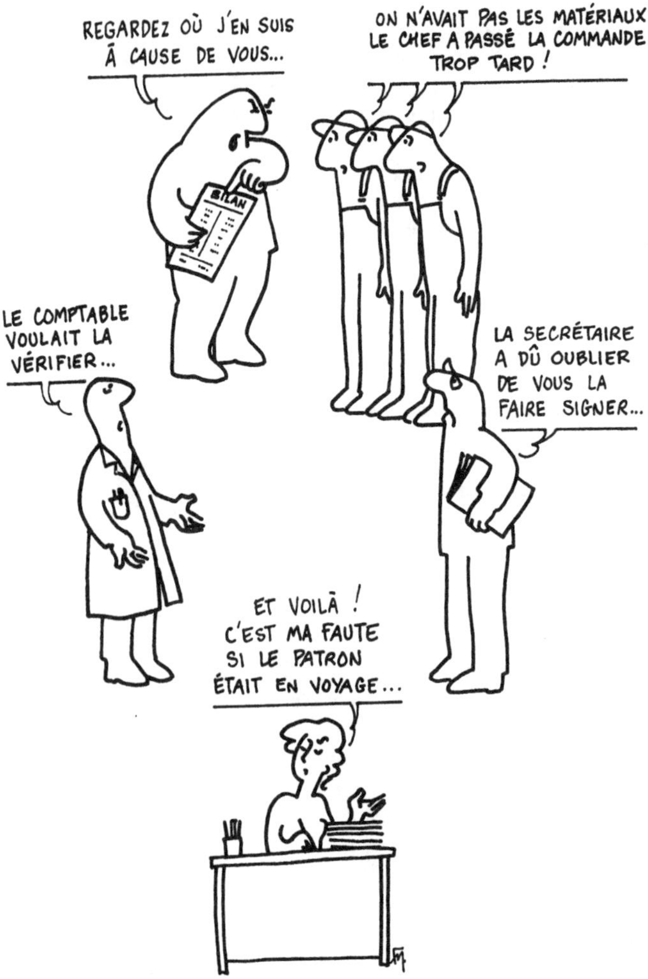
REGARDEZ OÙ J'EN SUIS À CAUSE DE VOUS...
BILAN
ON N'AVAIT PAS LES MATÉRIAUX LE CHEF A PASSÉ LA COMMANDE TROP TARD !
LE COMPTABLE VOULAIT LA VÉRIFIER...
LA SECRÉTAIRE A DÛ OUBLIER DE VOUS LA FAIRE SIGNER...
ET VOILÀ ! C'EST MA FAUTE SI LE PATRON ÉTAIT EN VOYAGE...

Expérience de centration par la symbolisation

La symbolisation

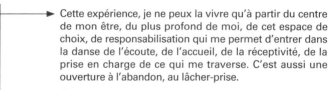

Cette expérience, je ne peux la vivre qu'à partir du centre de mon être, du plus profond de moi, de cet espace de choix, de responsabilisation qui me permet d'entrer dans la danse de l'écoute, de l'accueil, de la réceptivité, de la prise en charge de ce qui me traverse. C'est aussi une ouverture à l'abandon, au lâcher-prise.

C'est un va-et-vient incessant entre la volonté et le lâcher-prise.

Je peux alors m'entendre «vivre une transformation profonde». Je peux sentir à l'œuvre les énergies de mutation.

« C'est comme si des vannes s'ouvraient pour libérer une énergie bloquée et la rendre fluide à l'intérieur de moi et aussi à l'extérieur de moi. »

Je lâche le leurre d'une influence, d'un pouvoir sur l'autre.

Je deviens à ce moment-là centré. Je suis dans mon axe, ancré aux énergies telluriques, relié aux énergies cosmiques.

C'est une expérience toujours unique, toujours nouvelle, qui m'agrandit, qui me réunifie et me pacifie.

C'est peut-être ce que l'on pourrait appeler une rencontre avec l'éternel qu'il y a en chacun, un toucher de l'âme et un accord avec l'énergie universelle.

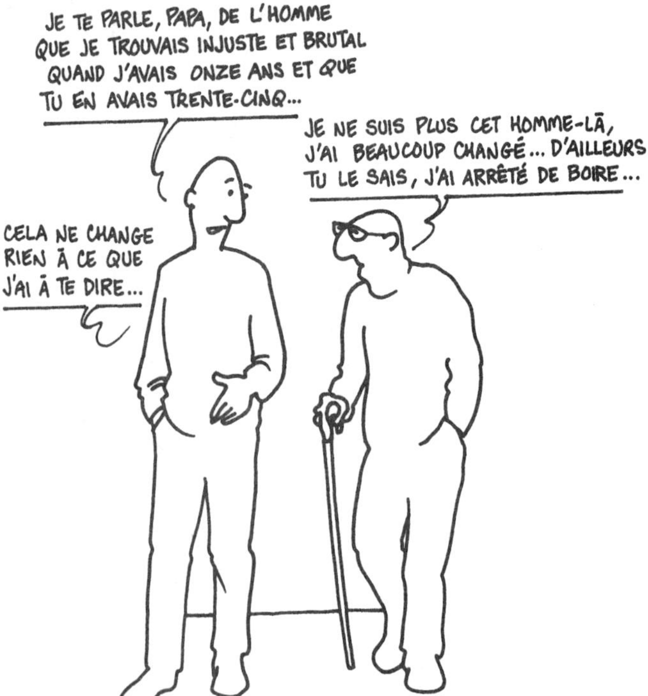
JE TE PARLE, PAPA, DE L'HOMME QUE JE TROUVAIS INJUSTE ET BRUTAL QUAND J'AVAIS ONZE ANS ET QUE TU EN AVAIS TRENTE-CINQ...
JE NE SUIS PLUS CET HOMME-LÀ, J'AI BEAUCOUP CHANGÉ... D'AILLEURS TU LE SAIS, J'AI ARRÊTÉ DE BOIRE...
CELA NE CHANGE RIEN À CE QUE J'AI À TE DIRE...

L'actualisation
ou contextualisation

■ L'actualisation est une démarche de recadrage et de clarification qui permet d'introduire plus de cohérence dans un acte de symbolisation.

■ L'actualisation précise à celui à qui on s'adresse que c'est la personne d'aujourd'hui qui parle au nom d'une personne passée. Elle s'adresse à la personne du passé par « l'entremise » de la personne du présent.

■ L'actualisation vise à recadrer l'échange dans l'ici et maintenant même s'il porte sur des enjeux qui se sont joués avec ce que nous étions l'un et l'autre dans le passé.

■ L'actualisation permet au passé de ne pas rester révolu et figé à jamais sur des blessures, des nœuds ou des violences.

■ L'actualisation invite à ne pas s'enfermer ou enfermer l'autre dans une image, un souvenir, une expérience du passé et à constater l'évolution, le chemin parcouru.

■ La contextualisation permet de différencier la personne actuelle de la personne passée. Elle remet à sa place un événement, dans le contexte où il s'est déroulé, sans le confondre avec les émois et les sentiments qu'il a déclenchés ou qui peuvent perdurer en nous.

Exemples :

Relations parents-enfants

« Papa, c'est l'enfant de 10 ans que j'ai été qui met aujourd'hui, à 40 ans, des mots sur ce qu'il a vécu quand tu le punissais. »

Relations à l'école

« Monsieur l'instituteur, je m'adresse aujourd'hui à un monsieur qui a pris sa retraite pour lui dire combien ce maître violent et injuste m'a terrorisé durant deux années scolaires au CM1 et CM2, il y a maintenant plus de 25 ans ! »

Relations conjugales

« Je m'adresse à toi pour te parler de ce que je ressentais devant la personne que tu étais durant les cinq premières années de notre mariage. »

Relations professionnelles

« Je m'adresse à vous aujourd'hui, pour vous parler de la jeune professionnelle que j'étais il y a 10 ans et vous dire enfin mon vécu lié à la violence reçue lorsque vous vous mettiez en colère et critiquiez mes conceptions de travail. »

« C'est en tant que salariée et au directeur que vous êtes que je m'adresse. Cette précision contextuelle permet ainsi de laisser à l'abri des critiques et des remarques que je vais énoncer, la relation d'amitié et de sympathie qui existe entre la femme que je suis et l'homme que vous êtes. »

❝Il n'y a qu'une seule lettre de différence entre dénuement et dénouement.❞

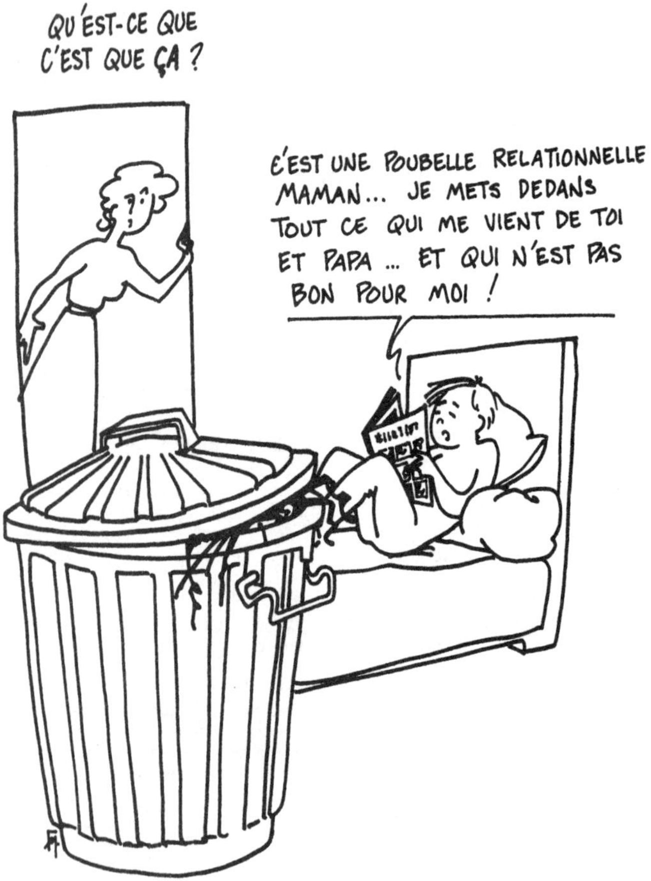
QU'EST-CE QUE C'EST QUE ÇA ?
C'EST UNE POUBELLE RELATIONNELLE MAMAN... JE METS DEDANS TOUT CE QUI ME VIENT DE TOI ET PAPA ... ET QUI N'EST PAS BON POUR MOI !

La poubelle relationnelle

C'est une transition, une respiration, un espace-relais pour ne pas se laisser envahir par le négatif, pour ne pas se laisser entraîner dans une pollution répétitive.

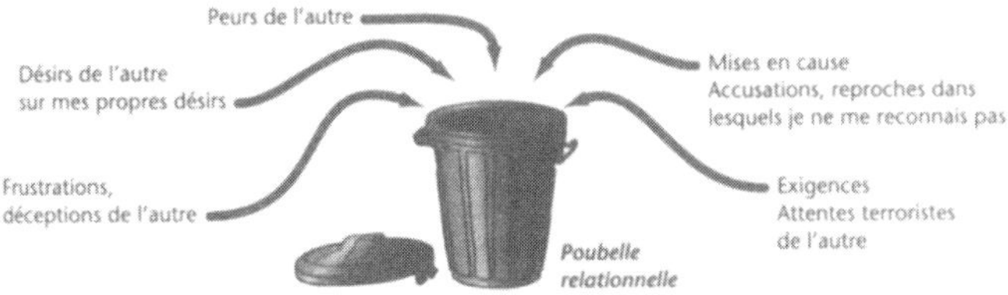
Peurs de l'autre
Désirs de l'autre sur mes propres désirs
Frustrations, déceptions de l'autre
Mises en cause
Accusations, reproches dans lesquels je ne me reconnais pas
Exigences
Attentes terroristes de l'autre
Poubelle relationnelle

Il s'agit d'une démarche symbolique favorisant la dépollution d'une relation

- La poubelle relationnelle sera utilisée surtout dans le cadre de relations suivies, tant sur le plan professionnel que personnel :
  • pour ne pas garder en soi et ne pas se laisser polluer par tout ce qui ne peut être rendu de façon symbolique,
  • pour ne pas se charger des attitudes, des comportements d'autrui pour lesquels nous ne pouvons pour l'instant proposer aucune dynamique de changement.
- Elle servira à ne pas devenir le dépotoir de tout ce qui ne va pas chez les autres et qu'ils ont tendance à expulser et à déposer sur les proches.
- Elle évite de prendre sur soi quelque chose qui ne nous appartient pas et qui n'est pas bon pour nous.

Variante : le parapluie

- C'est une autre démarche possible pour symboliser le besoin de se protéger face à une personne un peu trop envahissante, voire menaçante.
- Ouvrir le parapluie pour indiquer ce besoin. La fuite est parfois salvatrice.

Les contes
et les histoires

Un conte, une courte histoire, une métaphore

➤ peuvent servir à exprimer l'enjeu réel d'une situation en mettant en évidence le sens caché d'un événement. Les métaphores comme les contes permettent de rapprocher des points de vue qui paraissent au premier abord inconciliables. Ils mettent le doigt sur le point central d'un conflit qui aveugle.

Les contes

➤ rejoignent la part de l'univers magique et irrationnel qui habite chacun d'entre nous. Ils permettent à la fois de dire et d'entendre l'indicible en créant chez celui qui les écoute une imagerie, une résonance, une stimulation fabuleusement puissante du cerveau droit (siège de l'intuition, de l'irrationnel, des émotions) et de tous les récepteurs infra-verbaux.

➤ nous relient aux mystères des origines de la vie, de l'amour, de la mort.

➤ nous permettent de réunir les morceaux éparpillés, quelquefois égarés des événements anciens de nos propres histoires ou de celles de nos familles.

➤ stimulent nos reliances[1].

*« Les personnages des contes ont cette vie étrange.
Leur réalité peut nous rendre à la nôtre. » J.-C. MAROL*

(1) *Une reliance est un lien caché et subtil qui existe entre des événements ou des situations de notre histoire, éparpillés dans le temps et apparemment sans rapport commun et qui se révèlent pourtant porteurs de sens, significatifs d'un message, d'une fidélité ou d'une mission.*

Les allégories
et les métaphores

L'allégorie

 est la représentation d'une idée par une image mentale ou un enchaînement d'images paradoxales parfois sur le fil joyeux d'un imprévisible grave.

L'allégorie, la métaphore et le conte

➤ s'adressent à l'inconscient collectif et personnel ainsi qu'au cerveau droit, hémisphère spécialisé dans la perception globale des situations, siège de l'intuition, des expériences sensorielles, émotionnelles et imaginaires ainsi que de la création spontanée.

➤ élargissent notre champ de conscience en stimulant ainsi la part d'irrationnel de chacun de nous.

➤ ouvrent à une compréhension moins mécanique et simpliste des situations et des événements.

➤ permettent d'accéder au sens ou de faire découvrir un sens nouveau à partir d'une écoute ou d'un regard différents.

❝Quand tu échanges un œuf
contre un œuf, tu as toujours un œuf.
Quand tu échanges une idée
contre une autre idée, tu as deux idées.
Quand tu échanges de l'énergie
avec une autre énergie,
tu crées de l'amour.**❞**

François, se sentant mourir, appelle sa femme Jeanne.
Il lui dit dans un dernier souffle :

« Jeanne, je vais passer de l'autre côté de la vie. Je voudrais te demander de me répondre avec sincérité : ai-je été un bon époux, ai-je été injuste avec toi ? »

Jeanne lui répond :
« Non, mon chéri, tu as été un bon mari, un bon père, un bon amant…
– Alors dis moi, tu vas me regretter ? »

Jeanne après quelques hésitations lui murmure :
« Te regretter, non, je ne crois pas ! » Alors François dans un dernier accès de vigueur s'écrie :
« Comment cela, tu ne vas pas me regretter ? As-tu quelque chose à me reprocher ?
– Oui, il y a quelque chose que je te reproche : pendant toute ma vie tu ne m'as jamais rien demandé !
– Comment je ne t'ai rien demandé, mais tu ne m'as jamais dit que tu avais quelque chose à donner ! »

Par une certaine nuit particulièrement obscure, un homme à quatre pattes fouillait les moindres recoins d'un bord de chemin. Son voisin qui commençait à être intrigué, voulant lui offrir son aide, lui demanda :

« Qu'est-ce que tu cherches ?
– Mes clefs, et ce qui m'inquiète le plus, ce ne sont pas tant les clefs que le porte-clefs, c'est un cadeau de ma bien-aimée. »

Le voisin lui demanda :
« C'est bien ici que tu as perdu tes clefs ?
– Non, c'est un peu plus loin, mais c'est ici qu'il y a le plus de lumière ! »

MORALITÉ : les solutions ne sont pas là où le problème est montré ou vu !

Une importante compagnie de chaussures envoya un vendeur chevronné dans un pays étranger, pour y découvrir les possibilités de commerce.

Le vendeur revint et affirma que, les gens de ce pays marchant pieds nus, il fallait renoncer à leur vendre des chaussures.

Un peu plus tard, la compagnie envoya un vendeur néophyte.

Celui-ci fit parvenir très rapidement un télégramme : « Grande ouverture pour un marché de chaussures, car les gens marchent pieds nus. »

Les allégories, les métaphores et les histoires

La métaphore n'apporte pas une réponse, elle stimule les possibles d'une écoute relative et d'un entendre à différents niveaux.

Quand mon arrière, arrière, arrière-grand-père voyait un danger menacer ses proches, il avait l'habitude de se réfugier dans un certain endroit de la forêt pour méditer. Puis il allumait un feu, il disait une prière spéciale et le miracle se produisait : le danger était évité.

Plus tard, quand mon arrière, arrière-grand-père avait à intercéder auprès de Dieu dans une situation similaire, il se rendait au même endroit dans la forêt et il disait : « Maître de l'univers, entends-moi ! Je ne sais pas comment allumer le feu, mais je connais la prière. » Et encore le miracle s'accomplissait.

Encore plus tard, mon arrière-grand-père, pour sauver les siens, une fois de plus allait dans la forêt et disait : « Je ne sais pas comment allumer le feu, je ne connais pas la prière, mais je connais l'endroit et ça doit être suffisant. »

Puis il advint à mon grand-père d'avoir à vaincre un grand danger.

Assis dans son fauteuil, la tête dans les mains, il s'adressa à Dieu :

« Je suis incapable d'allumer le feu, je ne connais pas la prière et je ne sais même plus où se trouve l'endroit dans la forêt. Tout ce que je puis faire, c'est raconter l'histoire. Est-ce suffisant ? » Et ce fut suffisant.

Le message d'une allégorie, d'une métaphore va être donné par celui qui entend. D'où l'incroyable variété de sens qui vont être donnés à la même métaphore.

**Je crois que, si Dieu a fait l'homme,
c'est qu'il aimait
les métaphores, les allégories et les histoires.**

Un jour, un participant à un stage de formation se plaignit à l'animateur. « Je ne comprends pas toujours la signification de vos histoires !
Et d'abord pourquoi racontez-vous toujours des histoires qui paraissent drôles quand je les entends et qui sont tristes quand je les comprends ? » Le formateur lui répondit : « Est-ce que tu accepterais que quelqu'un mastique un fruit avant de te le donner à manger ? »

Les règles d'hygiène relationnelle

En présentant les règles d'hygiène relationnelle qui vont suivre, nous tentons en quelque sorte de proposer des balises et des repères dans l'arbitraire de l'incommunication humaine.

Cet arbitraire est fondé sur la croyance suivante :
« Je suis celui qui sait et l'autre ne sait pas ou a tort. »

Une balise
nous invite, à l'aide d'une information repérable,
à prendre une décision en accord avec nos choix.

Les règles d'hygiène relationnelle sont des balises.

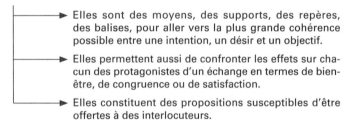

Elles sont des moyens, des supports, des repères, des balises, pour aller vers la plus grande cohérence possible entre une intention, un désir et un objectif.

Elles permettent aussi de confronter les effets sur chacun des protagonistes d'un échange en termes de bien-être, de congruence ou de satisfaction.

Elles constituent des propositions susceptibles d'être offertes à des interlocuteurs.

> **"**Car il y a des mots en état de grâce.
> Des mots qui sauvent, qui nous permettent
> de retrouver notre verticalité.
> Des mots qui font respirer,
> qui nous rendent plus beaux.**"**

Les règles d'hygiène relationnelle

Les règles d'hygiène relationnelle

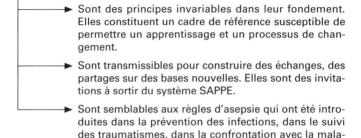

- Sont des principes invariables dans leur fondement. Elles constituent un cadre de référence susceptible de permettre un apprentissage et un processus de changement.

- Sont transmissibles pour construire des échanges, des partages sur des bases nouvelles. Elles sont des invitations à sortir du système SAPPE.

- Sont semblables aux règles d'asepsie qui ont été introduites dans la prévention des infections, dans le suivi des traumatismes, dans la confrontation avec la maladie pour favoriser des communications vivantes et des relations en santé.

Il n'est pas nécessaire que les deux protagonistes connaissent et pratiquent les règles d'hygiène relationnelle.
Il suffit qu'un seul les introduise, en témoigne, pour amorcer un changement dans la relation.
Ce changement sera suivi ou non d'effet suivant les résistances rencontrées.

Se respecter et être fidèle à soi-même

Une des règles d'or de la communication : se respecter et être fidèle… à soi-même.

■ Cela suppose :
• D'accepter de faire confiance à sa propre écoute intime.
• D'éviter les comparaisons, les références paralysantes à la «moyenne» ou à la norme.
• De faire confiance à ses besoins et être clair avec soi, en particulier sur ses propres attentes, limites et zones de tolérance ou d'intolérance.

■ Il est possible de laisser une tentative de communication en suspens… quand les conditions de la mise en commun ne sont pas remplies.

■ Ne pas avoir appris à communiquer est une chose, continuer à ne pas savoir en est une autre.

■ Un jour, il sera possible d'entendre que la communication relationnelle est la matière première la plus nécessaire à… la vie.

Exemples :

Relations parents-enfants

« Je ne suis pas maman 24 heures sur 24, je suis parfois une mère avec des exigences et je suis aussi une femme avec des désirs de femme. »

Relations à l'école

« Je laisse chez toi tes critiques sur la couleur de ma peau et sur mes origines. J'ai besoin d'être reconnu dans mon appartenance ethnique et je fais quelque chose pour ce besoin. »

« Ce que vous avez dit m'a interpellé, je souhaite vous faire part de mes découvertes… »

Relations conjugales

« J'entends bien souvent tes demandes et j'ai un souci d'y répondre, mais aujourd'hui j'ai envie de m'occuper de moi. »

Relations professionnelles

« Ce que vous me proposez comme mode de fonctionnement n'est pas bon pour moi, il touche une zone d'intolérance et je suis alors incapable d'être efficient à 100 % de mes possibilités. »

« Pour l'instant, je ne me sens pas entendue, je ne peux aller plus loin dans l'échange avec vous. Je vous propose de poursuivre l'entretien à un autre moment. »

Difficultés rencontrées

• Être traité d'égoïste.
• Renforcement de la relation Klaxon.
• Renforcement des comparaisons.
• Renforcement de la disqualification.
• Renforcement de l'accusation.
• Multiplication des tentatives pour «vous» définir à nouveau.
• Développement de la culpabilisation.

Sortir de la victimisation

■ Pour la plupart d'entre nous, la victimisation est un syndrome de base. Nous le cultivons avec une bonne foi et une sincérité terrifiantes.

■ Ce syndrome est reconnaissable chaque fois que nous mettons l'autre ou les événements en cause quand il nous arrive quelque chose de désagréable, de douloureux ou de négatif.

■ Ce syndrome se traduit par des attitudes répétitives, constantes et tenaces :
• La plainte.
• Le reproche direct ou indirect.
• L'accusation.
• La critique, la dévalorisation, la disqualification de l'autre (de soi également).
• La pratique abusive de la relation Klaxon «tu devrais, tu exagères...» (parler sur l'autre et non à l'autre).
• Le recours à la culpabilisation en laissant croire à l'autre qu'il est vraiment responsable de notre état, de notre souffrance, de notre difficulté...

Exemples :

Relations parents-enfants

Passer d'un reproche :

« Maman, tu n'as jamais de temps pour moi ! Pour mon frère, lui... »

à une demande claire :

« Maman, je réclame un peu d'attention de ta part, j'ai vraiment besoin que tu me donnes des marques d'intérêt. »

Relations à l'école

Passer de la plainte :

« J'ai toujours de mauvaises notes en maths, le maître ne m'explique pas, à moi ! » à l'énoncé de mon vécu :

« J'ai du mal avec les maths, je ne comprends pas très vite, je me sens parfois bloqué, je vais demander au maître des explications complémentaires. »

Relations conjugales

Passer de l'accusation :

« Tu arrives toujours en retard lorsque nous avons rendez-vous. Je suis toujours celle qui attend ! » à l'expression de mon ressenti :

« Je ne me sens pas bien par rapport à tes retards. Cela me renvoie une image négative de moi, l'impression que je ne suis pas importante pour toi. »

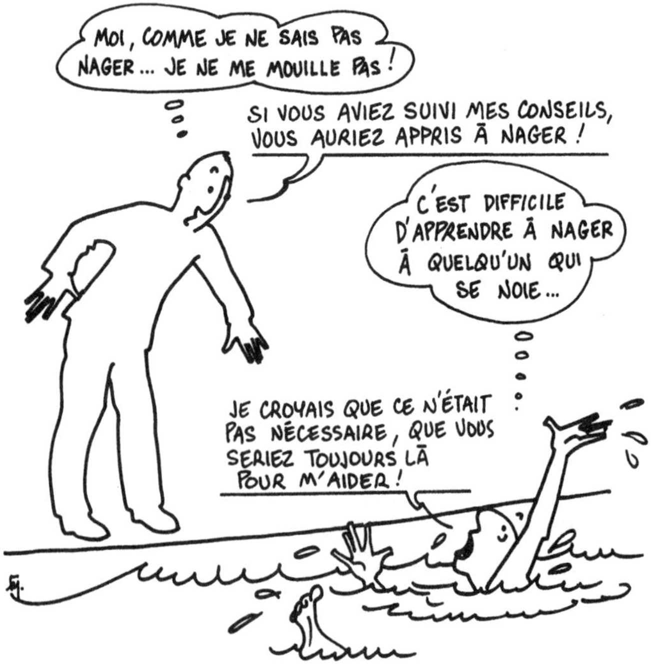
MOI, COMME JE NE SAIS PAS NAGER... JE NE ME MOUILLE PAS !
SI VOUS AVIEZ SUIVI MES CONSEILS, VOUS AURIEZ APPRIS À NAGER !
C'EST DIFFICILE D'APPRENDRE À NAGER À QUELQU'UN QUI SE NOIE...
JE CROYAIS QUE CE N'ÉTAIT PAS NÉCESSAIRE, QUE VOUS SERIEZ TOUJOURS LÀ POUR M'AIDER !

PRÉSENTATION DE LA MÉTHODE ESPERE

Sortir de la victimisation

■ Sortir de la victimisation supposera d'accepter que nous sommes bien coauteur des relations que nous proposons.

■ Si ces relations nous sont imposées (à l'intérieur d'un rapport de forces qui ne nous est pas favorable), il nous appartient de nous interroger :

« Quelles motivations, quels intérêts, quels gains ai-je à rester dans cette situation ? »

« Quels bénéfices secondaires, quels scénarios j'entretiens ? »

« Quelles dettes je règle en restant ainsi dans une situation si compliquée voire invivable ? »

■ Celui qui se présente comme toujours incompris, mal aimé, insatisfait et déçu par le comportement de l'autre, éprouve aussi une certaine jouissance à se présenter comme victime.

Exemples :

Relations professionnelles

Passer de la culpabilisation :

« C'est toujours à moi que vous demandez d'assurer les astreintes. Je n'ai pas le droit d'avoir une vie personnelle. Si mon fils fait des bêtises pendant ce temps, ce sera bien votre faute ! »

à l'affirmation de son propre désir :

« Je souhaite donner plus de temps à mon fils. Je vous demande d'établir un roulement dans les astreintes. »

Antitoxines aux difficultés rencontrées

• Accepter d'être responsable de ses actes.
• Oser formuler des demandes claires et prendre le risque de la réponse de l'autre.
• Ne plus anticiper la réponse de l'autre.
• Ne plus jouer à celui qui est démuni.
• Sortir du système de la plainte, qui mène à faire l'économie du positionnement, d'une affirmation personnelle en termes de « je ».

Toute relation (symbolisée par une écharpe) a deux extrémités

■ Nous sommes toujours trois dans un échange : l'autre (A), moi (B) et la relation (R).

■ Je suis partie prenante de ce qui se passe à mon bout de la relation, c'est-à-dire :

– D'une part, de ce que je dis, fais ou ressens.

– D'autre part, de ce que je fais avec ce que je reçois de l'autre.

■ J'invite l'autre à se montrer partie prenante de son bout de la relation. L'autre est bien responsable de ce qu'il entend dans ce que je dis et devient responsable de ce qu'il envoie.

■ C'est bien celui qui reçoit le message qui lui donne un sens, positif ou négatif.

■ Découvrir que je suis coauteur de toute relation m'invite à me responsabiliser davantage.

■ Une relation vivante s'entretient (il ne faut pas laisser s'accumuler trop de déchets), se nourrit (apports positifs, gratifications, confirmations), a besoin de respect (attentivité, disponibilité, ouverture et tolérance).

Exemples :

Relations parents-enfants

« J'ai l'intention de partir en vacances en stop avec un ami. Je perçois bien ton inquiétude, maman, mais je ne la partage pas. Je sens en moi suffisamment de ressources pour aller jusqu'en Norvège ! Je t'invite à faire quelque chose pour ce qui se passe chez toi… car j'ai besoin de ton accord, de ton soutien sans réserve pour ce projet. »

Relations à l'école

« En tant qu'enseignant, je suis en difficulté toutes les fois qu'un élève n'arrive pas à obtenir de meilleurs résultats. »

Relations conjugales

« Je ne souhaite pas aller ce week-end chez ta mère, cela est trop difficile pour moi de me sentir sans cesse disqualifié. »

« Je perçois ta tristesse face à mon refus, mais cette semaine j'ai besoin d'un temps et d'un espace à moi. »

« Je t'invite à prendre soin de ta colère, car j'ai besoin de ta complicité et de ta disponibilité pour profiter pleinement de cette journée, comme tu as certainement besoin de la mienne. »

Relations professionnelles

« Je souhaite aller jusqu'au bout avec ce dossier et le développer encore un peu, même si vous pensez que je perds mon temps. »

« Je perçois bien votre crainte face au changement que j'introduis, mais ce projet est important pour moi et je crois en mes possibilités pour le mener à terme. Je vous invite à faire quelque chose pour votre peur, car j'ai besoin de votre écoute pour évaluer le suivi de ce projet. »

❝Les paroles les plus claires ne sont pas celles qui nous aveuglent en nous éblouissant, mais celles qui nous éclairent entre ombres et lumières.❞

Triangularisation
(quand un et un font trois)

■ Dans tout échange, comme dans toute tentative de communication, nous sommes toujours trois protagonistes : l'autre, moi et le lien qui nous relie, appelé : RELATION.

■ Apprendre à identifier la relation, la nommer sont les premières conditions de sa bonne santé.

■ Découvrir qu'une relation ayant deux extrémités, je ne peux qu'être responsable de la mienne et inviter l'autre à se responsabiliser à la sienne.

■ La triangularisation nous permet de sortir de la dualité quand nous découvrons qu'un lien est un passage, un conduit, un pont par lequel passeront les échanges, la mise en commun.

■ Une relation vivante s'entretient, se nourrit, se doit d'être protégée.

Exemples :

Relations parents-enfants

« Maman, quand tu penses pour moi, quand tu parles sur moi, quand tu décides pour moi, j'ai le sentiment de ne pas exister et je n'ai pas d'autres moyens que de te mettre en échec en m'opposant, en sabotant tes demandes. »

Relations à l'école

« Lorsque je vous donne une réponse, même si ce n'est pas celle que vous attendez, ce n'est pas nécessairement contre votre enseignement, mais c'est en fonction de ce que je sais ou de ce que j'ai vécu. »

Relations conjugales

« La question n'est plus uniquement de savoir si ce que je fais est bon pour moi ou mauvais pour toi, mais de nous demander si c'est bon pour notre relation. »

« Quand j'étais dans la fusion avec toi, quand je te parlais en termes de « ON » et de « NOUS », il n'y avait pas de distance suffisante pour l'espace d'une relation. J'ai eu beaucoup de mal à sortir du « ON » pour un « JE » et encore plus à dépasser les conflits d'un « JE » contre un autre « JE ». »

Relations professionnelles

« La relation que vous me proposez n'est alimentée que de reproches, de critiques, de jugements de valeur, parfois de disqualifications. La relation dont j'ai besoin réclame des gratifications, des confirmations, des valorisations et de la confiance. »

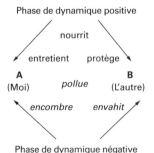

Phase de dynamique positive

nourrit

entretient   protège

A   **B**
(Moi)   *pollue*   (L'autre)

encombre   envahit

Phase de dynamique négative

Difficultés rencontrées

• Impossibilité de renoncer au désir sur l'autre.

• Incapacité à se positionner, à se définir face aux attentes et aux pressions du désir de l'autre sur nous.

Du trépied
à la triangularisation

Toute forme de relation à deux est toujours en équilibre instable. Elle est difficile à maintenir constante, cohérente et vivante à travers ses inévitables aléas, ses oscillations et mouvements de balancier, ses hauts et ses bas, ses monts et ses vaux.

La tendance la plus naturelle opposée la plupart du temps à ce mouvement, pour assurer les contreforts ou la cohésion interne vacillante de la relation duelle, consiste à recourir au « **trépied** », c'est-à-dire faire appel à un tiers.

Le tiers, élu ou investi dans le « trépied » peut être soit :

→ Un **bouc émissaire** contre lequel les deux partenaires vont s'unir dans une lutte ou une contestation commune. Il va être l'objet de luttes intestines entretenant parfois une relation érotisée autour des conflits. Il peut aussi créer une relation de complicité illusoire obtenue par le gommage des différences entre les deux protagonistes de la relation face à un ennemi commun.

→ Un **objectif commun** (plus ou moins clairement défini du point de vue des attentes et des positionnements de chacun) pour lequel les protagonistes vont se mobiliser. Leur accord tiendra plus ou moins durablement dans la concrétisation ou dans la réalisation de cet objectif (selon la consistance ou les enjeux qu'il révélera à la longue).

Le tiers peut être :

→ **Une personne** : belle-mère dans le couple, amant, personne en position d'autorité...

→ **Un objet** : télévision, Internet, voiture...

→ **Un centre d'intérêt, une passion** : sport, bricolage, stages ou formation à la méthode ESPERE...

→ **Un objectif, un projet à plus ou moins longue échéance** : voyage, acquisition d'une maison...

→ **Une idéologie** : combat pour une idée, militantisme...

Du trépied
à la triangularisation

La stratégie du « **trépied** » présente un défaut fondamental de fabrication à l'origine. Elle est fondée sur la mise en dépendance de l'un par l'autre (le dépendant n'étant pas toujours celui qui apparaît comme tel).

Pensons à la victime qui peut se révéler parfois un bourreau tout-puissant.

Le tiers est choisi comme un point d'appui extérieur, la cohésion se réalise par pression externe, ce qui n'aide pas à construire la cohérence interne.

La stratégie de la « triangularisation »
est la version positive à l'intérieur de la méthode ESPERE,
de la stratégie du trépied typique du système SAPPE.

La stratégie de la triangularisation consiste à

- élire la relation elle-même dans cette fonction de tiers,

- considérer la relation comme une entité ou une valeur à part entière,

- apprendre à vivifier la relation, à la nourrir, à l'entretenir en y introduisant les repères de l'écologie relationnelle.

  « Il y a toi, il y a moi, il y a la relation entre nous. Il ne suffit pas de se demander ce qui est bon pour soi, mais de vérifier si c'est bon pour la relation. »

**En désignant la relation
en lieu et place de ce point d'appui interne au couple
(quelle que soit la nature de ce couple),
la triangularisation contribue à développer l'autonomie,
la maturation et la créativité de chacun des partenaires
de la relation.**

Sujet et objet

Le sujet c'est la personne qui parle, qui s'exprime, qui tente de se dire, l'objet est ce dont la personne parle.

■ Ne pas confondre celui qui parle avec ce dont il parle. La centration de l'écoute devrait se fixer sur celui qui s'exprime (sujet).

■ La focalisation de l'entendre peut aussi se porter sur le ressenti. Ce n'est pas l'événement, le fait, « ce qui est arrivé » qui est important, mais la manière dont il a été vécu.

■ Ce n'est pas ce que nous a fait l'autre qui est important, c'est ce qui a été touché en nous. Quelle situation inachevée s'est réveillée, quelle blessure ancienne a été restimulée ?

Exemples :

Relations parents-enfants

« Maman, quand je ne veux plus aller à l'école, que je te dis que je m'ennuie, si tu me fais l'apologie de l'école, je ne me sens pas entendu ! »

« Maman, parfois, lorsque je pleure, c'est pour éviter de te dire que je te déteste quand tu donnes toujours raison à ma sœur ! Je cache ma colère avec de la tristesse. »

Relations à l'école

« J'ai fait 5 fautes à la dictée, le maître n'a vu que les fautes ! Il n'a pas remarqué les efforts que j'ai faits pour écrire 115 mots justes. »

Relations conjugales

« Lorsque tu sors sans me dire à quelle heure tu vas rentrer, je redeviens la petite fille qui passait ses soirées à attendre le retour de son papa et qui n'a jamais pu dire sa peur d'être abandonnée. »

« Quand je te dis : Tu n'as même pas remarqué mon nouveau chemisier, cela me renvoie à un passé difficile. Ma mère avait raison, je n'intéresse personne ! Je reste dans l'accusation de toi et la dévalorisation de moi. »

Relations professionnelles

« Je n'accepterai jamais ces nouvelles directives car je n'ai pas été consultée avant. C'est toutes les fois la même chose, je suis la dernière informée... depuis l'école maternelle. Et je m'en veux d'être dans le réactionnel. »

Difficultés rencontrées

• Souvent, la problématique apportée, imposée va servir d'écran : celui qui ne veut pas vraiment être entendu.
« Mettre ses problèmes en avant pour ne pas se mettre en cause... »
• Parfois, la souffrance exprimée, le désarroi sont des paravents ou même des protestations pour s'empêcher d'entendre la blessure... qui est derrière.

Difficultés rencontrées

• L'écueil de rester centré sur la problématique, essayer de trouver une solution.
• Se centrer sur ce qui est exprimé et oublier celui qui parle.
• Avoir peur de réveiller des blessure trop anciennes, de blesser encore plus l'autre.

J'apprends à ne pas entrer dans des jugements de valeur

Il y a les jugements de valeur que je dépose sur autrui et ceux qui sont portés sur moi.

■ J'évite d'en déposer sur autrui.

■ Je ne garde pas ceux qui sont déposés sur moi en les restituant à celui qui les a énoncés.

■ Je refuse de prendre à mon compte les disqualifications, l'accusation, le chantage ou les culpabilisations de l'autre sur moi.

■ La dévalorisation ne fonctionne que si je garde en moi... ce que l'autre a déposé chez moi.

■ Devenir autonome et d'une certaine façon adulte, c'est prendre le risque de s'affirmer en renonçant à l'approbation de ceux qui prétendent nous aimer.

■ L'autoculpabilisation est d'une certaine façon le langage utilisé par l'I.T.P.I.*

« Je me sens coupable de ce qui arrive ou n'arrive pas à l'autre ! »

Exemples :

Relations parents-enfants

« Maman, je ne suis pas responsable de ta migraine. Je ne renonce pas à sortir ce soir, même si cela te fait de la peine. »

« Papa, je ne me ressens pas comme un incapable en ne voulant pas continuer des études universitaires. Je préfère préparer un BTS et entrer plus vite dans la vie active. »

Relations à l'école

« Je ne me reconnais pas comme un cancre, même si je ne donne pas la bonne réponse à la question posée. »

Relations conjugales

« Je ne me vois pas comme une mauvaise épouse si je ne réponds pas toujours à toutes tes demandes. »

Relations professionnelles

« Mes conceptions de travail ne sont pas nécessairement mauvaises, même si vous les croyez idiotes. Je souhaite les expérimenter, même si vous ne m'approuvez pas. »

Difficultés rencontrées

• Être traité d'égocentrique.
• Renforcement de la tentation de culpabilisation et de chantage de la part des autres.
• Subir une marginalisation possible.

* Illusion de la Toute-Puissance Infantile

“L’autorité ne peut exister
de mon seul fait,
encore faut-il qu’elle soit validée
et reconnue par autrui.”

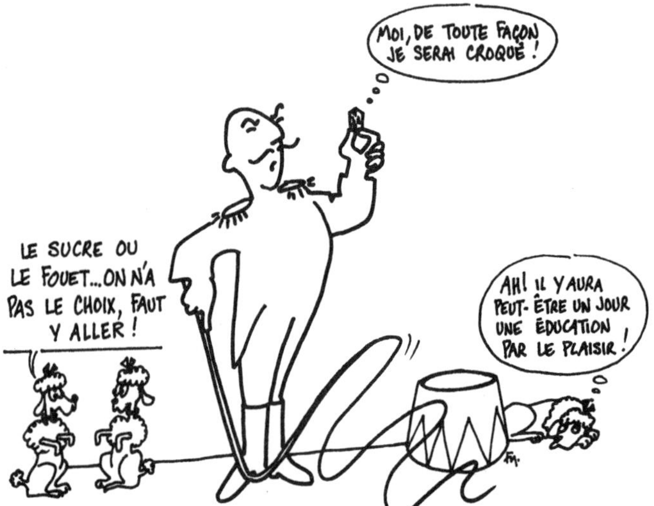
MOI, DE TOUTE FAÇON JE SERAI CROQUÉ !
LE SUCRE OU LE FOUET... ON N'A PAS LE CHOIX, FAUT Y ALLER !
AH ! IL Y AURA PEUT-ÊTRE UN JOUR UNE ÉDUCATION PAR LE PLAISIR !

Distinguer pouvoir et autorité

■ J'exerce du pouvoir sur l'autre quand je l'influence par la contrainte (physique, morale, psychologique ou affective).

■ J'ai de l'autorité quand j'exerce une influence sur autrui qui lui permettra d'être plus lui-même.

Avoir de l'autorité, c'est être à la fois reconnu comme auteur et rendre l'autre plus auteur de sa propre vie.

■ Selon le contexte, la situation, l'urgence, ou selon mes croyances, mon idéologie, mes craintes, mon style et mon état d'être, je peux avoir du mal à établir mon autorité et en être réduit à imposer un pouvoir lié essentiellement à un rapport de forces que j'impose.

■ Parfois aussi, selon l'urgence ou la pression que l'autre ou l'environnement exercent sur moi, je ne peux proposer qu'une relation de pouvoir, de contraintes et d'exigences.

■ Même si je peux développer des compétences au niveau du savoir-être et du savoir-devenir pour établir la base de mon autorité… celles-ci n'ont de réalité que si elles sont reconnues par l'autre.

Exemples :

Relations parents-enfants

« C'est vrai, je t'impose cette décision d'aller te coucher tout de suite. Ce n'est pas le type de relation que je souhaite avoir avec toi, mais je suis capable de te l'imposer dans cette circonstance. »

Relations à l'école

« Je t'invite à me donner une réponse, la tienne de préférence. »

« Je demande le silence, sans quoi je suis en difficulté pour vous transmettre mon savoir. »

Relations conjugales

« Au début, je ne comprenais pas pourquoi tu ne voulais pas me suivre à Paris où j'étais nommé. Je pensais que c'était normal qu'une femme suive son mari. Je voulais faire pression sur toi quand je te disais : Si tu persistes à vouloir rester à Pau, moi, je divorce. On n'a plus rien à faire ensemble… »

Relations professionnelles

« Toutes les années précédentes, lorsque je vous ai proposé de me présenter vos projets de service, je n'ai eu aucune réponse. Aussi, en ce début d'année, voilà ce que je vous impose. »

« Voilà dans quelle direction j'aimerais travailler, je vous demande d'y réfléchir et de me proposer des réponses. »

« Quand je suis tenté de dire : Ici, le chef, c'est moi et je n'accepte plus de discussions qui ne servent à rien, je sais que je vais aussi me coincer ! »

Difficultés rencontrées
dans l'exercice de l'autorité

- Renoncer à se voir et à se présenter comme
« celui qui sait ».
- Peur de manquer d'efficacité.
- Peur de perdre le contrôle.

Difficultés rencontrées
dans l'exercice du pouvoir

- Renforcement de l'opposition.
- Mise en dépendance, perte d'initiative.
- Déperdition énergétique, car la relation d'exécution est moins créative que la relation de collaboration.

J'ÉPROUVE BEAUCOUP DE PLAISIR À PRÉPARER CE PROJET AVEC VOUS... ET JE VOUS INVITE À EXPOSER VOS CONCEPTIONS DE RENOUVELLEMENT POUR LE BUREAU NUMERO TROIS... ET
HEU... MONSIEUR LE DIRECTEUR... J'AVAIS L'INTENTION DE VOUS ENTRETENIR D'UN TOUT AUTRE PROJET...

Il m'appartient de bien utiliser le «JE» et d'inviter l'autre à parler de LUI

■ Je ne parle plus sur l'autre (relation Klaxon à base de tu, tu, tu...) mais à l'autre à partir de ce que j'éprouve, ressens, pense ou projette de faire.

■ Je personnalise l'échange en parlant de moi et en invitant l'autre à parler de lui.

■ J'évite les généralisations hâtives, les étiquetages ou les comparaisons. Je concrétise à partir d'exemples vécus.

■ Je témoigne de ce que je suis, j'invite l'autre à se situer de même, à parler de lui, à se positionner.

■ Le «JE» avec lequel je m'exprime n'est ni narcissique, ni emphatique, c'est un «JE» de positionnement, d'affirmation.

■ Je ne laisse plus jamais l'autre parler sur moi, me définir, penser à ma place, ou croire qu'il sait pour moi.

■ Je prends le temps d'exprimer mon ressenti, non pour l'imposer à l'autre, mais pour en témoigner.

Exemples :

Relations parents-enfants

«Je suis déçu que tu arrêtes ainsi ta scolarité, mais je t'invite à me faire part de tes projets actuels... »

«J'ai peur que tu aies un accident en allant à vélo à l'école, cela me renvoie à mon enfance. À ton âge, c'était ma mère qui m'accompagnait à l'école et toujours à pied ! »

Relations à l'école

«Je suis en difficulté lorsque tu n'arrives pas à obtenir des résultats corrects en mathématiques. »

«Je me sens tout bête et mauvais chaque fois que vous prétendez que je ne comprends jamais rien ! »

Relations conjugales

«J'aurais aimé t'accompagner... j'ai du mal à ne pas me sentir coupable quand je te laisse seule ! »

Relations professionnelles

«Lorsque vous vous opposez systématiquement à tout ce que je propose, je me sens démunie... je vous invite à parler de vos souhaits, de vos conceptions de travail... Moi, j'ai besoin de créer, de remettre parfois en cause ma façon de travailler. »

Au lieu de :

«Quand je me sens incompris, j'ai tendance à penser que vous êtes incapable de changement, que vous voulez toujours avoir raison. Il faut chaque fois que je me recentre. »

Difficultés rencontrées

- Être traité d'égocentrique.
- Réamplification chez l'autre de la relation Klaxon.
- Se laisser déposséder de sa parole.

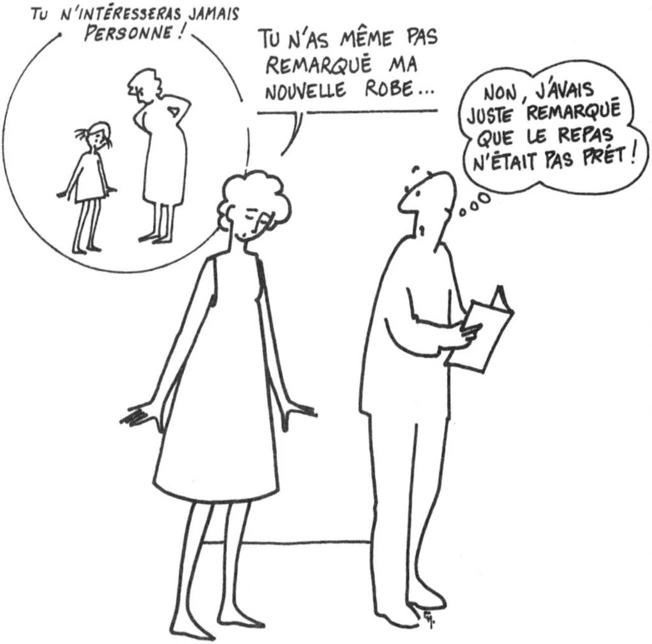
TU N'INTÉRESSERAS JAMAIS PERSONNE !
TU N'AS MÊME PAS REMARQUÉ MA NOUVELLE ROBE...
NON, J'AVAIS JUSTE REMARQUÉ QUE LE REPAS N'ÉTAIT PAS PRÊT !

Conscientisation et évitement possible de quelques pièges de l'incommunication

■ J'évite la comparaison.

■ J'accepte que ce que je dis ne soit pas toujours ce qui est entendu et que ce que j'entends ne soit pas forcément ce qui est dit.

■ J'apprends à sortir des deux pièges très fréquents de toute tentative de mise en commun :
• L'accusation ou la mise en cause d'autrui. « C'est de ta faute… »
• L'auto-accusation ou la disqualification de soi. « De toute façon, je sais que je suis nul. »

■ Je m'engage vers une responsabilisation plus grande dans mon positionnement relationnel personnel.

■ Je ne parle pas sur l'autre, mais à l'autre.

■ J'arrête d'entretenir la confusion avec des « ON » et des « NOUS » en osant un « JE » personnalisé.

■ Je ne confonds pas désir et réalisation.

■ Je distingue désir sur l'autre et désir vers l'autre.

■ Je ne pratique pas l'appropriation des sentiments : les sentiments appartiennent à celui qui les éprouve.

Exemples :

Relations parents-enfants

« Je crois que je t'enfermais dans mon désir quand je voulais que tu aimes jouer du piano plus souvent. »

« Maman, c'est possible de continuer la discussion… Quand je disais : Tu ne comprends pas, c'est que je voulais en fait ton accord, ton adhésion… à mon désir. »

« C'est vrai que je n'ai pas les mêmes résultats que mon frère. Ce n'est pas bon pour moi d'être comparé à lui ! »

Relations à l'école

« Quand toute la classe réussit ce devoir de mathématiques, j'ai le sentiment que vous pensez que c'est bien ma faute si, moi, je ne réussis pas, comme si je ne faisais pas assez d'efforts pour y arriver. »

Relations conjugales

« Quand je t'entends dire : Tu n'es jamais disponible pour moi, je comprends que ce n'est pas la peine que je fasse des efforts. Je te sens toujours insatisfait et cela me met encore plus en retrait. »

Relations professionnelles

« Cela m'arrangerait de penser : C'est de votre faute, si les réunions sont ennuyeuses, vous imposez toujours le même ordre du jour. Cela me permettrait de rester passif. »

Difficultés rencontrées

• Accepter d'être responsable de mon positionnement.
• Renoncer aux « bonnes images » que j'ai de moi.
• Lâcher les bénéfices de la victimisation : « Le monde est mauvais, personne ne m'aime, je suis incompris ! »

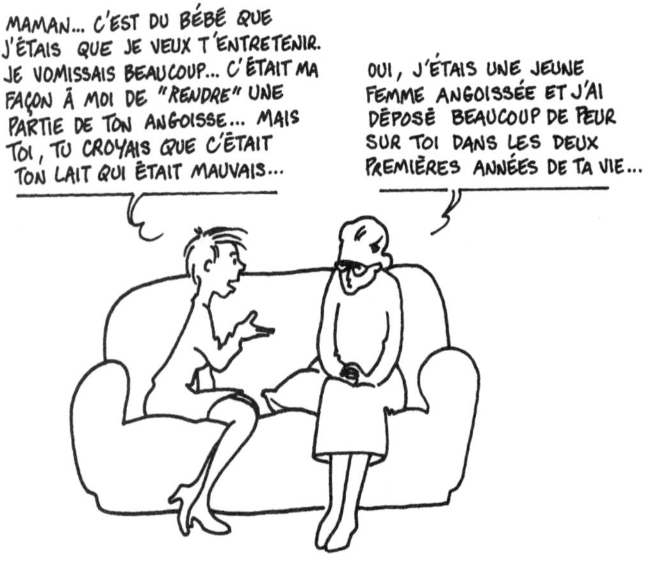
MAMAN... C'EST DU BÉBÉ QUE J'ÉTAIS QUE JE VEUX T'ENTRETENIR. JE VOMISSAIS BEAUCOUP... C'ÉTAIT MA FAÇON À MOI DE "RENDRE" UNE PARTIE DE TON ANGOISSE... MAIS TOI, TU CROYAIS QUE C'ÉTAIT TON LAIT QUI ÉTAIT MAUVAIS...
OUI, J'ÉTAIS UNE JEUNE FEMME ANGOISSÉE ET J'AI DÉPOSÉ BEAUCOUP DE PEUR SUR TOI DANS LES DEUX PREMIÈRES ANNÉES DE TA VIE...

Accompagner les émotions

L'émotion est un langage avec lequel nous tentons de montrer ou de cacher ce qui retentit en nous. Les grandes émotions sont la joie (rire), les pleurs, la colère, le dégoût, la tristesse (silence ou pleurs), l'agitation motrice.

Chacune à sa façon tente de traduire le réveil soit d'une blessure ancienne, soit d'une zone sensible, soit d'une situation inachevée.

À propos des émotions

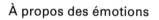

- Une émotion n'aime pas être interrompue. Elle a un cycle de vie qui lui est propre, elle surgit et disparaît sur un mode tout à fait imprévisible et irrationnel.

- Une émotion a besoin de s'exprimer dans l'ici et maintenant d'une situation donnée.

- Une émotion est personnelle et ne peut être vécue que par celui qui la ressent.
  Il n'est pas souhaitable ni conseillé de s'emparer, de prendre en charge ou de chercher à faire taire une émotion qui ne nous appartient pas.

- Pour certains adultes, le plus difficile parfois sera d'accepter et d'entendre les émotions comme un langage.

- L'émotion est le langage privilégié du retentissement :
  « *Si je suis ému, c'est que quelque chose a retenti en moi.* »

- Une émotion bâillonnée trouve toujours d'autres voies pour se faire entendre. Elle va se crier parfois avec des symptômes, avec des somatisations ou avec des conduites atypiques ou répétitives.

❝Quand je suis dans mes émotions,
je ne suis pas dans l'ici et maintenant de la situation,
c'est une bulle longtemps retenue de mon passé
qui remonte à la surface.**❞**

Accompagner les émotions

Accueillir les émotions suppose :

■ De laisser l'autre exprimer son émotion.

■ De ne pas chercher à rassurer faussement.

■ De l'écouter, de se taire, d'être présent et attentif.

■ D'être disponible et réceptif.

Accompagner les émotions suppose :

■ De se rapprocher de la personne qui vit l'émotion, de se tourner vers elle, sans l'envahir de questions ou tenter d'agir et de « faire ».

■ De ne pas interpréter « ce qui ne va pas ».

■ De lui faire entendre sa propre respiration pour soutenir son émotion.

■ D'établir un contact par un geste immobile, par un toucher respectueux, ni trop envahissant ni trop protecteur.

■ D'inviter à mettre des mots, non sur ce qui s'est passé, mais sur ce qui est remonté et se vit au présent chez l'enfant ou la personne habitée ou remplie par son émotion.

■ De confirmer le ressenti :
« Oui, c'est douloureux pour vous ! »

« Vous avez le droit d'être ému... »

Exemples :

Relations parents-enfants

« Cette remarque a réveillé en moi le sentiment que je ne suis bon à rien. Mon père disait toujours : Sans moi, tu n'arriveras jamais à rien. Je me mets à transpirer et à m'agiter chaque fois que quelqu'un doute de moi. »

Relations à l'école

« Je perçois chez toi une grande émotion lorsque tu lis ce texte, je t'invite à dire ton ressenti. »

Relations conjugales

« Lorsque tu m'as interdit de revoir mes amis que tu n'aimais pas, je me suis retrouvée dans la peau d'une petite fille étouffant de colère, à qui on défendait de choisir ses amis. »

Relations professionnelles

« Lorsque je n'ai pas de repères précis et fixes, je redeviens un petit garçon perdu, et j'ai peur de mal faire et surtout de décevoir ! »

Difficultés rencontrées

• Pour celui qui la vit, exprimer une émotion est souvent vécu comme une faiblesse.

• Celui qui en est le témoin parfois la refuse ou se sent coupable.

• L'émotion contient une part d'irrationnel qui nous fait craindre la submersion, la perte de contrôle ou la remontée de l'insupportable.

Nourrir et dynamiser les relations

■ J'ai le souci de nourrir, de dynamiser les relations qui sont ou restent importantes et significatives pour moi.

■ Je prends le risque de la réponse de l'autre.

■ Je renonce aux plaintes, reproches, accusations, culpabilisations ou dénis sur l'autre.

■ J'ose formuler des demandes directes, proposer mes projets, énoncer mes possibles et mes limites.

■ J'apprends à ne pas anticiper la réponse de l'autre et à ne pas m'identifier à elle.

■ Je confirme sans m'approprier les remarques, les messages ou les injonctions de l'autre sur moi.

■ Je perçois, au-delà de ce qui ne va pas, le positif de la position de l'autre, de l'échange.

Exemples :

Relations parents-enfants

« Mes parents ne sont pas mauvais ou débiles parce qu'ils me refusent ce stage d'équitation. C'est moi qui me sens frustré. »

Relations à l'école

« Mon projet avec toi est de te voir passer de 12 à 14 de moyenne, car je t'en sens capable. »

« Voilà quelles sont mes attentes pour cette année scolaire, je souhaite connaître les vôtres. »

« Je ne suis pas très adroit en travaux manuels, mais je ne me reconnais pas pour autant lorsque vous me traitez d'incapable. »

Relations conjugales

« Oui, tu me trouves égoïste lorsque je refuse d'aller au cinéma ce soir. Je ne suis pas preneur de ta remarque, elle t'appartient. »

« Je te demande de m'accompagner à cette conférence. J'ai envie de partager ce moment avec toi, mais je supporte mal que tu disqualifies ma démarche parce qu'elle ne correspond pas à tes centres d'intérêt. »

Relations professionnelles

« Quand vous vous mettez en colère et que vous devenez grossier, le fait de vous excuser ou d'être charmant ensuite ne change rien à la violence que j'ai reçue, au malaise que j'ai éprouvé. »

« Oui, c'est possible que vous me trouviez incompétente pour ce type de travail. C'est bien votre regard à vous, il vous appartient, je ne le prends pas ! »

Difficultés rencontrées

- Être traité de « m'as-tu-vu ! »
- Permettre que s'emballe chez l'autre la relation Klaxon (tu, tu, tu et sa variante le « vous » d'injonction).
- Accentuer la disqualification, les jugements de valeur.

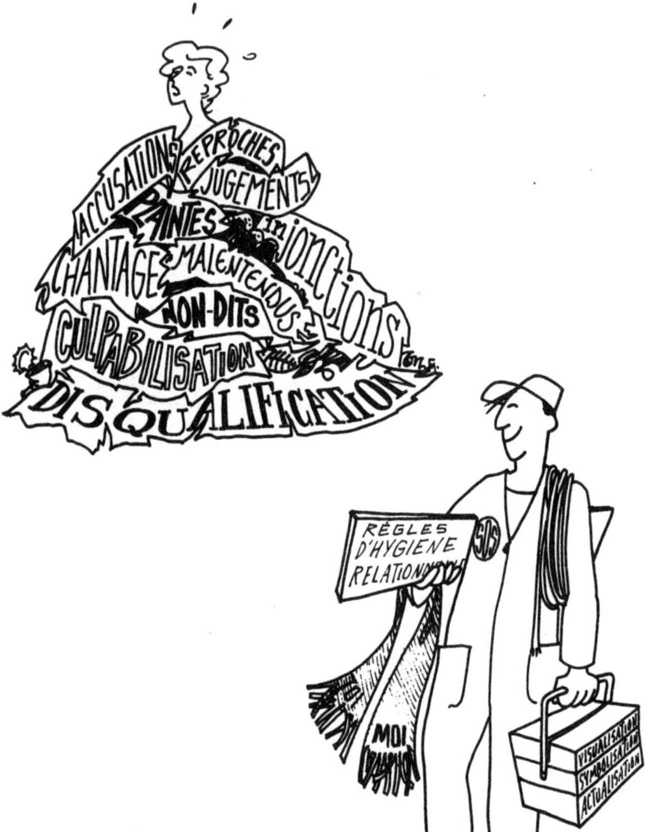
ACCUSATIONS
REPROCHES
JUGEMENTS
PLAINTES
injonctions
CHANTAGE
MALENTENDUS
NON-DITS
CULPABILISATION
DISQUALIFICATION
RÈGLES
D'HYGIENE
RELATION
SOS
MOI
VISUALISATION
SYMBOLISATION
ACTUALISATION

Je suis attentif
à ne pas polluer mes relations

■ Je veille à ne pas les encombrer de ressentiments, de rancœurs ou de pensées négatives.

■ Je prends soin de ne pas y laisser s'accumuler des déchets liés aux malentendus ou à des obstacles issus d'incompréhensions ou de distorsions dans les messages émis ou reçus.

■ Je laisse chez l'autre ou je rends à l'autre ce que je ressens comme « pas bon ou malsain » pour moi.

■ Je n'accumule ni accusations, ni auto-accusations quand je constate le décalage entre mes attentes et les réponses de l'autre.

■ Je peux relativiser :
« Pour l'instant, je ne suis pas entendu... »
ou
« Je ne suis pas dans un rapport de forces favorable pour faire passer ma proposition ! »

■ Je peux recadrer la situation en écoutant les sens possibles d'un événement.

■ Je peux vidanger, détartrer ou nettoyer les canaux relationnels de la relation que j'entretiens avec moi-même. (Voir actes symboliques.)

Exemples :

Relations parents-enfants

« Papa, lorsque tu me dis que je ne suis pas capable de poursuivre ces études, je ne me sens pas reconnu. Cette image de moi t'appartient, je te la rends. »

« Maman, avant de partir, je souhaite te dire comment j'ai reçu ta remarque sur l'éducation que je donne à mes enfants. »

Relations à l'école

« Lorsque tu dis que je suis débile, je reçois une violence que je ne veux pas garder en moi. Je te rends ce mot, je le remets chez toi. »

« Pour l'instant, quand vous critiquez ma façon d'enseigner, je ne me sens ni entendu, ni reconnu. Je ne suis pas en position favorable pour faire passer mes propositions de changement. »

Relations conjugales

« Quand tu m'as traitée d'inconsciente lorsque je t'ai annoncé mon intention de changer de travail, je ne me suis pas sentie entendue. Aussi, je te rends cette perception et cette image négative que tu as de moi. »

Relations professionnelles

« Avant de terminer cette réunion, je souhaite reprendre une remarque désobligeante que j'ai déposée sur vous l'autre jour, dans un moment de colère. Je ne veux pas vous enfermer et rester prisonnière de cette perception, je ne vous ressens pas comme des fumistes. »

Difficultés rencontrées

- L'incompréhension peut venir de l'autre (seuil de tolérance) ou de moi (expression destructurée).
- Renforcement de la dévalorisation.
- Cristallisation sur des positions rigides.
- Dépassement du seuil de tolérance.

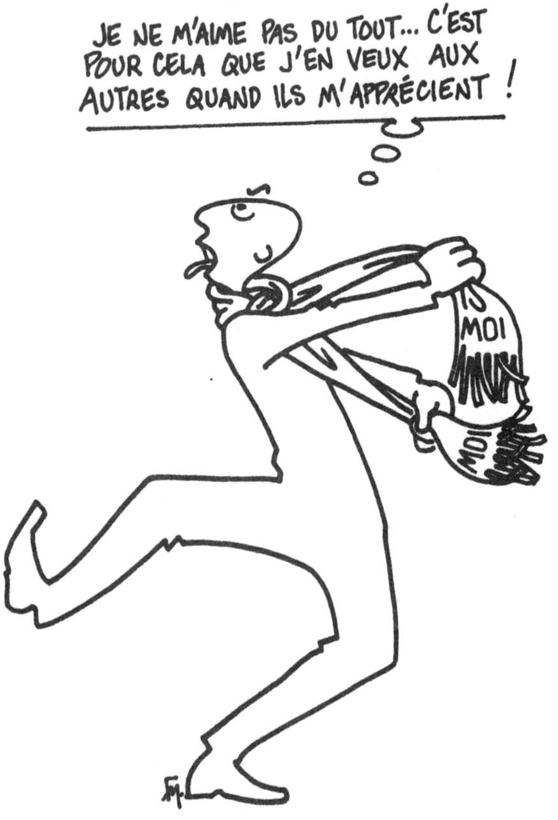
JE NE M'AIME PAS DU TOUT... C'EST POUR CELA QUE J'EN VEUX AUX AUTRES QUAND ILS M'APPRÉCIENT !
MOI

Conduites perverses à l'égard de soi-même

Refuser de reconnaître et d'énoncer son désir

Quand le désir qui m'habite fait que je risque d'être vécu comme mauvais ou négatif, il peut être l'objet d'un déni.

« Je voudrais que ma fille vienne me voir seule mais je n'ose pas le lui dire. Alors j'accepte qu'elle débarque avec son mari que je déteste et ses deux enfants que je ne supporte pas. Je passe mes vacances à leur faire la guerre... »

« Dans un moment de colère, j'ai chassé mon fils de chez moi quand je n'ai pas supporté qu'il divorce. Aujourd'hui, j'aimerais renouer avec lui et surtout voir mes petits-enfants, mais je n'ose pas revenir sur ma propre décision. »

Nier le plaisir pris en négativant la personne ou la situation qui en est l'origine

Quand le plaisir est tabou : « La vie n'est pas une partie de plaisir », il ne peut être reconnu comme bon.

« Cet homme, veuf, adore quand sa fille est absente de chez elle, aller arroser et entretenir son jardin. Mais il ne peut reconnaître le plaisir pris, alors il évoque chaque fois le devoir, rappelle l'obligation et laisse penser que c'est une contrainte pour lui. »

Se sentir obligé de répondre à l'image ou à l'opinion négative que les autres ont de nous

« Cette femme prétend autour d'elle que sa fille ne l'aime pas, qu'elle est sans cœur. Aussi, chaque fois que sa fille lui rend visite et qu'il y a un tiers, celle-ci ne l'embrasse pas, se montre distante.

Ce n'est pas du tout le cas lorsqu'elles se retrouvent toutes les deux, dans l'intimité de la rencontre. »

Négativer ses sentiments réels

« Cet homme est très attiré par sa collègue de bureau. Il n'ose pas reconnaître la force de ses sentiments et devant ses autres collègues va prétendre que celle-ci est sans cœur et qu'elle ne pense qu'à sa réussite professionnelle. »

Être le bourreau d'une seule et même victime : SOI

« La plupart de mes actes, de mes paroles ou de mes comportements consistent à me saboter, ou à faire échouer mes projets. Chaque fois qu'un plaisir, une réussite, un événement heureux s'annoncent, je préfère y renoncer. »

Difficulté à s'autoriser du plaisir

« À qui ferais-je donc de la peine en osant être heureux ? »

"Les sentiments ont de la peine à se dire. Ils ne s'aventurent dans la parole qu'avec pudeur, gêne, retenue. Les mots semblent trop vastes ou trop petits, trop usés parfois."

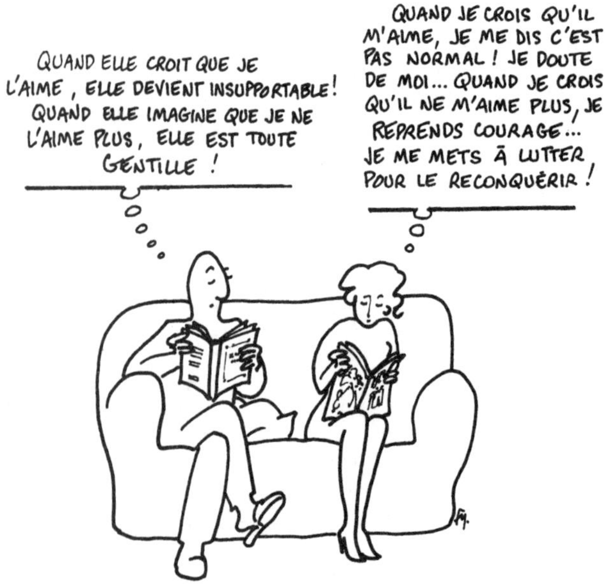
QUAND ELLE CROIT QUE JE L'AIME, ELLE DEVIENT INSUPPORTABLE! QUAND ELLE IMAGINE QUE JE NE L'AIME PLUS, ELLE EST TOUTE GENTILLE !
QUAND JE CROIS QU'IL M'AIME, JE ME DIS C'EST PAS NORMAL ! JE DOUTE DE MOI... QUAND JE CROIS QU'IL NE M'AIME PLUS, JE REPRENDS COURAGE... JE ME METS À LUTTER POUR LE RECONQUÉRIR !

Je différencie sentiments et ressenti

■ Les sentiments que j'éprouve se situent à deux niveaux :

• À l'égard d'une personne, de ce qu'elle représente, de ce qu'elle stimule en moi.

• À l'égard de ce qu'elle fait ou ne fait pas, de ce qu'elle dit ou ne dit pas.

■ Je ne confonds pas le sentiment dont je suis porteur avec un ressenti, une sensation liés à un événement, une circonstance ou un échange.

■ Le sentiment m'habite de façon plus permanente que le ressenti. Il s'inscrit dans la durée. Il n'est pas dépendant de la présence ou de l'absence.

■ L'autre peut déclencher en fonction de ma sensibilité deux sortes de ressentis en moi :

• bien-être, plaisir, satisfaction...

• mal-être, déplaisir, insatisfaction...

Il m'appartiendra de les reconnaître comme étant miens... à ce moment-là, il est possible de les confirmer avec des mots.

■ Je veille à ne pas entretenir la confusion entre ressenti et sentiment.

• Le ressenti est lié à l'ici et maintenant d'une relation et à la nature de la trace que cet événement a laissée chez moi.

• Le sentiment s'inscrit dans la durée, il n'est pas immédiatement lié ou dépendant d'un événement, de ce que la personne fait ou ne fait pas.

■ Le ressenti est directement lié à l'impact de la relation. Le sentiment coexiste en nous, indépendamment de la relation.

Exemples :

Relations parents-enfants

« Maman, chaque fois que tu dis : J'aimerais que tu mettes la table, fasses tes devoirs, ailles au lit... j'ai peur d'être moins aimé si je ne le fais pas... Et je t'en veux, maman. Je préfère une demande claire, maman. »

« Papa, je suis désorienté quand je vois que tu ne dis jamais ce que tu penses vraiment quand maman nous fait une remarque et que tu n'es pas d'accord ! »

Relations à l'école

« Je suis mal à l'aise et très en colère lorsque vous ne parlez que des mes erreurs ou de mes manques, passez sous silence mes bonnes réponses et ne parlez jamais de mes ressources. »

Relations conjugales

« Je t'aime, mais je n'aime pas que tu envahisses mon territoire en voulant m'imposer ton copain durant les vacances ! »

« J'ai aimé cette soirée tendresse. »

Relations professionnelles

« Oui, j'ai eu du plaisir dans cet échange, je me suis sentie reconnue et j'ai été stimulée par la richesse de vos propos. »

« Je suis en difficulté lorsque je vous entends dévaloriser le reste de l'équipe. »

« Mon insatisfaction porte sur ce que vous avez fait et non sur ce que vous êtes. Je garde des sentiments positifs à votre égard au-delà de ma déception vis-à-vis du résultat. »

Difficultés rencontrées

• Renforcement de la relation Klaxon, car tout positionnement nouveau à partir de la méthode ESPERE déclenche une surenchère du système SAPPE.

• Prendre le risque de décevoir l'autre.

“Tout se passe comme si le don d’amour
était la résultante d’une alchimie complexe entre :
• l’amour de soi (estime de soi),
• le besoin d’être aimé (attentes,
demandes, voire exigences)
• et le besoin d’aimer qui se traduit
par des offrandes et des cadeaux
imposés.”

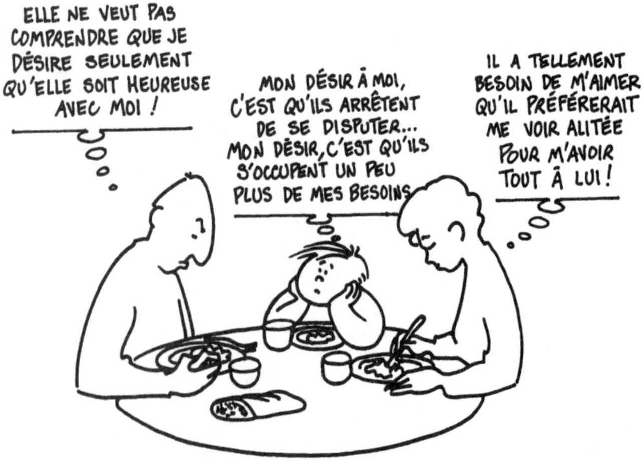
ELLE NE VEUT PAS COMPRENDRE QUE JE DÉSIRE SEULEMENT QU'ELLE SOIT HEUREUSE AVEC MOI !
MON DÉSIR À MOI, C'EST QU'ILS ARRÊTENT DE SE DISPUTER... MON DÉSIR, C'EST QU'ILS S'OCCUPENT UN PEU PLUS DE MES BESOINS
IL A TELLEMENT BESOIN DE M'AIMER QU'IL PRÉFÉRERAIT ME VOIR ALITÉE POUR M'AVOIR TOUT À LUI !

Je différencie sentiments et ressenti

■ Le sentiment amoureux semble fait de la rencontre de plusieurs sentiments qui cohabitent ou se déchirent.

■ Les sentiments et en particulier le sentiment amoureux relèvent de l'irrationnel.

■ Vieux débat : l'amour est-il un état de grâce ? Un don du ciel, ou/et une création permanente ?

■ Nul ne peut commander à ses sentiments.

■ Nul ne sait la durée de vie d'un amour.

■ Les sentiments germent, naissent, grandissent, s'étiolent ou se répandent en nous, s'offrent, sont reçus, amplifiés par d'autres sentiments ou mal traités… sans que nous ayons un pouvoir quelconque sur eux.

■ Tout cela dans l'imprévisible et l'aléatoire que chacun d'entre nous tentera de nier, de contrôler, de baliser par des exigences et des engagements ou contrats relationnels.

Ainsi

■ Avec beaucoup d'amour… je peux tenter de maintenir l'autre en dépendance.

■ Avec beaucoup d'amour… je peux proposer une relation invivable de type possessif ou tyrannique ou encore de type élusif sans engagement réel.

Exemples :

Relations parents-enfants

« Je ne souhaite pas entretenir de confusion sur mes sentiments avec toi.

Je ne t'aime pas moins parce que je t'interdis d'acheter cette moto. Mon refus est lié à la relation de vigilance et de protection dont je me sens responsable ! »

Relations à l'école

« Je n'aime pas ton comportement agressif envers les filles de la classe car il me met sur la défensive. J'apprécie par contre les échanges et les partages que nous avons. »

Relations conjugales

« Je sens bien que tu m'aimes, mais la façon dont tu m'imposes cet amour n'est pas bonne pour moi. Je préfère mettre un peu de distance dans la relation. »

Relations professionnelles

« Pendant longtemps j'ai pensé que je devais aimer mes collègues, ou tout au moins leur manifester de la sympathie. Aujourd'hui, je découvre que ce dont j'ai le plus besoin, c'est d'une relation claire, sans ambivalence, où chacun peut situer ses attentes, ses ressources et ses zones d'intolérance. »

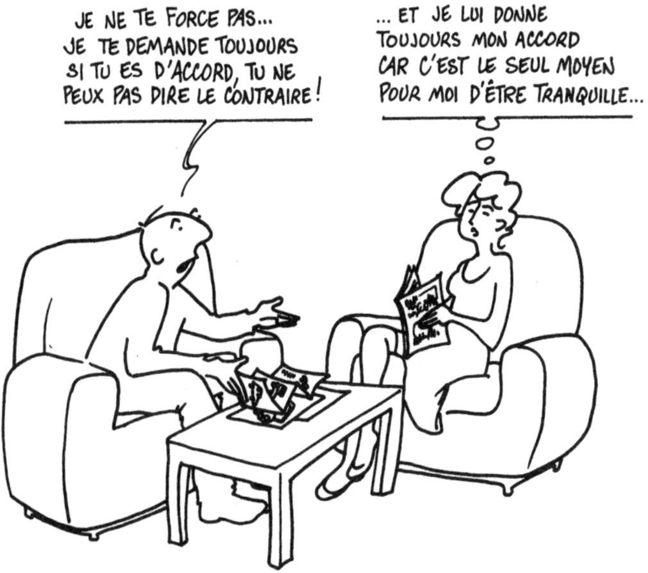
JE NE TE FORCE PAS... JE TE DEMANDE TOUJOURS SI TU ES D'ACCORD, TU NE PEUX PAS DIRE LE CONTRAIRE !
... ET JE LUI DONNE TOUJOURS MON ACCORD CAR C'EST LE SEUL MOYEN POUR MOI D'ÊTRE TRANQUILLE...

Dépassement de quelques conflits intrapersonnels

■ Si mon besoin d'approbation est plus fort que mon besoin d'affirmation, j'aurai du mal à accéder à l'autonomie, à un positionnement de vie personnalisé.

■ Quand je suis confronté à deux désirs contradictoires ou antagonistes, chacun de ces désirs présente des avantages et des inconvénients. Si je ne sais pas choisir, je me paralyse. Puis-je dégager lequel de ces désirs est actuellement prioritaire ?

■ Accéder au renoncement, c'est un dépassement du «tout ou rien». Vivre libre, c'est être capable de faire des choix, et choisir, c'est renoncer.

Renoncer, c'est sortir de l'antagonisme ou de l'alternative du «ou bien», «ou bien», pour me relier à une priorité.

■ Ne plus entretenir la confusion entre sentiment et relation.

Je peux aimer et rester avec quelqu'un qui me propose une relation invivable ! Je peux aussi me séparer de quelqu'un d'aimé pour pouvoir continuer à me respecter dans la relation.

Difficultés rencontrées

- Être traité d'égocentrique
- Développer de l'inertie pour ne pas avoir à choisir
- Somatiser.
- Se laisser définir par l'autre pour tenter d'obtenir coûte que coûte son approbation.
- Accuser l'autre de choisir pour moi.
- Accentuer la culpabilisation.

Exemples :

Relations parents-enfants

« Papa, j'ai besoin d'être approuvé dans mon choix. J'entreprends des études de droit alors que tu aurais préféré des études de journalisme. »

« Maman, je t'aime, mais je ne peux pas accepter que tu viennes vivre à la maison. Je donne la priorité à ma vie de couple et je ne prends pas le risque de redevenir une petite fille... »

Relations à l'école

« Je vous donne la bonne réponse, celle du livre, celle que vous attendez de moi, alors que je préférerais vous parler des images que le mot Brésil éveille en moi. »

Relations conjugales

« Je peux t'aimer et ne pas me sentir bien dans cette relation que je ressens trop culpabilisante. » Je suis donc en conflit avec moi-même. Je peux sortir du conflit en prenant le risque de te quitter et donc de me respecter même si je souffre, le conflit sera moins aigu. »

Relations professionnelles

« J'ai la possibilité d'obtenir un poste à responsabilité à l'étranger, mais j'ai besoin de me sentir entouré par des amis, je ne sais pas si je serai capable d'affronter la solitude. Alors, pour le moment, je choisis de rester ici. »

« J'avais le choix entre deux nouveaux postes de travail : le premier m'aurait permis enfin des créations, le second m'aurait laissé plus de temps pour me consacrer à la musique. Je ne savais lequel choisir. J'ai écouté en moi ce qui me mobilisait le plus. Cela m'a aidé à choisir. »

Savoir favoriser et développer l'alternance des positions d'influence

■ L'être humain se caractérise par le besoin fondamental d'exercer une influence sur son environnement au travers de ses relations.

■ Toute relation s'inscrit dans un rapport de forces qui nous est parfois favorable (je domine), parfois défavorable (je subis ou je suis dominé).

■ Une relation en santé est une relation dans laquelle l'alternance et le rééquilibrage des positions d'influence sont remis en cause en permanence.

■ On ne peut pas ne pas influencer.

■ Je peux inviter sans forcer, proposer sans imposer, témoigner sans convaincre, influencer sans soumettre.

■ Se positionner, c'est prendre le risque de s'affirmer en énonçant des désirs propres, un point de vue original, des projets personnels, des idées semblables ou différentes. Et, dans ce dernier cas, il sera nécessaire de renoncer à l'approbation de l'autre, voire parfois savoir prendre le risque de le contrarier ou de le décevoir.

■ Besoin d'affirmation et besoin d'approbation sont contradictoires et peuvent entraîner des paralysies et des blocages relationnels.

Exemples :

Relations parents-enfants

« C'est vrai, je me suis toujours soumis à vos désirs et à vos demandes, papa, maman, quelquefois au détriment de mes propres goûts ou besoins.

Aujourd'hui, dans cette orientation que je choisis, je prends le risque de me définir et d'apposer à votre point de vue un point de vue différent. »

Relations à l'école

« Voilà mes attentes comme professeur, pour cette année scolaire. J'aimerais pouvoir en discuter avec vous avec le maximum de liberté. Votre opinion quelle qu'elle soit est importante pour moi. »

Relations conjugales

« J'ai toujours accepté de recevoir tes amis, même si ce n'était pas vraiment mon désir. Aujourd'hui, je te demande de rencontrer les miens sans par avance les dévaloriser. Si cela n'est pas possible pour toi, je peux les réunir ailleurs. »

Relations professionnelles

« C'est vrai, je me suis opposé à toutes vos propositions. Aujourd'hui, je reconnais que certaines sont bonnes pour moi, et je veux bien essayer de les expérimenter. »

« Même si vous n'adhérez pas à mon point de vue, c'est important pour moi qu'il soit entendu, valorisé. »

Difficultés rencontrées

• Vivre comme une faiblesse le fait d'accepter de se laisser influencer.
• Dans les systèmes hiérarchiques rigides, l'exercice du pouvoir sur un mode autocratique, paternaliste ou manipulatoire suscitera des rivalités, des dépendances, des sabotages plus ou moins conscients.

Il m'appartient de ne pas confondre besoins et désirs

■ Une des fonctions essentielles des adultes est de pouvoir répondre directement ou indirectement aux besoins exprimés ou non exprimés d'un enfant ou d'un autre adulte.

■ Tout être humain devra apprendre à reconnaître et à mieux différencier le niveau des besoins et celui des désirs.

■ Un positionnement clair et rigoureux consistera à permettre à l'autre de se relier à son désir, en lui donnant en particulier la possibilité :

• Soit de le transformer lui-même en projet dans une confrontation avec une réalité de contraintes, de moyens, de ressources et de possibles.

• Soit d'y renoncer ou de garder le désir à l'état de désir ou de rêve.

■ Je peux aider l'autre à se relier à son propre désir et l'inviter à faire lui-même quelque chose pour ce désir, si ce dernier m'apparaît acceptable et non dangereux.

■ Un des pièges à éviter, c'est de transformer tout désir en demande.

■ Il conviendra de différencier les désirs interactifs et dépendants (j'ai besoin de la participation de l'autre pour les réaliser) des désirs intra-actifs et autonomes (qui ne dépendent que de moi).

■ Il ne faut pas confondre le désir vers l'autre (désir convivial) et le désir sur l'autre (désir terroriste).

Exemples :

Relations parents-enfants

« Oui, j'entends bien que tu voudrais un chien... mais qu'est-ce que tu es prêt à faire, toi, pour ce désir-là ? »

« Je trouve ce désir de partir en stop trop risqué, aussi je ne l'encourage pas en toi. »

Relations à l'école

« Oui, j'entends bien votre désir d'aller cette année en sortie de classe au mont Ventoux. Je vous invite à passer du désir au projet et à présenter vos idées à vos camarades de classe. »

Relations conjugales

« J'entends bien ton désir de sortir ce soir, mais moi, je souhaite passer une soirée à lire au coin du feu avec ou... sans toi. »

Relations professionnelles

« J'entends bien votre besoin de travailler en équipe. Pour l'instant, l'institution ne peut vous proposer qu'un travail isolé. »

« J'entends votre désir de travailler de façon différente, présentez-moi un projet... »

Difficultés rencontrées

• Renforcement de la relation Klaxon, c'est-à-dire des injonctions.

• Difficulté à renoncer à l'illusion de la toute-puissance infantile (I.T.P.I.), c'est-à-dire à la croyance que l'autre « va quand même entrer dans mes attentes ou mes demandes ! ».

• Quand subsiste le désir sur le désir de l'autre.

Amour de soi

Aux principaux besoins hiérarchisés dans la pyramide de Maslow :

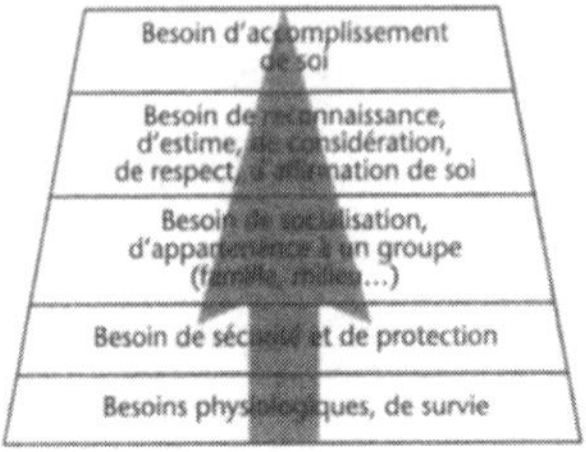
Besoin d'accomplissement de soi

Ajoutons combien il sera vital d'accorder de l'importance à des besoins d'ordre relationnel :

Besoin de se dire et d'être entendu

Besoin d'être reconnu et valorisé

Besoin d'être confirmé

Besoin de pouvoir s'aimer.

L'amour de soi semble être à la source du potentiel du don d'amour disponible à chaque instant de l'existence de chacun.

Il y a un lien très étroit entre la capacité d'aimer autrui et celle de pouvoir s'aimer.

L'amour de soi est en corrélation directe avec la qualité des relations significatives de notre vie.

Autrement dit, si la plupart de nos relations s'inscrivent dans le système SAPPE, nous allons avoir du mal à nous aimer et nous allons être le plus souvent dans le besoin d'être aimé, c'est-à-dire dans l'attente, la demande, voire l'exigence impérieuse de capter, de retenir l'amour de l'autre.

Si nous pouvons vivre l'essentiel de nos relations dans l'esprit de la méthode ESPERE, nous nous donnons plus de possibles pour développer du respect, de la bienveillance et de l'amour en nous pour nous. Nous serrons donc moins dans le besoin d'être aimé et moins tenté d'aliéner autrui autour de la satisfaction de ce besoin.

Amour de soi et qualité des communications et des relations semblent donc intrinsèquement liés.

C'est sur ce postulat que j'ai développé l'idée de la nécessité d'apprendre à communiquer autrement qu'à partir du système SAPPE, en s'appuyant sur la méthode ESPERE.

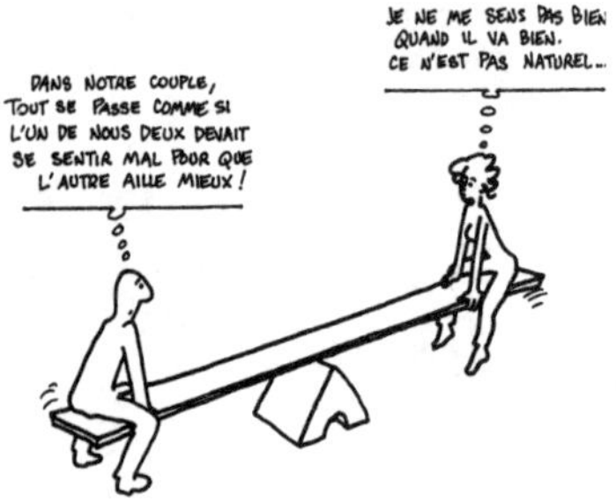
DANS NOTRE COUPLE, TOUT SE PASSE COMME SI L'UN DE NOUS DEUX DEVAIT SE SENTIR MAL POUR QUE L'AUTRE AILLE MIEUX !
JE NE ME SENS PAS BIEN QUAND IL VA BIEN. CE N'EST PAS NATUREL...

Besoins et Désirs

■ Le propre d'un besoin, c'est qu'il incarne, témoigne d'une aspiration vitale à une satisfaction.

■ La non-satisfaction d'un besoin entraîne un dysfonctionnement physique ou psychologique.

■ Le besoin mobilise des énergies pour la survie physique, sociale ou morale de chacun.

■ Le besoin incarne une priorité qui à certains moments peut s'imposer à toutes les autres.

■ Le besoin dans son mouvement initial est de l'ordre de l'appropriation.

■ Un désir se rattache plus à une pulsion, à un mouvement d'amplification.

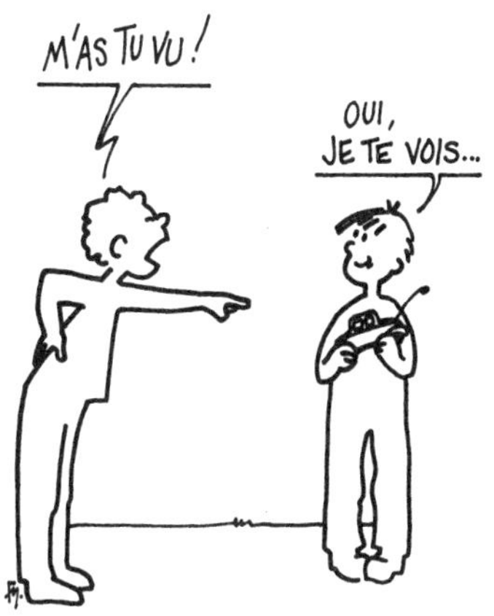
M'AS TU VU !
OUI, JE TE VOIS...

Exemples :

Relation parents-enfants

« Mon besoin à moi, c'était de me sentir une bonne mère. C'est ainsi que j'ai sacrifié ma vie de femme, ma vie professionnelle et même ma vie sociale. Mais, ce faisant, j'imposais à mes enfants de nourrir sans arrêt l'image de la mère parfaite que je voulais être. »

Relations à l'école

« Nous avons entre nous un conflit de besoins. Vous, vous semblez avoir besoin de bouger, de parler et même parfois d'exploser, et, moi, j'ai besoin de calme, de silence, de votre attention pour faire passer mon savoir. Quand deux besoins aussi contradictoires s'affrontent, cela crée des tensions. »

Relations conjugales

« En tentant de faire passer mon désir sexuel comme un besoin impérieux, vital, c'est comme si j'imposais à l'autre de devoir y répondre. Heureusement pour moi, il ne se laissait pas faire. »

Relations professionnelles

« Mon besoin à moi, c'est de maintenir l'entreprise en état de marche, et, pour l'instant, c'est un besoin prioritaire auquel je sacrifie tous mes autres projets. Je ne suis pas très à l'aise vis-à-vis de vous en vous imposant ainsi une réduction d'horaires de travail et donc de salaire. »

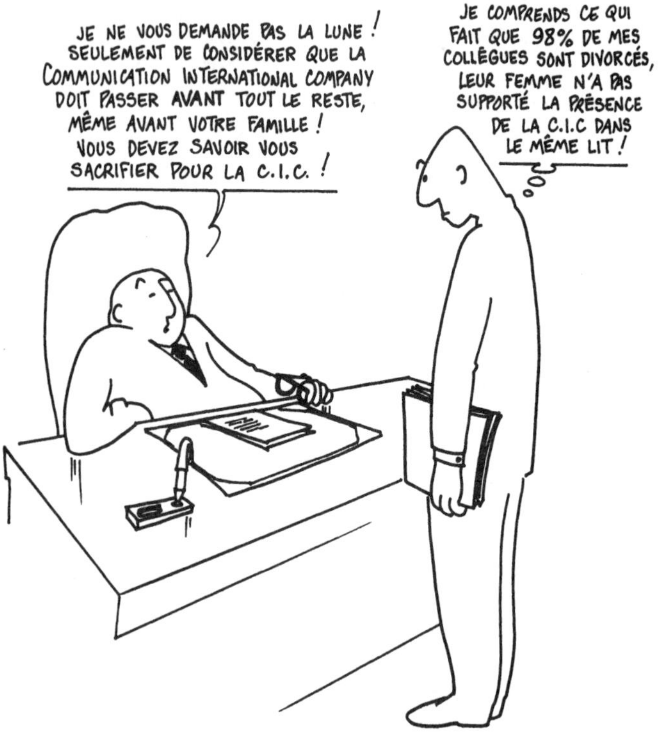
JE NE VOUS DEMANDE PAS LA LUNE ! SEULEMENT DE CONSIDÉRER QUE LA COMMUNICATION INTERNATIONAL COMPANY DOIT PASSER AVANT TOUT LE RESTE, MÊME AVANT VOTRE FAMILLE ! VOUS DEVEZ SAVOIR VOUS SACRIFIER POUR LA C.I.C. !
JE COMPRENDS CE QUI FAIT QUE 98% DE MES COLLÈGUES SONT DIVORCÉS, LEUR FEMME N'A PAS SUPPORTÉ LA PRÉSENCE DE LA C.I.C DANS LE MÊME LIT !

Je me garde d'imposer mes croyances
Je relativise mes certitudes

■ Je ne sais pas à la place de l'autre. Je ne fais pas pour lui ce que je crois être bon sans le consulter ni avoir son accord.

■ Je ne peux changer autrui, mais je peux changer mon regard, mon écoute et donc, par là, changer ma relation à lui.

■ Il sera difficile à certains de supporter les remises en cause, d'accepter de perdre la toute-puissance, de lâcher la position haute (celle qui influence), de se montrer parfois démuni.

■ Cela suppose aussi de dépasser ou encore de renoncer à ses attentes ou à ses illusions sur l'autre.

■ Le recours à la pratique de la relation directe sera une aide précieuse. Cela suppose que je puisse refuser d'entretenir des relations indirectes, en particulier quand l'autre ou moi-même avons tendance à parler sur autrui.

■ Cela suppose aussi de passer de la recherche de la vérité à la recherche du sens. Tout comportement comme tout événement a un sens et peut être entendu comme un message.

■ Toute relation contient le risque d'une mise en cause, d'un changement possible.

Exemples :

Relations parents-enfants

« Lorsque je te vois parfaitement organisé dans ta vie d'étudiant, loin de la maison, je me sens inutile, sans valeur. Je croyais que tu aurais toujours besoin de moi ! »

Relations à l'école

« Chaque fois que vous me posez une question, que vous me faites une demande... vous prenez le risque de ma réponse, qui peut être parfois très différente de vos attentes. »

Relations conjugales

« Je croyais être tout pour toi ! Depuis que tu as repris ton travail, tu es devenue plus indépendante. Il m'est parfois difficile de te reconnaître dans cette femme-là. »

Relations professionnelles

« Pendant des années, j'ai imposé ma façon de travailler, les autres devaient s'y conformer ! »

« Votre façon d'aborder ce problème m'interroge. J'essaie de comprendre, même si ça m'est très difficile car je suis touché dans mes croyances profondes. »

Difficultés rencontrées

- Identification aux croyances et certitudes des autres.
- Maintien de la position haute à tout prix.
- Refus d'une remise en cause.
- Nécessité de composer avec ses propres certitudes pour s'ajuster ou répondre à l'attente de l'autre.

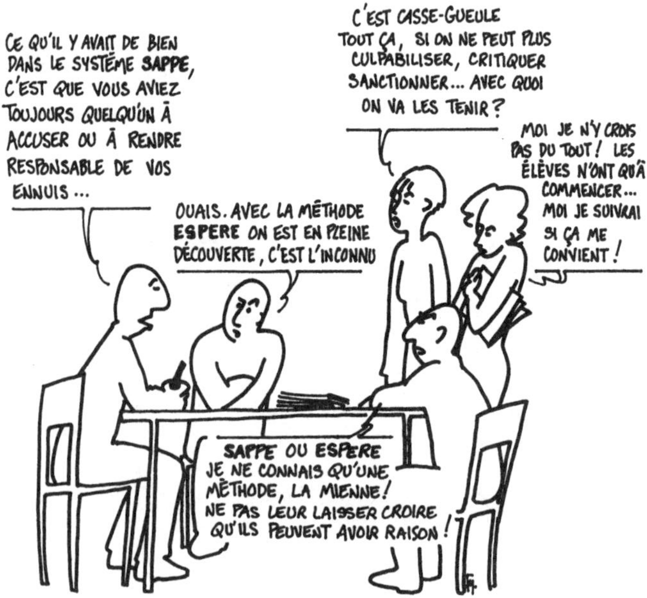
CE QU'IL Y AVAIT DE BIEN DANS LE SYSTÈME SAPPE, C'EST QUE VOUS AVIEZ TOUJOURS QUELQU'UN À ACCUSER OU À RENDRE RESPONSABLE DE VOS ENNUIS...
OUAIS. AVEC LA MÉTHODE ESPERE ON EST EN PLEINE DÉCOUVERTE, C'EST L'INCONNU
C'EST CASSE-GUEULE TOUT ÇA, SI ON NE PEUT PLUS CULPABILISER, CRITIQUER SANCTIONNER... AVEC QUOI ON VA LES TENIR ?
MOI JE N'Y CROIS PAS DU TOUT ! LES ÉLÈVES N'ONT QU'À COMMENCER... MOI JE SUIVRAI SI ÇA ME CONVIENT !
SAPPE OU ESPERE JE NE CONNAIS QU'UNE MÉTHODE, LA MIENNE ! NE PAS LEUR LAISSER CROIRE QU'ILS PEUVENT AVOIR RAISON !

« Différents niveaux de structuration et d'approche » des relations humaines

Un des enjeux masqués des relations humaines est de favoriser le passage d'un vécu intérieur à un partage extérieur.

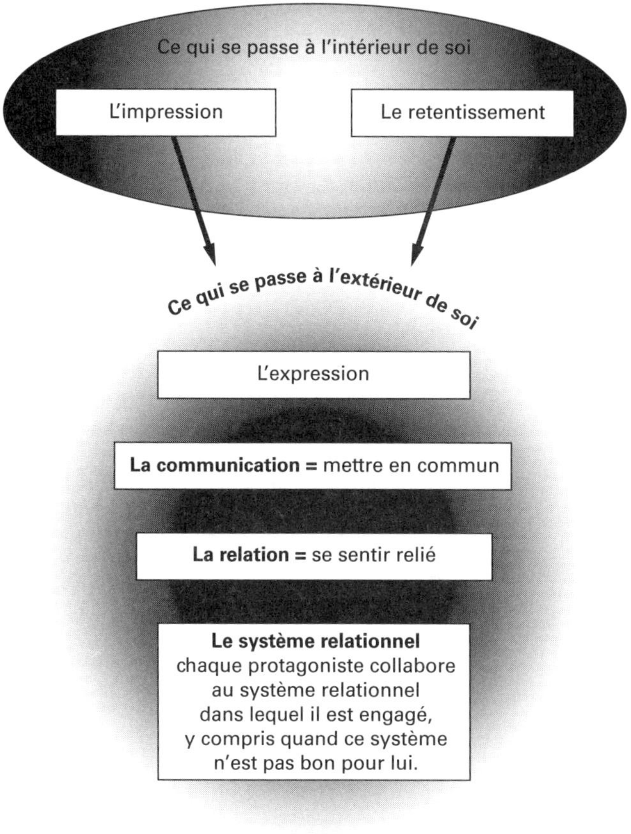
Ce qui se passe à l'intérieur de soi
L'impression
Le retentissement
Ce qui se passe à l'extérieur de soi
L'expression
La communication = mettre en commun
La relation = se sentir relié
Le système relationnel
chaque protagoniste collabore au système relationnel dans lequel il est engagé, y compris quand ce système n'est pas bon pour lui.

«Différents niveaux de structuration et d'approche» des relations humaines

L'impression

└────────▶ C'est tout ce qui se passe à l'intérieur. Cela peut se traduire par des images, des perceptions ou des ressentis émotionnels. Ce sera l'ensemble des signaux captés par l'être humain immergé dans un tissu relationnel et susceptibles de constituer des éléments de réponse en vue d'une expression possible.

«Je me sens bien en accord avec mon amie quand elle me dit son souhait de vivre à la campagne plutôt qu'en ville. Je perçois bien cependant que nous ne pensons pas à la même campagne l'un et l'autre. Il sera important de pouvoir m'exprimer sur cela...»

Le retentissement

└────────▶ Appelé aussi résonance.

À partir d'un signal extérieur, c'est tout ce qui sera réveillé, réactivé dans la mémoire corporelle, affective, psychologique de telle ou telle personne.

«Quand mon collègue, l'autre jour, m'a parlé du décès de sa mère, j'ai éprouvé un malaise. J'ai bien senti combien je vivrais mal la disparition de la mienne si elle surgissait actuellement. Je me sens si vulnérable depuis le départ de mon mari que je crains de me trouver confrontée à une nouvelle perte.»

Impression et retentissement peuvent rester dans le silence, dans le non-dit ou passer dans une expression, dans un partage. Le moyen susceptible de favoriser l'impression et le retentissement est la conscientisation.

L'expression

Le passage de l'impression à l'expression va se faire par des langages verbaux, non verbaux, infra-verbaux* et peut se traduire par :

« J'ai bien entendu quand il m'a dit qu'il ne pouvait venir ce week-end là comme prévu. Et cependant dans sa voix, dans le ton et le rythme des mots j'ai senti de la dissonance. Une sorte de décalage entre le regret qu'il me disait ressentir et la satisfaction que j'entendais quand même en lui, de ne pas me voir. Autrefois, j'aurais écarté tout cela en me disant que je me faisais des idées, mais aujourd'hui je veux prendre le temps de respecter aussi cette écoute-là. »

La communication

Elle correspond à toute tentative de mise en commun, d'échange, de partage, ou de confrontation, susceptible de produire ou d'être à l'origine d'une création nouvelle.

La communication va se faire à l'intérieur d'une relation ponctuelle ou de plus longue durée.

Les moyens pouvant favoriser l'expression et la communication seront les mots, les langages non verbaux, infra-verbaux et les outils de la communication.

La relation

Ce sera le lien, le conduit dans lequel circuleront des messages, des intentionnalités plus ou moins inconscientes ou ambivalentes.

Toute relation significative, durable, a tendance à produire des caractéristiques propres, à créer, à structurer des constances, voire à se figer dans un système relationnel.

Les moyens courants susceptibles de favoriser une relation vivante et en santé (c'est-à-dire flexible, souple, mobile…) seront l'application de règles d'hygiène relationnelle.

---

* J'appelle langages infra-verbaux les énergies qui circulent entre les êtres sans utiliser les langages verbaux ou non verbaux directs. Il s'agit là certainement d'ondes, de vibrations que l'on dégage et qui vont être captées dans la conscience ou à l'insu parfois de celui qui les reçoit.

« Différents niveaux de structuration et d'approche » des relations humaines

Le système relationnel

- Un système relationnel est un ensemble d'interactions stables et de répétitions qui vont s'établir entre deux personnes ou un groupe constitué (famille, équipe, groupe de loisirs...) à partir de la mise en place et de la confrontation de positions relationnelles, elles-mêmes stables et répétitives. Les positions relationnelles sont elles-mêmes issues de l'histoire de chacun, des idéologies, du conditionnement culturel et familial et des scénarios de vie avec lesquels nous nous présentons au monde.

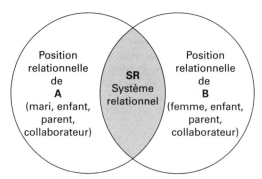

Position relationnelle de A (mari, enfant, parent, collaborateur)
SR Système relationnel
Position relationnelle de B (femme, enfant, parent, collaborateur)

- Le système relationnel peut être satisfaisant, équilibré ou supportable tant que chacun des protagonistes tient, assume une position relationnelle à laquelle il peut adhérer, dans laquelle il se reconnaît à un moment de son développement.
- Un système relationnel se déséquilibre quand l'un des protagonistes... change de position relationnelle.
- Un système relationnel peut être : antagoniste, complémentaire ou symétrique.

Caractéristiques des 3 grands systèmes relationnels

Antagoniste : La PRA (Position Relationnelle de A) s'oppose à la PRB (Position Relationnelle de B).

Phrases-clés :

« Je ne suis pas d'accord. »

« C'est moi qui ai raison. »

« Je ne supporte pas que tu sois ceci ou cela et je le combats chez toi. »

Complémentaire : la PRA s'ajuste, complète, soutient la PRB.

Phrases-clés :

« Je suis ce que tu n'es pas. »

« Je fais ce qui te manque. »

Symétrique ou en miroir : la PRA est semblable, identique, en miroir à la PRB.

Phrases-clés :

« On est pareils. »

« On fait ensemble. »

« Je suis aussi faible (aussi fort) que toi. »

« Ce que j'ai ressenti en te voyant est tellement fort que tu ne peux pas ne pas avoir ressenti la même chose que moi. »

Les moyens susceptibles de favoriser l'évolution d'un système relationnel seront :
• l'aide d'un tiers,
• la vigilance, la cohérence, la recentration, le respect de soi.

> **En termes de formation, ou d'accompagnement,**
> **il paraît important de ne pas se laisser entraîner**
> **dans le système relationnel de l'autre...**
> **quand il ne correspond pas**
> **à notre position de vie.**

Le résultat d'une formation

Ce qui reste d'une formation n'est pas tant le savoir ou le savoir-faire qui s'est déposé en surface.

C'est surtout ce qui reste au plus profond, c'est un nouveau savoir-être, un autre savoir-créer, un savoir-devenir.

Ce ne sont pas seulement les mots, les phrases, le contenu, c'est la rencontre avec soi-même, au travers de la rencontre avec l'autre qui s'inscrira au plus intime.

Le suivi d'une formation consistera à accompagner celui qui s'est formé pour lui permettre de changer en maintenant sa capacité de congruence et d'accord dans ses principaux engagements relationnels ou de vie.

Toute formation s'intériorise

à partir d'une expérience émotionnelle et corporelle.

L'ancrage se fera de façon circulaire.

Savoir
Savoir transmettre
Savoir faire
Pour un meilleur savoir-être
Savoir créer
Savoir devenir

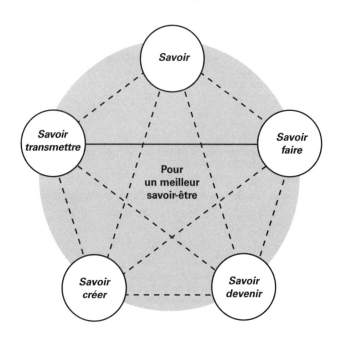

Se former
à la méthode ESPERE

Se former,
c'est savoir reconnaître la part d'universel
qui se manifeste
dans les témoignages intimes et sincères
de chaque échange.

Se former,
c'est accepter de devenir
un agent de changement
pour soi-même et pour autrui.

Se former,
c'est accueillir un nouveau savoir
pour le confronter au travers
d'une implication personnelle
à sa propre expérience.

Se former,
c'est entrer dans l'étonnement d'être,
c'est reconnaître le miraculeux
de chaque rencontre,
c'est développer sa capacité
à entendre le merveilleux de l'univers.

Se former,
c'est entrer dans l'infinitude de ses possibles.

Se former,
c'est s'ouvrir à la question du sens
pour découvrir, au-delà de la tolérance,
l'amour
qui nous relie à toute vie.

Se former,
c'est aller vers le meilleur de soi,
c'est créer de la vie
avec le meilleur de soi en soi.

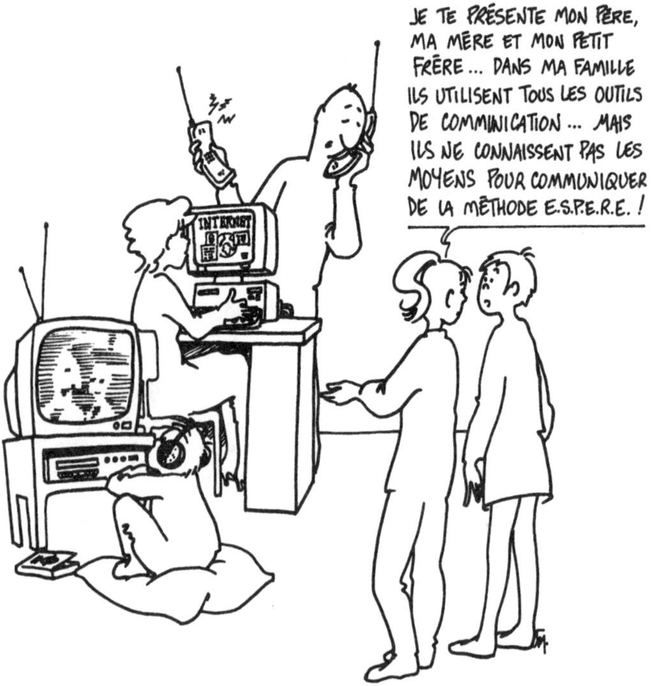
JE TE PRÉSENTE MON PÈRE, MA MÈRE ET MON PETIT FRÈRE... DANS MA FAMILLE ILS UTILISENT TOUS LES OUTILS DE COMMINICATION... MAIS ILS NE CONNAISSENT PAS LES MOYENS POUR COMMUNIQUER DE LA MÉTHODE E.S.P.E.R.E. !
INTERNET

Mise en pratique
de la méthode ESPERE

(Énergie Spécifique
Pour une Écologie
Relationnelle Essentielle)

■ Ce terme est porteur de tous les espoirs nés, naissants, renaissants ou à naître pour que se développent des communications vivantes et des relations en santé entre les enfants et les adultes, entre les adultes de toutes les cultures.

Il est plein de toutes les énergies déjà mobilisées et encore mobilisables pour des projets concrets et des engagements affirmés dans la vie de tous les jours.

**Présentation de quelques balises
pour vivre la méthode ESPERE
au quotidien**

JE TROUVE QUE NOS RÉUNIONS DEVIENNENT MONOTONES, JE CROIS QU'IL CONVIENDRAIT DE REDYNAMISER NOTRE DÉBAT ET JE PROPOSE DE CHANGER L'ORDRE DU JOUR...
JE SUIS SÛRE QUE C'EST À MOI QU'IL PENSE EN DISANT QUE C'EST MONOTONE !
POUR ME DYNAMISER IL FAUDRAIT SACRÉMENT M'AUGMENTER !
MOI, J'AIMERAIS DES RÉUNIONS OÙ LES DÉCISIONS PRISES SOIENT RÉALISABLES !
DE TOUTE FAÇON TOUT EST DÉJÀ DÉCIDÉ À L'AVANCE...
IL EST GONFLÉ, C'EST TOUJOURS LUI QUI PARLE !
IL VA ENCORE TIRER LA COUVERTURE À LUI...

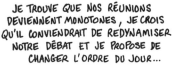

Univers de la méthode
ESPERE

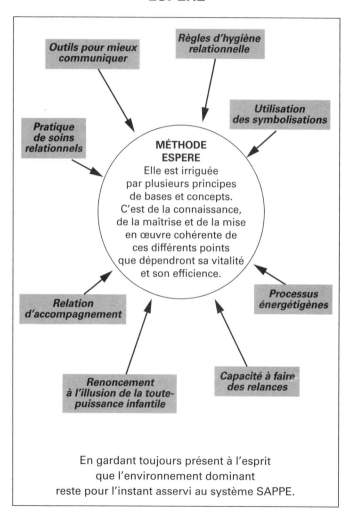

Outils pour mieux communiquer

Règles d'hygiène relationnelle

Utilisation des symbolisations

Pratique de soins relationnels

MÉTHODE ESPERE
Elle est irriguée par plusieurs principes de bases et concepts. C'est de la connaissance, de la maîtrise et de la mise en œuvre cohérente de ces différents points que dépendront sa vitalité et son efficience.

Processus énergétigènes

Relation d'accompagnement

Renoncement à l'illusion de la toute-puissance infantile

Capacité à faire des relances

En gardant toujours présent à l'esprit que l'environnement dominant reste pour l'instant asservi au système SAPPE.

SE POSITIONNER NE VEUT PAS DIRE CAMPER SUR SES POSITIONS SANS VOULOIR EN CHANGER... C'EST ÊTRE TOUJOURS PRÊT À SE REPOSITIONNER.

MES POSITIONS
MES POINTS DE VUE
MES IDÉES
MES FAÇONS DE FAIRE

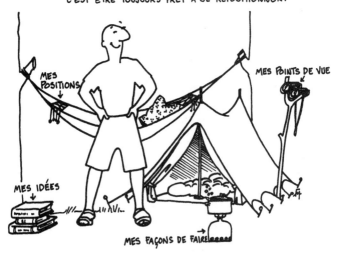

Repositionnement relationnel

Se repositionner,
c'est prendre le risque de se définir sans avoir nécessairement
l'approbation de l'entourage proche.

C'est prendre le risque **vis-à-vis de soi-même** d'une déstabilisation provisoire, d'une insécurité, de doutes	C'est prendre le risque **vis-à-vis d'autrui et surtout des proches** d'un rejet, de reproches, de jugements

Se repositionner

c'est renoncer à un rôle, à un fonctionnement ou à une image de soi, que nous avons jusque-là proposés à autrui avec beaucoup de bénéfices.

Clés pour un changement possible

– Quand je sors des modèles attendus.
– Quand je n'entre plus dans les demandes, exigences ou désirs de l'autre.
– Quand je respecte mon ressenti.
– Quand j'accepte ma vulnérabilité.
– Quand je tiens compte de mes contradictions.

Risques

– Le repositionnement peut créer une situation paradoxale : là où je souhaite du relationnel, je vais parfois provoquer une intensification provisoire du réactionnel.

Recherche d'alliés, de points de soutien

– La pratique de la méthode ESPERE déclenche des résistances et des oppositions.
– Utiliser les outils de la communication en toute situation.
– Prendre appui sur des symbolisations.
– Introduire des médiations par des exemples extérieurs et personnels.

Règle de base :
maintenir sa cohérence en se respectant au plus près
de son ressenti dans l'ici et maintenant de chaque relation.

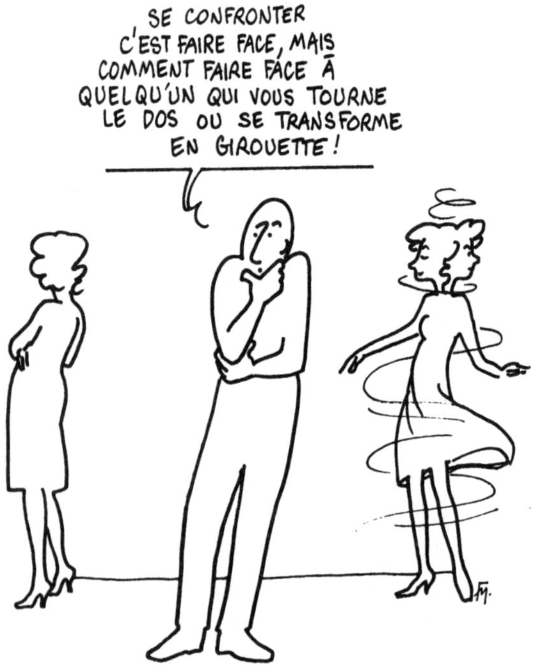
SE CONFRONTER C'EST FAIRE FACE, MAIS COMMENT FAIRE FACE À QUELQU'UN QUI VOUS TOURNE LE DOS OU SE TRANSFORME EN GIROUETTE !
FM.

Se positionner par la différenciation et la confrontation

■ Dans une relation de confrontation, qu'il ne faut pas confondre avec un affrontement, les dynamiques de soumission et d'opposition agissent et circulent a minima.

■ Chaque relation est unique et ne peut être comparée à aucune autre. Il m'appartient de me positionner dans l'ici et maintenant de chaque rencontre.

■ Quand la confrontation n'est pas possible, l'affrontement, le conflit et les tentatives de domination sont fréquents.

■ Caractéristiques principales d'une relation de confrontation :
• Confirmation du point de vue, du désir, de la demande de l'autre.
• Affirmation de ses propres désirs, besoins, ou attentes.
• Échanges sur les ressentis personnels, sur les expériences passées.
• Changement, réajustement ou maintien des positions.

■ Je veille à ne pas me laisser définir par l'autre et à ne pas l'enfermer dans mes attentes ou mes désirs.

Exemples :

Relations parents-enfants

« Lorsque tu pars à mobylette et que tu ne mets pas ton casque, comme nous en étions convenus, je me sens trompé. Je te demande de respecter ton engagement. »

« J'ai bien entendu ton désir de continuer à jouer. Cela ne change rien à ma demande de te mettre au lit. »

« Oui, c'est vrai, je ne t'aime pas comme ton frère. J'ai pour chacun de mes enfants un amour différent et unique. Si tu gardes le sentiment que mon amour est insuffisant, cela risque de te faire beaucoup souffrir. »

Relations à l'école

« J'entends bien votre désir de continuer à parler librement, mais je vous demande votre attention, car il est important pour moi de respecter l'objectif que je me suis fixé : terminer dans les temps le programme scolaire. »

« Quand je te dis que je suis en difficulté avec toi lorsque tu as de mauvais résultats, ça ne veut pas dire que tu es un cancre. »

Relations conjugales

« C'est important pour moi de te dire que j'ai bien entendu ton désir d'enfant, mais je ne me sens pas prêt à devenir père pour l'instant… »

« Je me sens différente de toi sur beaucoup de plans, même si nous avons beaucoup de points d'accord… »

> **"**Quand je ne peux pas m'ajuster sur tes désirs, tu peux éventuellement t'ajuster sur mes possibles.**"**

Se positionner par la différenciation et la confrontation

■ Ce que je dis, fais ou pense n'est ni confondu, ni subordonné, ni aliéné à ce que dit, fait ou pense l'autre.

■ L'obstacle majeur à la confrontation est la confusion entre la mise en mots et la mise en cause. « Quand j'exprime mon malaise, cela ne veut pas dire que vous êtes inadéquat ou mauvais! »

■ La confrontation est basée sur l'apposition des points de vue. Elle ne vise pas à affaiblir, diminuer, disqualifier ou dominer le point de vue de l'autre.

■ Une telle relation exige non seulement l'acceptation de l'expression des sentiments « négatifs » de l'autre, mais l'identification et l'expression de mes propres sentiments, qu'ils soient négatifs ou positifs.

■ La confrontation contribue à faciliter et à susciter en retour un meilleur positionnement, une définition et une affirmation plus nette de l'autre.

■ Se rappeler que le domaine des croyances est un butoir. Il nous confronte les uns et les autres aux limites de la communication.

Exemples :

Relations conjugales

« Je me sens inquiète et en colère lorsque tu ne respectes pas les horaires des soirées dont nous étions convenus ensemble. Je te demande de m'avertir quand tu es en retard, comme tu t'y étais engagé. »

« Quand je te dis ce qui n'est pas bon pour moi en toi, je ne veux pas dire que tu es une sorcière. »

« J'ai entendu ton désir de venir voir ce film avec moi. Le mien est différent. Je souhaite voir ce film seule. Ce n'est pas parce que je ne supporte pas ta présence, mais le sujet traité me touche particulièrement et j'ai besoin de cet espace d'intimité personnelle pour donner librement vie à mon ressenti. »

Relations professionnelles

« Je sais qu'avec Mme X vous travaillez de cette manière. Voilà ce que, moi, je peux vous proposer. Nous aurons à convenir ensemble d'un nouveau mode de fonctionnement. »

« En me donnant l'ordre formel de ne pas discuter et d'obéir à votre demande, vous me demandez d'être un exécutant et de me soumettre. C'est donc bien une relation où je deviens exécutant que vous souhaitez avoir et non une relation de collaboration... »

« Je vous donne cette réponse qui est la mienne. Je souhaiterais qu'elle soit entendue même si ce n'est pas celle que vous attendiez. »

Difficultés rencontrées

• Renforcement chez l'autre du système SAPPE quand il préfère l'affrontement (tenter de vous influencer) ou au contraire quand il choisit d'adopter une position de victimisation et d'acceptation.

J'utilise et je pratique la confirmation

■ Chacun d'entre nous a le besoin fondamental d'être reconnu et entendu dans différents domaines (psychologique, affectif, relationnel).
Ce besoin est trop souvent méconnu.

■ J'ai besoin d'être reconnu et entendu tel que je me sens et non tel que l'autre voudrait que je sois.

■ Confirmer n'est pas approuver.

■ Lorsque je confirme l'autre là où il est, dans ce qu'il ressent, dit ou fait, je ne lui laisse pas croire que je l'approuve ou que je cautionne ce qu'il dit ou fait.

■ Pour pouvoir confirmer l'autre, j'aurai à renoncer aux «bonnes images que j'entretiens de moi-même», aux ressentiments, aux rancœurs qui encombrent, troublent et dénaturent parfois ma lucidité.

■ Confirmer suppose aussi que je renonce au besoin infantile de me justifier, de m'innocenter sur ce que «j'ai fait ou pas fait».

■ En confirmant, je remets et je laisse chez l'autre ce qui lui appartient :
«C'est comme cela que tu penses pour l'instant.»

Exemples :

Relations parents-enfants

«Oui, quand tu me dis : Papa, tu es méchant – j'entends bien que tu me vois comme méchant et moi, je me vois comme celui qui pose des limites même si cela est difficile pour toi!»

«Maman, je vois bien que tu es inquiète devant mes résultats scolaires… Je te rappelle que mes difficultés sont chez moi et l'inquiétude chez toi!»

Relations à l'école

«Oui, j'ai bien entendu qu'il est difficile pour toi de n'avoir pas suffisamment de temps pour jouer le soir, mais je maintiens ma demande qui est que tes devoirs soient faits en priorité.»

Relations conjugales

«Oui, c'est vrai, je ne ressemble pas du tout à ta mère. Je suis une femme qui souhaite se sentir respectée dans son rythme et ses désirs et je n'ai pas envie d'être au service de tes besoins.»

Relations professionnelles

«Oui, vous me voyez comme quelqu'un qui transgresse les habitudes du service. Mais c'est un besoin vital pour moi de créer et d'expérimenter de nouveaux modes de fonctionnement.»

«J'entends bien votre désir de changement. Mais, pour moi, c'est important de maintenir des repères stables. J'ai besoin de cette sécurité pour pouvoir collaborer avec vous…»

Difficultés rencontrées

- Refus d'accepter que l'autre n'entre pas dans mon désir, ne corresponde pas à l'image que j'avais de lui.
- Impossible de situer ou définir mon désir ou ma demande sans être étiqueté comme…
- Incapacité à renoncer au plaisir de la critique, de la contestation ou de la mise en cause de l'autre.

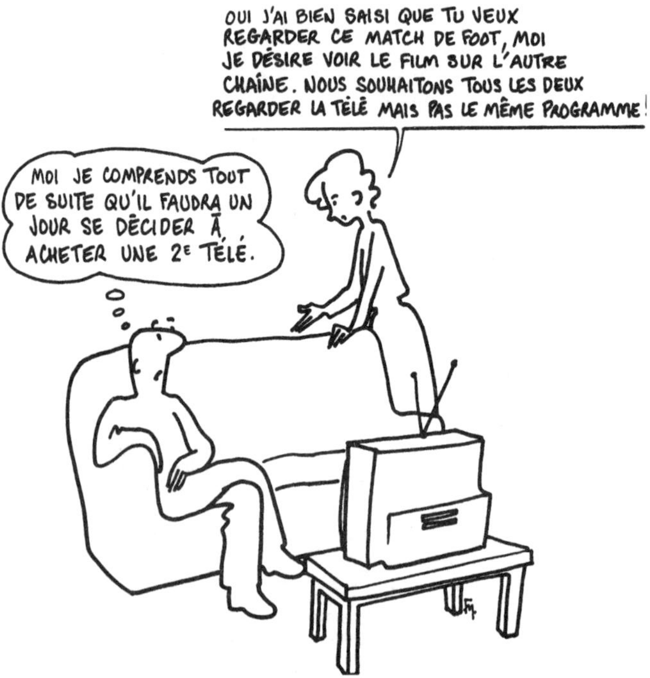
OUI J'AI BIEN SAISI QUE TU VEUX REGARDER CE MATCH DE FOOT, MOI JE DÉSIRE VOIR LE FILM SUR L'AUTRE CHAÎNE. NOUS SOUHAITONS TOUS LES DEUX REGARDER LA TÉLÉ MAIS PAS LE MÊME PROGRAMME!
MOI JE COMPRENDS TOUT DE SUITE QU'IL FAUDRA UN JOUR SE DÉCIDER À ACHETER UNE 2E TÉLÉ.

Relation de confrontation

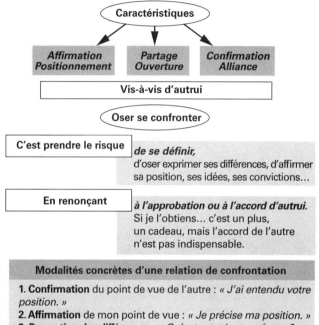

Caractéristiques

Affirmation Positionnement — **Partage Ouverture** — **Confirmation Alliance**

Vis-à-vis d'autrui

Oser se confronter

C'est prendre le risque *de se définir,* d'oser exprimer ses différences, d'affirmer sa position, ses idées, ses convictions…

En renonçant *à l'approbation ou à l'accord d'autrui.* Si je l'obtiens… c'est un plus, un cadeau, mais l'accord de l'autre n'est pas indispensable.

Modalités concrètes d'une relation de confrontation

1. **Confirmation** du point de vue de l'autre : *« J'ai entendu votre position. »*
2. **Affirmation** de mon point de vue : *« Je précise ma position. »*
3. **Perception des différences** : *« Qu'est-ce qui nous sépare ? » « Sur quoi portent nos différences ? » « Quels points sensibles sont éveillés en moi ? »*
4. **Partage** des ressentis et des enjeux personnels : *« J'invite à un échange plus personnalisé. »*
5. Voir ce qu'il est possible de **mettre en commun** : *« Je rapproche nos semblances »*
6. **Reformuler** les différences et les particularités.
7. **Ou constater** la non-communication, pour l'instant, pour un projet donné : *« Je confirme nos dissemblances. » « Il me paraît possible d'aller plus loin. »*
8. **Réajustement possible** des positions mutuelles, ou maintien des différences : *« J'ouvre le possible de poursuivre l'échange. » « Je trouve la bonne distance pour maintenir ma différence. »*

Devenir énergétigène*

Nous sommes tous porteurs d'énergie.
Cette énergie a un pouvoir de transformation
non seulement sur nous,
mais aussi sur notre entourage.

**Dans toute relation,
je suis dans un RAPPORT DE FORCES
qui peut être pour moi :**

FAVORABLE *ou* **DÉFAVORABLE**

*Si je suis dans un rapport
de forces favorable,*
puis-je accepter
de ne pas en abuser ?
Puis-je m'appuyer
sur mon **autorité**
plutôt que sur
mon pouvoir ?

*Si je suis dans un rapport
de forces défavorable,*
il m'appartient d'être
provisoirement **démuni**
mais **non démissionaire**.
Je peux chercher
**des alliés,
des appuis**.

Le rapport de forces qui s'établit
à un moment donné peut se rigidifier
jusqu'à devenir terroriste.
Il peut aussi se modifier, s'inverser,
et il y aura alors alternance des positions d'influence
ce qui est toujours le signe d'une relation en santé.

---

* Énergétigène : qui engendre de l'énergie, par opposition à énergétivore :
qui dévore de l'énergie.

Être énergétigène

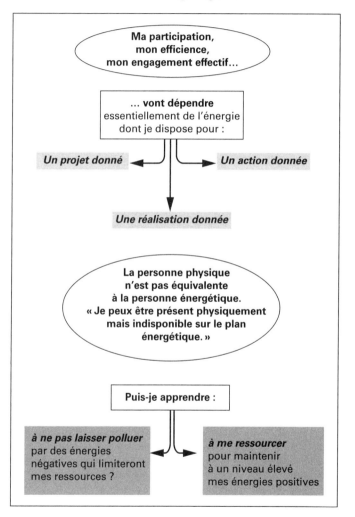

Ma participation,
mon efficience,
mon engagement effectif...

... **vont dépendre**
essentiellement de l'énergie
dont je dispose pour :

Un projet donné   *Un action donnée*

Une réalisation donnée

La personne physique
n'est pas équivalente
à la personne énergétique.
« Je peux être présent physiquement
mais indisponible sur le plan
énergétique. »

Puis-je apprendre :

à ne pas laisser polluer
par des énergies
négatives qui limiteront
mes ressources ?

à me ressourcer
pour maintenir
à un niveau élevé
mes énergies positives

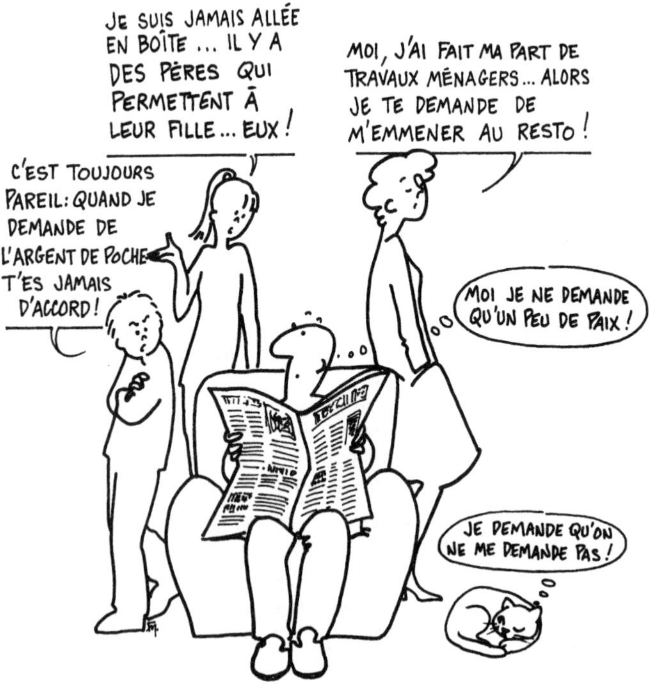
C'EST TOUJOURS PAREIL: QUAND JE DEMANDE DE L'ARGENT DE POCHE T'ES JAMAIS D'ACCORD!
JE SUIS JAMAIS ALLÉE EN BOÎTE ... IL Y A DES PÈRES QUI PERMETTENT À LEUR FILLE ... EUX!
MOI, J'AI FAIT MA PART DE TRAVAUX MÉNAGERS... ALORS JE TE DEMANDE DE M'EMMENER AU RESTO!
MOI JE NE DEMANDE QU'UN PEU DE PAIX!
JE DEMANDE QU'ON NE ME DEMANDE PAS!

Savoir demander

**Où est-il le temps des désirs comblés
avant même d'être énoncés ?
Où est-il le temps des demandes légères,
où tu ne désirais que ce que je voulais ?
Sans réserve alors, j'adhérais à tes attentes.**

Chanson afghane

Oser des demandes directes... c'est simplement prendre le risque de la réponse de l'autre.

Quand je suis libre de ma demande... l'autre l'est de sa réponse.

Oser sortir des vieux modèles... toujours à l'honneur dans les pratiques relationnelles intimes ou sociales, quand nous voulons que l'autre... comble notre attente, réponde à notre demande, si possible sans réticence, avec plaisir et parfois même dans le tout-de-suite de l'urgence.

Voici la description de quelques demandes... qui n'en sont pas et qui risquent de déboucher sur des malentendus.

Le système SAPPE : un véritable art de saboter les demandes.

■ La demande accusation :

« C'est toujours comme ça, quand je te demande, tu n'es jamais d'accord... »

« Oh ! toi, en dehors du football, il ne faut rien te demander... »

■ La demande plainte :

« Ça fait 15 jours qu'on n'est pas sorti. Il y en a qui trouvent pourtant le temps, quand ils veulent ! »

■ La demande revendication :

« Moi, j'en ai assez de la lessive et du ménage, alors je te demande de me sortir un peu, sinon je ne tiens plus le coup ! »

**"Ce sont ceux qui n'ont rien à dire
qui tiennent à le dire le plus
longuement possible."**

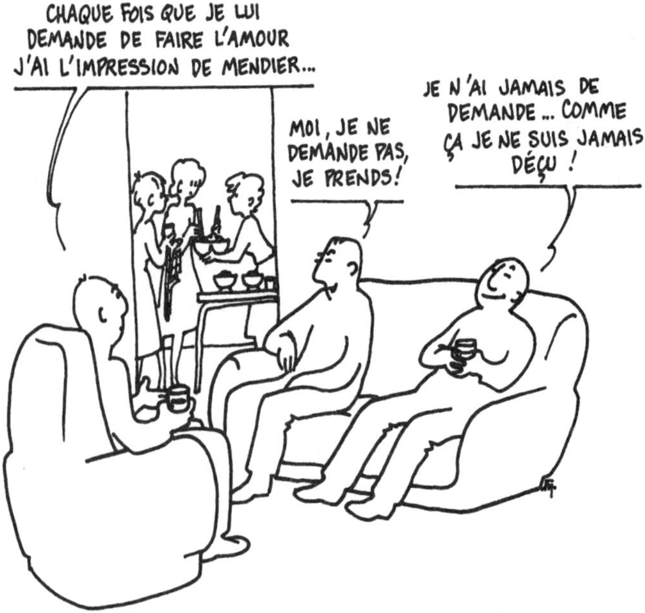
CHAQUE FOIS QUE JE LUI DEMANDE DE FAIRE L'AMOUR J'AI L'IMPRESSION DE MENDIER...
MOI, JE NE DEMANDE PAS, JE PRENDS !
JE N'AI JAMAIS DE DEMANDE ... COMME ÇA JE NE SUIS JAMAIS DÉÇU !

Savoir demander

Nous tentons de combler l'immense fossé entre des attentes et des réponses par des demandes explicites ou implicites.

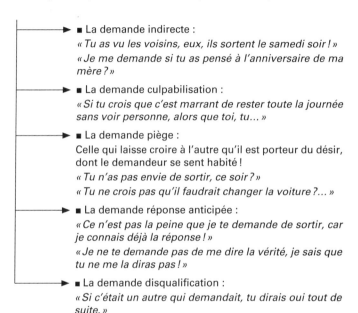

- La demande indirecte :
  « *Tu as vu les voisins, eux, ils sortent le samedi soir !* »
  « *Je me demande si tu as pensé à l'anniversaire de ma mère ?* »

- La demande culpabilisation :
  « *Si tu crois que c'est marrant de rester toute la journée sans voir personne, alors que toi, tu...* »

- La demande piège :
  Celle qui laisse croire à l'autre qu'il est porteur du désir, dont le demandeur se sent habité !
  « *Tu n'as pas envie de sortir, ce soir ?* »
  « *Tu ne crois pas qu'il faudrait changer la voiture ?...* »

- La demande réponse anticipée :
  « *Ce n'est pas la peine que je te demande de sortir, car je connais déjà la réponse !* »
  « *Je ne te demande pas de me dire la vérité, je sais que tu ne me la diras pas !* »

- La demande disqualification :
  « *Si c'était un autre qui demandait, tu dirais oui tout de suite.* »
  « *Je voudrais bien te faire confiance, mais tu ne sais pas garder un secret...* »

❝Les attentes, les exigences les plus impitoyables, les plus violentes, sont celles que je peux avoir parfois avec moi-même.❞

“On dit plus souvent
son manque que son besoin.
Si j'ai soif et qu'il n'y a rien à boire,
je ne dis pas ma soif, je me plains
de ne pas trouver de l'eau !”

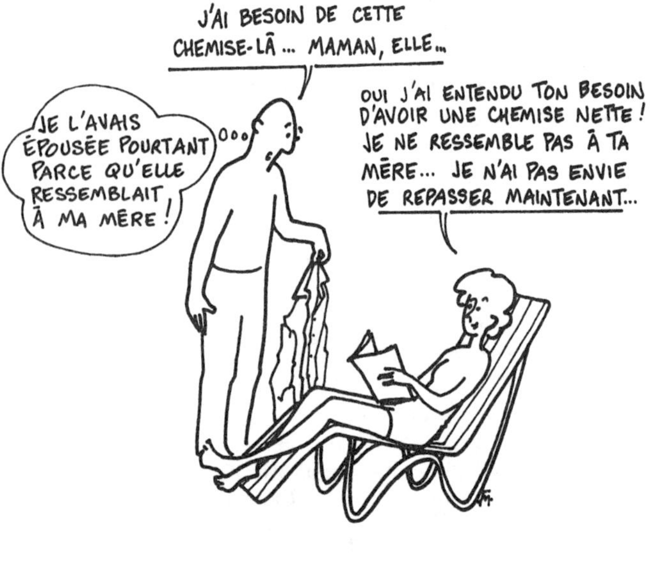
J'AI BESOIN DE CETTE CHEMISE-LÀ... MAMAN, ELLE...
JE L'AVAIS ÉPOUSÉE POURTANT PARCE QU'ELLE RESSEMBLAIT À MA MÈRE !
OUI J'AI ENTENDU TON BESOIN D'AVOIR UNE CHEMISE NETTE ! JE NE RESSEMBLE PAS À TA MÈRE... JE N'AI PAS ENVIE DE REPASSER MAINTENANT...

Savoir demander

Passer du regret, de la déception et de la frustration aux risques assumés de la réponse de l'autre.

■ La non-demande, la demande impossible ou demande paradoxale :

  « Je ne peux pas te rappeler que c'est mon anniversaire et que j'adore les roses... car je voudrais que tu t'en souviennes tout seul... sans que je te le demande. »

■ Il y a aussi des demandes hyper-silencieuses, issues des attentes implicites :

  « Puisque j'ai fait ça pour lui... c'est normal qu'il ait l'idée de faire la même chose pour moi. C'est la moindre des choses. »

Donc, j'attends sans rien demander, et toute mon attitude est orientée vers des demandes impérieuses, silencieuses et culpabilisantes.

Et bien d'autres demandes encore car nous sommes souvent experts dans l'art de saboter une demande.

**Reste alors la possibilité de passer
à la méthode ESPERE
par des demandes ouvertes.
La demande ouverte
est une véritable proposition,
une invitation, un don possible...
qui ne présuppose pas la réponse de l'autre.
C'est une demande libre qui va laisser l'autre
également libre de sa propre réponse.**

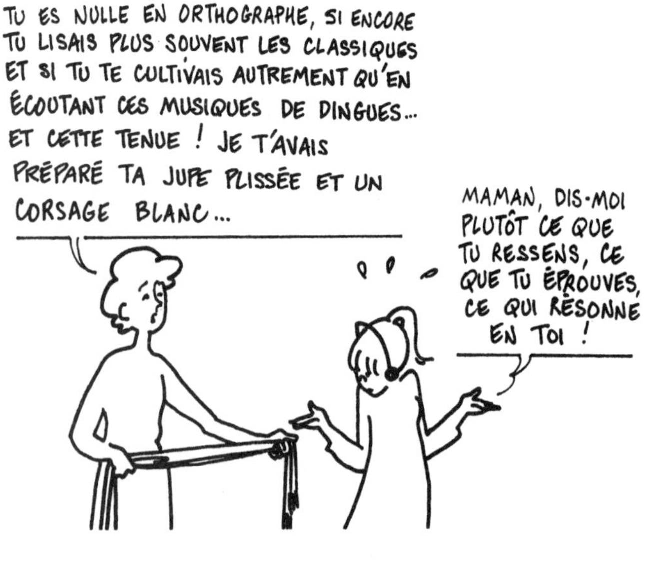
TU ES NULLE EN ORTHOGRAPHE, SI ENCORE TU LISAIS PLUS SOUVENT LES CLASSIQUES ET SI TU TE CULTIVAIS AUTREMENT QU'EN ÉCOUTANT CES MUSIQUES DE DINGUES... ET CETTE TENUE ! JE T'AVAIS PRÉPARÉ TA JUPE PLISSÉE ET UN CORSAGE BLANC...
MAMAN, DIS-MOI PLUTÔT CE QUE TU RESSENS, CE QUE TU ÉPROUVES, CE QUI RÉSONNE EN TOI !

Pour une meilleure expression des demandes

Renoncer aux demandes agressantes à base de :
- plaintes
- accusations
- disqualifications
- reproches directs ou indirects
- culpabilisations
- regrets ou comparaisons

Pour oser des demandes directes, actualisées, concrètes, en prise directe avec l'interlocuteur... adéquat.

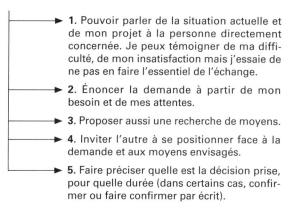

1. Pouvoir parler de la situation actuelle et de mon projet à la personne directement concernée. Je peux témoigner de ma difficulté, de mon insatisfaction mais j'essaie de ne pas en faire l'essentiel de l'échange.

2. Énoncer la demande à partir de mon besoin et de mes attentes.

3. Proposer aussi une recherche de moyens.

4. Inviter l'autre à se positionner face à la demande et aux moyens envisagés.

5. Faire préciser quelle est la décision prise, pour quelle durée (dans certains cas, confirmer ou faire confirmer par écrit).

Une demande non satisfaite... peut être mise en réserve au grenier ou au réfrigérateur (selon sa nature) ! dans l'attente de jours meilleurs.

Pour une meilleure expression des demandes

Principes de base

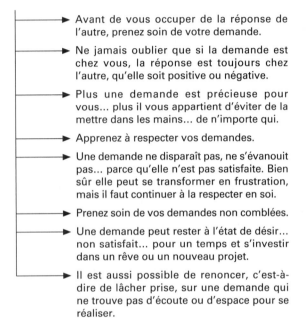

- Avant de vous occuper de la réponse de l'autre, prenez soin de votre demande.

- Ne jamais oublier que si la demande est chez vous, la réponse est toujours chez l'autre, qu'elle soit positive ou négative.

- Plus une demande est précieuse pour vous... plus il vous appartient d'éviter de la mettre dans les mains... de n'importe qui.

- Apprenez à respecter vos demandes.

- Une demande ne disparaît pas, ne s'évanouit pas... parce qu'elle n'est pas satisfaite. Bien sûr elle peut se transformer en frustration, mais il faut continuer à la respecter en soi.

- Prenez soin de vos demandes non comblées.

- Une demande peut rester à l'état de désir... non satisfait... pour un temps et s'investir dans un rêve ou un nouveau projet.

- Il est aussi possible de renoncer, c'est-à-dire de lâcher prise, sur une demande qui ne trouve pas d'écoute ou d'espace pour se réaliser.

❝Toute demande mobilise l'illusion de la toute-puissance infantile, en ce sens que nous avons toujours l'espoir que notre attente sera entendue et comblée.❞

214

Savoir recevoir

Parmi toutes nos ressources relationnelles fondées sur la possibilité de «donner», de «refuser», de «demander» et de «recevoir», ce dernier point apparaît souvent comme étant le plus sujet à des défaillances, à des malentendus ou à des distorsions. C'est un des paradoxes de la relation intime que de s'y découvrir comme un handicapé du recevoir avec les personnes qui nous sont les plus proches! Comme nous devenons un handicapé du recevoir, quand du fait de nos remarques ou de nos attitudes, celui qui nous donne a le sentiment qu'en face nous ne recevons pas.

Nous ressentons de l'amertume dans deux types de situations spécifiques:

• Quand nous ne nous sentons pas suffisamment ouverts pour accueillir le don de l'autre.

• Quand nous ne sommes pas «présents» et ouverts dans l'instant car nous restons tiraillés entre la nostalgie du passé et l'anticipation du futur.

Il ne serait pas excessif de dire que nous sommes, trop souvent, des infirmes du recevoir.

Dans une relation de longue ou de courte durée, nombreux seront les registres dans lesquels nous aurons du mal à recevoir. Tout se passe comme si nous opposions à certaines propositions, à certains élans, à certaines manifestations d'intérêt un refus, une fermeture, une réticence ou un détournement d'intention. Ces difficultés peuvent concerner des domaines aussi différents que des gratifications, des mises en cause, des marques d'intérêt ou encore des cadeaux ou des déclarations d'amour.

Développer le recevoir, c'est:

■ Accepter d'accueillir les différences mais aussi les semblances.

■ Oser aller vers l'imprévisible, qui va nous projeter vers l'inconnu de nous-même.

■ Accueillir la mise en mots de l'autre sans la confondre avec la mise en cause de nous-même.

■ Entendre les critiques sans se sentir détruit ou amoindri.

■ Laisser venir les marques d'amour sans se sentir obligé de les banaliser, de les disqualifier ou de les minimiser.

■ Trouver la bonne distance vis-à-vis de ce qui vient de l'extérieur... dans une «antichambre relationnelle» en créant un sas relationnel, transitionnel, un temps de réflexion, d'intégration qui nous permettra de ne pas introduire trop vite le corps étranger, d'une nouveauté, d'une présence dans notre intimité.

Savoir donner

Avoir la capacité de donner gratuitement, sans contrepartie, sans l'attente d'un retour est une qualité plutôt rare.

Donner, c'est accepter de se séparer pour offrir.

└────────► Cela devient possible quand j'ai le sentiment de ne pas être dépossédé.

« Cela me fait vraiment plaisir de vous donner ce foulard ! »

Donner de l'attention, de l'écoute, offrir sa disponibilité :

└────────► Cela équivaut à se rendre disponible à l'autre.

« Je dispose de mon week-end, si cela peut vous aider, je peux vous donner un coup de main pour votre déménagement. »

« Je me sens disponible si vous souhaitez me parler de ce qui vous tient à cœur. »

Donner un cadeau, un objet sans contrepartie :

└────────► Pouvoir donner sans attendre un retour, en dehors de tant de trocs relationnels.

« C'est un plaisir pour moi de vous proposer la bibliothèque de mon mari décédé, je sais que vous aimez les livres... »

Si mon besoin de donner est trop fort ou trop pressant, je risque d'imposer.

└────────► *« Ce bijou me vient de ma mère. Comme vous le savez, les perles ont besoin de vivre. J'aimerais que vous le portiez souvent. »*

Oser donner librement

Dans certaines relations affectives, nous risquons de donner en abondance ce que justement nous attendons de l'autre sans le demander.

> *« Tu peux m'appeler à toute heure du jour ou de la nuit, surtout n'hésite pas. D'ailleurs, s'il m'arrivait quelque chose, moi, je n'hésiterais pas un seul instant. »*

Donner, c'est aussi d'une certaine façon renoncer dans un premier temps à se privilégier.

> Je donne vraiment quand ce que je donne est unique et ne peut être destiné qu'à la personne à qui je le donne.
>
> Si je donne pour combler des manques, il y a des risques réels pour que j'impose.
>
> *« J'aime Mozart et bien sûr pour son anniversaire je lui ai offert un CD du concerto n° 21. Quand quelques jours après je lui ai demandé :*
>
> *– As-tu écouté mon disque ?*
>
> *Elle m'a regardé étonnée.*
>
> *– Ton disque ou le mien ?*
>
> *J'ai bien compris que donner c'était vraiment donner... »*

**Savoir donner et savoir recevoir :
deux cadeaux inouïs que la vie peut nous offrir
et que nous pouvons apprendre à offrir à la vie.**

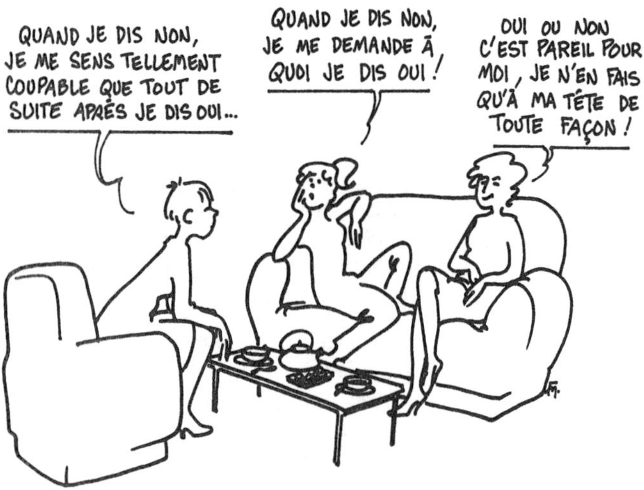
QUAND JE DIS NON, JE ME SENS TELLEMENT COUPABLE QUE TOUT DE SUITE APRÈS JE DIS OUI...
QUAND JE DIS NON, JE ME DEMANDE À QUOI JE DIS OUI !
OUI OU NON C'EST PAREIL POUR MOI, JE N'EN FAIS QU'À MA TÊTE DE TOUTE FAÇON !

Savoir refuser

Apprendre à dire
NON est la base de l'autonomie
et de la liberté d'être. C'est établir une distinction entre
les différents NON qui m'habitent, reconnaître les NON
d'opposition et les NON d'affirmation.

NON de refus centré sur moi

➤ Quand ce qui me vient de l'autre n'est pas bon pour moi.

➤ Les enjeux d'un refus sont multiples et vont avoir des conséquences sur différents plans. Ils peuvent entraîner de l'angoisse, du doute quand je n'ai pas l'approbation de l'autre ; du rejet quand mon refus le blesse ; ou ils peuvent favoriser une confrontation qui laisse émerger des positionnements différenciés.

➤ Un NON d'opposition peut mettre l'autre en difficulté ou lui permettre de modifier son approche.

➤ Un NON d'affirmation peut permettre à l'autre de mieux me situer et à moi-même de me respecter.

➤ Dire NON suppose la capacité de se définir en renonçant à l'approbation d'autrui.

➤ Je peux refuser pour rester cohérent avec ma capacité à recevoir ou à donner.

NON de refus centré sur l'autre

➤ Quand mon NON vise à le punir ou à le priver ou encore à le mettre en difficulté.

➤ Si je suis déjà clair avec tout cela, puis-je dire NON en rappelant que je le dis pour moi, puis-je savoir à quoi je dis OUI, quand je dis NON ?

➤ Refuser, non pour s'opposer, mais pour se différencier et se protéger d'une trop grande emprise.

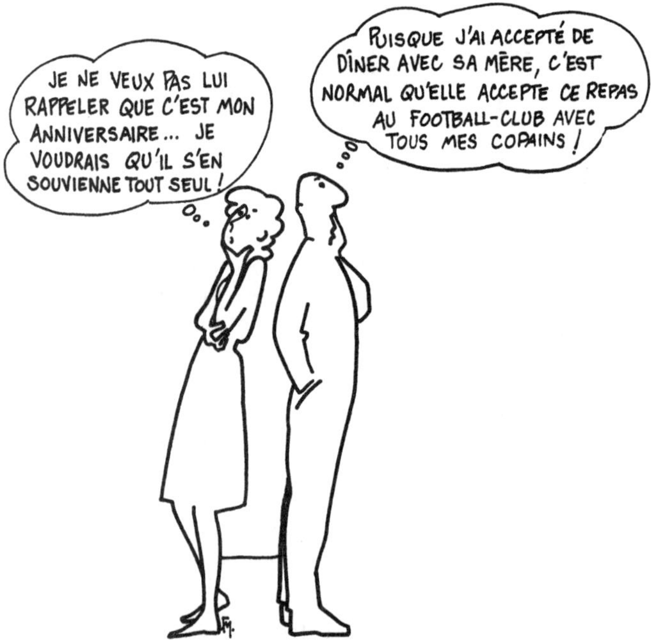
JE NE VEUX PAS LUI RAPPELER QUE C'EST MON ANNIVERSAIRE... JE VOUDRAIS QU'IL S'EN SOUVIENNE TOUT SEUL !
PUISQUE J'AI ACCEPTÉ DE DÎNER AVEC SA MÈRE, C'EST NORMAL QU'ELLE ACCEPTE CE REPAS AU FOOTBALL-CLUB AVEC TOUS MES COPAINS !
FM.

Comment ne pas entretenir le négatif du réactionnel

Je peux réagir par un comportement réponse
à une situation qui me touche
et avoir un positionnement positif ou négatif.
Je peux mieux saisir en quoi je me laisse parfois entraîner
dans le réactionnel.

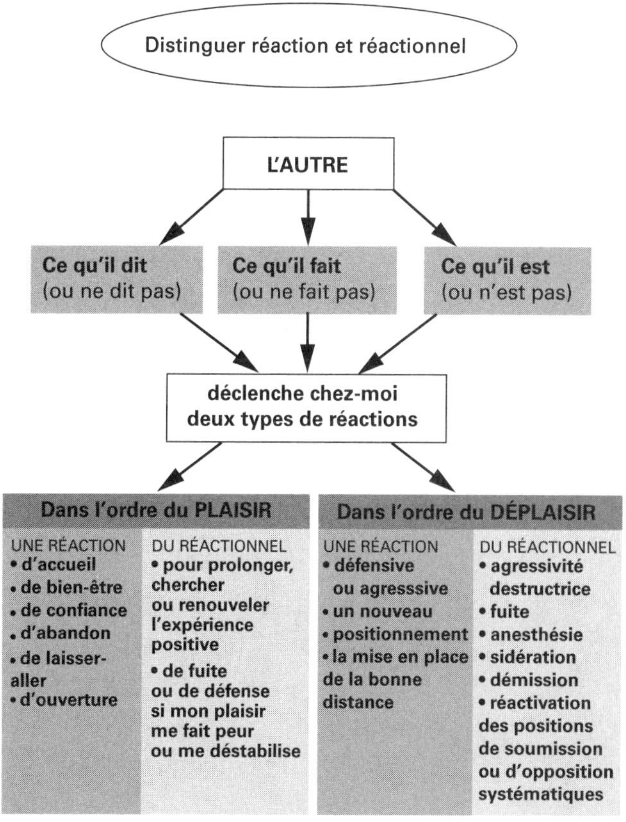

Distinguer réaction et réactionnel

L'AUTRE

| Ce qu'il dit (ou ne dit pas) | Ce qu'il fait (ou ne fait pas) | Ce qu'il est (ou n'est pas) |

déclenche chez-moi deux types de réactions

Dans l'ordre du PLAISIR

UNE RÉACTION	DU RÉACTIONNEL
• d'accueil	• pour prolonger, chercher ou renouveler l'expérience positive
• de bien-être	
• de confiance	
• d'abandon	• de fuite ou de défense si mon plaisir me fait peur ou me déstabilise
• de laisser-aller	
• d'ouverture	

Dans l'ordre du DÉPLAISIR

UNE RÉACTION	DU RÉACTIONNEL
• défensive ou agresssive	• agressivité destructrice
• un nouveau positionnement	• fuite
• la mise en place de la bonne distance	• anesthésie
	• sidération
	• démission
	• réactivation des positions de soumission ou d'opposition systématiques

221

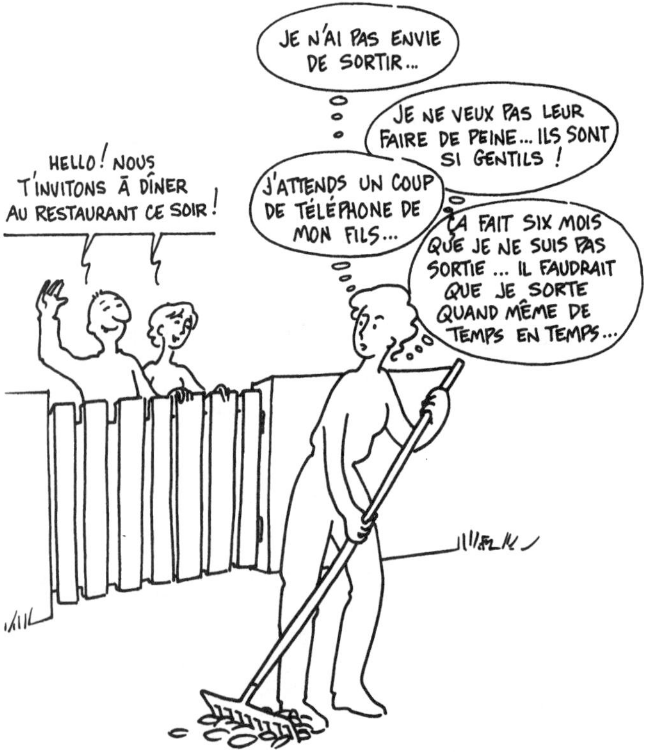
HELLO ! NOUS T'INVITONS À DÎNER AU RESTAURANT CE SOIR !
JE N'AI PAS ENVIE DE SORTIR...
JE NE VEUX PAS LEUR FAIRE DE PEINE... ILS SONT SI GENTILS !
J'ATTENDS UN COUP DE TÉLÉPHONE DE MON FILS...
ÇA FAIT SIX MOIS QUE JE NE SUIS PAS SORTIE ... IL FAUDRAIT QUE JE SORTE QUAND MÊME DE TEMPS EN TEMPS...

Comment ne pas entretenir le négatif dans le réactionnel

Nous ne confondons pas une réaction défensive ou agressive ponctuelle avec une conduite réactionnelle qui s'inscrit dans la durée

La réaction défensive ou agressive

- Elle se situe dans l'ici et maintenant de la rencontre.
- Elle est en relation directe avec l'élément déclencheur.
- Elle est de l'ordre du vivant dans le sens où elle soutient la survie.
- Elle est une des conduites d'adaptation à la réalité.

Le réactionnel

- Vise à mettre l'autre en difficulté et nous maintient également dans la difficulté.
- C'est un mode souvent répétitif, relié à un événement du passé plus ou moins proche au sujet duquel il n'y a pas eu de mise en mots.
- Il est lié au réveil d'une blessure ancienne, au retentissement.
  Il peut se traduire par de la violence, mais aussi par de l'inertie, de la passivité,
  «De toute façon, je ne serai pas entendu… »
  quand il y a eu trop de souffrance accumulée (un peu comme l'enfant qui a trop mal et qui ne pleure plus).
- La carapace nous protège dans un premier temps en nous faisant anticiper la réponse de l'autre, mais elle nous enferme dans un second temps en nous anesthésiant.

**Le réactionnel est l'ennemi de la communication,
il sabote le partage, il dévoie la rencontre. Il instaure un terrorisme
relationnel à l'encontre de soi-même par une confusion entre
la personne et son comportement à un moment donné.**

MOI JE SAIS QUE JE L'AIME MAIS JE SAIS QU'IL N'EST PAS TRÈS ENGAGÉ DANS CETTE RELATION... SEULE LA RENCONTRE SEXUELLE L'INTÉRESSE... CHAQUE FOIS QUE JE LE VOIS, J'AI ENVIE DE LÂCHER LA RELATION... C'EST QUAND JE NE LE VOIS PAS QUE J'AI ENVIE DE LE GARDER...

J'AI BEAUCOUP DE PLAISIR AVEC ELLE MAIS J'AI PEUR D'ÊTRE COINCÉ PAR SON AMOUR, SI JE M'ATTACHE JE RISQUE D'ÉTOUFFER ! CHAQUE FOIS QU'ON SE VOIT, C'EST CHOUETTE ... C'EST APRÈS QUE J'AI ENVIE DE LA QUITTER !

Comment ne pas entretenir le négatif dans le réactionnel

Ne plus cultiver le réactionnel, c'est

- Accepter de lâcher prise : renoncer au contrôle ou au maintien de son influence.

- Renoncer au ressentiment en ne cultivant plus la plainte, le reproche, l'accusation et la mise en cause de l'autre.

- Oser une mise en mots : en nommant non seulement les faits mais aussi son ressenti, son propre vécu.

- Restituer les violences reçues, en ne gardant chez soi ni les violences verbales, ni les violences morales ou physiques. La symbolisation et la mise en œuvre d'actes symboliques favorisent ce positionnement relationnel.

- Accepter de recevoir ce qui vient de l'autre, dans l'ici et maintenant, en relativisant chaque échange par rapport à sa réalité actuelle.

- Accepter de se dire, de se positionner clairement pour ne pas se laisser définir par l'autre.

- Renoncer à son cinéma intime qui, souvent, conditionne notre imaginaire et donc l'écoute et l'entendre.

- Ne plus anticiper la réponse ou le comportement de l'autre en ne prêtant pas d'intention, en ne faisant pas de suppositions dans des buts cachés ou inavoués chez autrui.

- Apprivoiser l'humilité, en acceptant que toute situation de rencontre contient une part de mystère et de liberté qui nous échappe.

Pour

> **Vivre pleinement l'imprévisible de la rencontre dans l'instant présent.**

“Le pseudo-respect est un poison
des plus subtils dans les relations humaines.
Il consiste à penser à la place de l’autre
ce qui est bon ou mauvais pour lui,
souhaitable ou non souhaitable.
Il entraîne auto-privation pour soi-même
et souvent hétéro-privation pour autrui.”

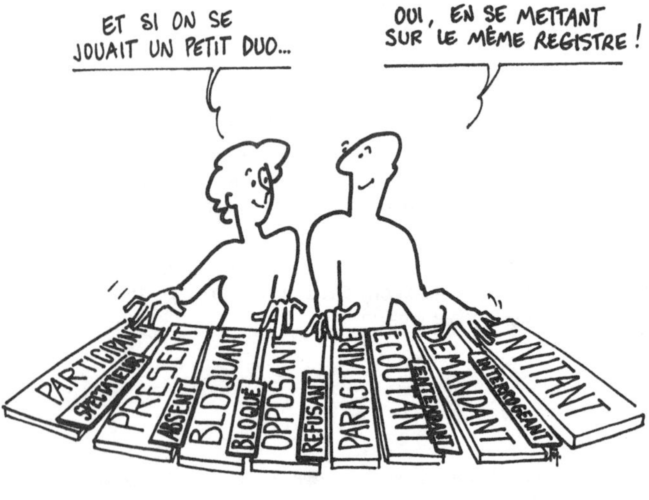
ET SI ON SE JOUAIT UN PETIT DUO...
OUI, EN SE METTANT SUR LE MÊME REGISTRE !
PARTICIPANT
SPECTATEUR
PRESENT
ABSENT
BLOQUANT
BLOQUÉ
OPPOSANT
REFUSANT
PARASITAIRE
ÉCOUTANT
ENTENDANT
DEMANDANT
INTERROGEANT
INVITANT

CONCERTO CONJUGAL

Claviers ou registres relationnels
qui sont à notre disposition

Dans toute rencontre, il existe 8 registres relationnels, valables pour toute relation, que nous allons mettre en jeu soit de façon simple et alternée, soit de façon rigide et monolithique. Chacun de ces registres donne une coloration particulière à la relation.

1. Spectateur   Participant minimaliste

Forme de participation variant d'une IMPLICATION MINIMALE à une IMPLICATION RÉSERVÉE. Je me présente comme non concerné ou peu impliqué dans l'échange.

2. Présent   Absent

IMPLICATION MINIMALE. Je suis présent physiquement mais peu concerné, pas touché ou non stimulé par le contenu des échanges.

3. Bloquant   Bloqué

Je suis fermé, inhibé, passif et je peux devenir réactionnel en bloquant les échanges. IMPLICATION MAXIMALE, PASSIVE OU… ACTIVE.

4. Opposant   Refusant

IMPLICATION MAXIMALE avec énergie négative. Je m'oppose, je refuse et je rejette tout ce qui vient de l'autre.

5. Parasitaire   Dépendant

IMPLICATION MAXIMALE sans retour de ma part. Je consomme la relation à mon profit sans rien en restituer.

6. Écoutant   Entendant

IMPLICATION RÉSERVÉE car je me suis décentré de moi et plutôt centré sur autrui. Mon éventail de disponibilité :
• de l'écoute active à l'écoute participative.
• d'écoutant à stimulant-répondant.

7. Demandant   Interrogeant

J'ai une IMPLICATION VARIABLE au travers de :
• demandes actives explicites – ouvertes, ou de
• demandes passives implicites – déplacées sur d'autres contenus moins impliquants.

8. Invitant   Proposant

IMPLICATION DISTANCIÉE. Attitude la plus riche si elle n'est pas envahie par mes propres désirs ou par mes peurs. Mais cette attitude est souvent combattue par un comportement culturel : le pseudo-respect.

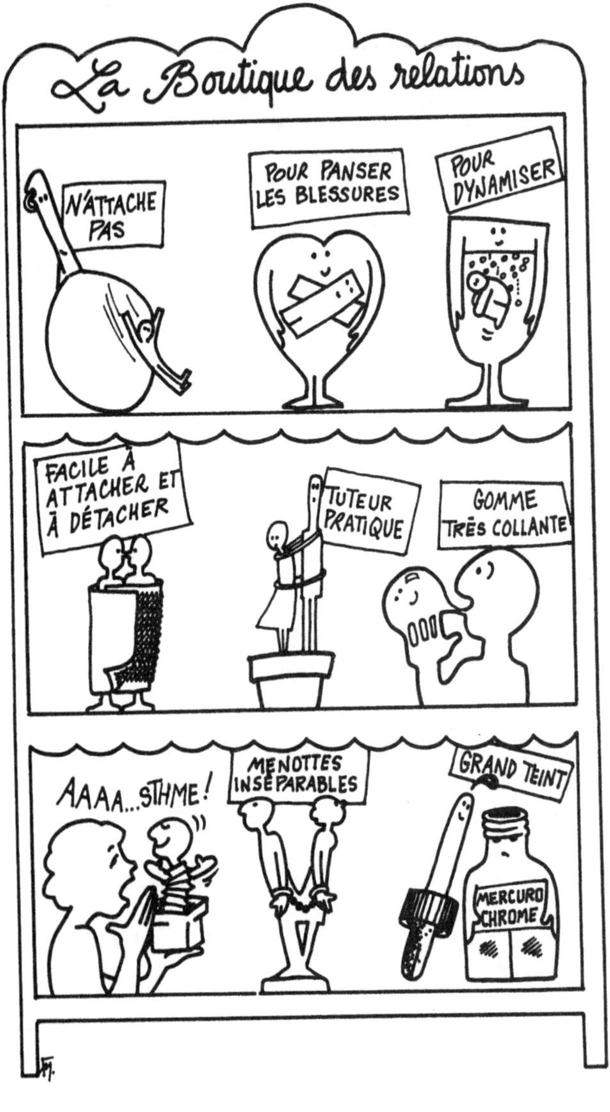
La Boutique des relations
N'ATTACHE PAS
POUR PANSER LES BLESSURES
POUR DYNAMISER
FACILE À ATTACHER ET À DÉTACHER
TUTEUR PRATIQUE
GOMME TRÈS COLLANTE
AAAA...STHME!
MENOTTES INSÉPARABLES
GRAND TEINT
MERCURO CHROME

Les relations que vous allez rencontrer...

■ La relation **Téfal**... celle qui n'attache pas et où l'on ne s'attache pas !

■ La relation **chewing-gum**... celle qui colle, qui englue.

■ La relation dite « **casserole de Marie-Louise** ». Ma mère, Marie-Louise, avait une casserole à laquelle, pour d'obscures raisons, elle tenait beaucoup. Cette casserole « accrochait », c'est-à-dire qu'elle gardait toujours au fond un morceau de ce qu'on faisait cuire dedans. C'est le type même de la relation douloureuse, car on y laisse toujours un morceau de soi... parfois le meilleur.

■ La relation **sparadrap**... ou **aspirine** pour panser ou cacher des blessures que l'on fait... à l'autre.

■ La relation **béquille** ou « **infirme-hier** »... qui vous transforme en tuteur, en soutien pour que l'autre puisse tenir debout.

■ La relation **vitamine C**... qui vous dynamise.

■ La relation **mercurochrome** qui soigne superficiellement... les blessures que l'on se fait à soi-même.

■ La relation **Araldite**... celle qui résiste à toutes les trahisons, à toutes les violences.

■ La relation **bretelles de grand-père**... qui retient toutes vos inquiétudes.

■ La relation **issue de secours**... essentiellement proposée pour échapper à une autre relation... qui vous engagerait trop.

■ La relation **polystyrène** expansé... qui isole mais risque de vous étouffer.

■ La relation **asthme**. Qui étouffe ou étrangle l'un ou l'autre des protagonistes. *« J'ai tout fait pour lui. »*

■ La relation **oxygène**... qui vous donne une bouffée d'air.

■ La relation **menottes**... qui vous ligote les mains et parfois les pieds.

■ La relation **Velcro**... qui attache et détache à la demande.

■ La relation **pépinière**... très fréquente dans certaines relations amoureuses, car elle permet à celui qui a grandi, qui s'est épanoui dedans... de vous quitter.

■ La relation **T.V.** qui permet de ne pas se rencontrer, de ne pas échanger, et surtout de ne rien partager en mettant en permanence l'écran d'un poste de T.V. entre vous et l'autre.

■ La relation **comptable du trésor**... proposée par celui qui compte tout ce que vous lui devez... en ne le donnant pas.

**Quelle est celle
que vous proposez le plus fréquemment ?**

JE M'INTERROGE ! AVONS-NOUS LES MÊMES DEMANDES ?
JE ME DEMANDE SI ELLE PENSE À LA MÊME CHOSE QUE MOI !
FONCTIONNELLE
affective
SEXUÉE
transférentielle
SYMBOLIQUE
archaïque

Les différentes strates
de la communication

La communication la plus apparente est souvent le fait d'échanges à caractères fonctionnels à partir de projets ou d'une production commune ou d'échanges informels sur la base d'une circulation d'information.

1. FONCTIONNELLE *à partir d'un faire-ensemble ou INFORMELLE partager l'information*	**Niveau le plus manifeste et le plus apparent mais pas nécessairement le plus réel**
	Vie commune / Engagement parental / Engagement professionnel / Tâche / Production / Partcipation sociale
	Veiller à introduire des régularisations, sinon pollution garantie
	Efficience / Bien-être par tâtonnements et ajustements ou Crises / Déséquilibre de la relation / Conflits
2. AFFECTIVE à partir de plusieurs mouvements	**Manifestation positives** d'Attirance / d'Amour / d'Ambivalence **Manifestations négatives** de Rejet / de Haine
3. SEXUÉE (ne veut pas dire sexuelle)	**Ensemble des signaux** de confirmation ou infirmation de son identité sexuelle comme homme ou comme femme
4. TRANSFÉRENTIELLE	**Éléments inconscients** qui nous renvoient aux personnes significatives de notre histoire
5. SYMBOLIQUE	**Phénomènes, attitudes, événements réels ou imaginaires** qui prennent sens et nous relient à des enjeux, à des fidélités, à des réparations possibles vis-à-vis de notre position de vie de scénarios
6. ARCHAÏQUE	**Strate la plus enfouie** qui se structure autour de deux pôles Le désir de Fusion (semblance) — Le besoin de Défusion (différence) pour garder une indentité propre et unique.

Les strates 2, 3, 4, 5 et 6 auront tendance à remonter, à infiltrer la strate 1. Et le plus souvent, beaucoup d'énergie sera dépensée pour nier, refouler ou empêcher les effets de cette infiltration. Des relations saines seront celles qui prendront en compte la présence et la reconnaissance de toutes ces strates.

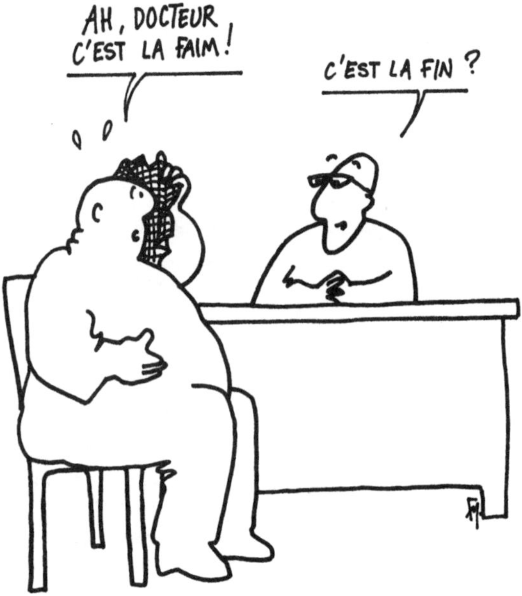
AH, DOCTEUR C'EST LA FAIM !
C'EST LA FIN ?

Du dialogue au partage
Les possibles du partage

Un des aboutissements du dialogue est le partage,
avec les possibles d'une ouverture,
d'une réciprocité et d'une mutualité
dans l'échange.

■ Quand j'ai toujours
plus de liberté
et de plaisir...

■ Quand j'ai toujours
plus de plaisir
et de liberté à inviter...

... à me dire
- dans mes idées,
- dans mes ressentis,
- dans mes contradic-
  tions,
- dans mes désirs,
- face à mes peurs

... l'autre à se dire
- avec ses idées,
- avec ses ressentis,
- avec ses contradictions,
- avec ses désirs,
- et aussi avec ses peurs

*... à pouvoir aussi
exprimer*

ce qui de l'autre
n'est pas bon
pour moi

*... à favoriser
son expression*

pour témoigner
de ce qui de moi
n'est pas bon pour
lui/elle

... pour entendre

ce qui de moi
n'est pas bon
pour l'autre

*... pour accepter
d'entendre*

ce qui de moi
n'est pas bon
pour lui/elle

*Je nourris
la mise
en commun*

Agrandir le dialogue
en développant le partage, peut se concevoir
comme une amplification mutuelle.

SIDA
CALAMNITE
PROGRES
MEDECINE
ESPOIR
GUERRE
ET PAIX
OURAGAN
TRAVAIL
PENURIES
OUI ET NON
IMPOTS
TAXES
CHOMAGE
ANPE
POLLUTION
TOXINES
TERRORISTE
INTÉGRISME
INCAPABLE
AFFAIRES
SCANDALE
MARCHAND
D'ARMES
NULLITE
BEURK
BOF
été soleil
rire
aimer
enchantée
danser sourire
lumière parfum
écouter jardins
oiseaux construire
envie source
Regard Harmonie
Beauté Sérénité
Equilibre
Entente
Musique
Féerie Art
Emerveiller
Donner
Aube Coeur
Ciel Conte
Voyage
Bonté
Eternité Enfance

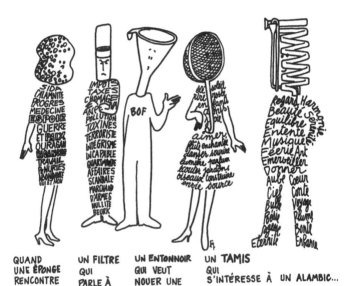

QUAND
UNE ÉPONGE
RENCONTRE

UN FILTRE
QUI
PARLE À

UN ENTONNOIR
QUI VEUT
NOUER UNE
RELATION AVEC

UN TAMIS
QUI
S'INTÉRESSE À UN ALAMBIC...

Les cinq grandes dynamiques relationnelles

**« Dis-moi ce que tu retiens,
je ne te dirai pas ce que tu es,
mais je saurai comment tu souffres. »**

Ces cinq grandes dynamiques relationnelles auxquelles nous sommes confronté et que nous proposons implicitement à autrui, nous les pratiquons ou nous les rencontrons au quotidien.

1. L'éponge

Celui qui absorbe tout dans un amalgame confusionnel, depuis les malheurs, catastrophes, épidémies, souffrances individuelles et collectives jusqu'aux bonheurs petits et grands !
Mais, comme quand l'eau potable est mélangée avec de l'eau de vidange... rien n'est bon à la sortie du tuyau ! À la longue, le monde des éponges devient grisâtre ou a irrémédiablement mauvais goût.

2. Le filtre

Celui qui retient surtout le mauvais, en laissant passer le bon sans rien en garder, sans même le voir ! Vivre avec un « filtre » est très décourageant, épuisant. Vous avez le sentiment d'être vraiment nul dans tous les domaines. Quoi que vous proposiez... le filtre ne semble garder que le négatif. Fuyez !

3. L'entonnoir

Simple et direct comme un entonnoir, celui-là ne garde rien. Il laisse tout passer, le bon et le mauvais. Il traverse la vie en état de manque permanent ou totalement anesthésié.
Ce n'est pas vous, bien sûr... c'est l'autre.

Les cinq grandes dynamiques relationnelles

4. Le tamis

└──▶ Celui-ci sait garder le bon et laisser passer le mauvais. Il trouve son compte à capter les rires, les douceurs, le positif, les possibles de l'existence. Il ne s'encombre pas de déchets, laisse la pollution à l'extérieur de la relation. C'est bon, de vivre avec un tamis !

S'il s'y ajoute de l'humour, de la fantaisie, de la capacité à dédramatiser... c'est encore meilleur !

5. L'alambic

└──▶ Celui-là sait métamorphoser, transmuter une situation, un échange, une expression ou un simple mot et en extraire l'essentiel, pour en retenir le bon, le lumineux ou l'essence.

Il suscite de mystérieuses résonances, il ouvre à des émerveillements et à des étonnements dont la trace nous prolonge bien au-delà de nous-même.

Il n'y a pas de modèle sur la façon de se comporter face à l'une ou l'autre de ces dynamiques. Il y a à les repérer et à ne pas se laisser enfermer dedans.

Savez-vous avec qui vous travaillez ?
Savez-vous avec qui vous vivez ?
Savez-vous avec qui vous vous engagez ?
Savez-vous aussi ce que vous proposez à l'autre ?

Une relation vivante doit être alimentée pour rester... vivante

Ne pas confondre

Nourrir la relation

(Moi)
(L'autre)
A
m
m
B
(Messages)

Nourrir l'image de soi

(Moi)
(L'autre)
A
B
m
m
A
(Messages réels)

(La belle image de moi)

Ainsi,
quand je suis surtout préoccupé d'alimenter la bonne image de moi en tant que :

- ***Mère/Père***
- ***Fille/Fils***
- ***Épouse/Époux***
- ***Amante/Amant***
- ***Professionnelle/ Professionnel***
- ***Partenaire social***

Je risque
de stériliser la relation, car j'attends que ce que j'envoie à l'autre... me revienne tôt ou tard (relation boomerang).

Alimenter une relation, c'est apprendre à être (ou à devenir) conscient de ce que je fais passer.

Dans la relation
vers et pour l'autre

- ***Sans nécessité de réciprocité.***
- ***En ayant le souci de me respecter et de la respecter.***

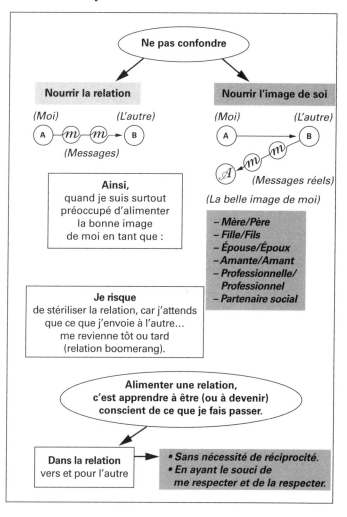

Le nourrissement d'une relation

La rencontre est toujours périlleuse car nichée entre des attentes (mal connues, changeantes, évolutives) et des réponses possibles et actuelles.

Au-delà de la rencontre, créer une relation c'est aussi s'engager à l'entretenir.

Apprendre à nourrir une relation qui est importante pour nous, c'est connaître le champ des possibles à l'intérieur de cette relation.

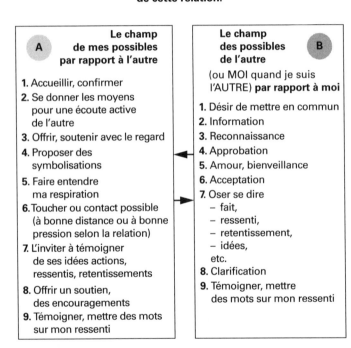

A Le champ de mes possibles par rapport à l'autre

1. Accueillir, confirmer
2. Se donner les moyens pour une écoute active de l'autre
3. Offrir, soutenir avec le regard
4. Proposer des symbolisations
5. Faire entendre ma respiration
6. Toucher ou contact possible (à bonne distance ou à bonne pression selon la relation)
7. L'inviter à témoigner de ses idées actions, ressentis, retentissements
8. Offrir un soutien, des encouragements
9. Témoigner, mettre des mots sur mon ressenti

B Le champ des possibles de l'autre (ou MOI quand je suis l'AUTRE) **par rapport à moi**

1. Désir de mettre en commun
2. Information
3. Reconnaissance
4. Approbation
5. Amour, bienveillance
6. Acceptation
7. Oser se dire
   – fait,
   – ressenti,
   – retentissement,
   – idées,
   etc.
8. Clarification
9. Témoigner, mettre des mots sur mon ressenti

Tout cela au travers de :
ses/mes possibles, ses/mes besoins, ses/mes attentes implicites et explicites, ses/mes tolérances et ses/mes intolérances.

Quelques règles élémentaires d'hygiène relationnelle pour assainir une relation

1. Utiliser la confirmation sans pratiquer l'appropriation : je laisse chez l'autre ses sentiments, son point de vue, son opinion.

    Je ne m'empare pas de la parole sur moi pour me faire souffrir avec.

2. Éviter la comparaison : je me considère comme unique dans l'ici et maintenant d'une situation.

3. Supprimer les jugements de valeur sur la personne, sur les comportements, sur les paroles ou sur les actes.

4. Ne pas parler sur l'autre mais à l'autre, en arrêtant de pratiquer la relation Klaxon (tu, tu, tu...).

5. Ne jamais mettre dans une relation ce qui appartient à une autre. Chaque relation a une dynamique au présent qui lui est propre.

6. Prendre le risque de confronter mes ressentis, mes points de vue, mes désirs avec ceux de l'autre. Découvrir la différence en termes d'apposition et non d'opposition.

7. Accepter de renoncer à l'approbation de l'autre pour confirmer ma position. Prendre le risque de m'affirmer.

8. Ne pas confondre celui qui parle avec ce dont il parle. J'entends le problème et j'écoute la personne qui le vit.

9. Respecter le territoire de mon intimité, celui de l'autre, en ne parlant pas sur lui ou de lui en dehors de sa présence.

10. Reconnaître les pièges de mes propres projections : quand je dépose sur l'autre quelque chose qui me concerne.

❝Nous apprenons à nos enfants à se laver,
à se coiffer, à se laver les dents ou à se couper
les ongles, nous pourrions leur apprendre
quelques règles d'hygiène relationnelle
élémentaires !❞

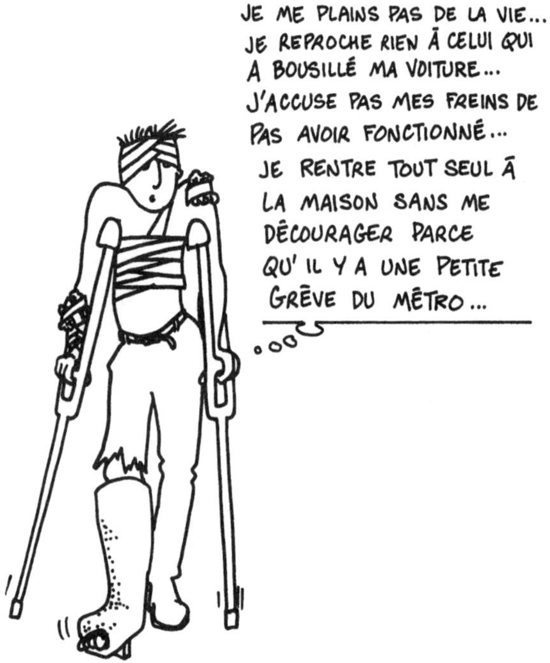

JE ME PLAINS PAS DE LA VIE...
JE REPROCHE RIEN À CELUI QUI
A BOUSILLÉ MA VOITURE...
J'ACCUSE PAS MES FREINS DE
PAS AVOIR FONCTIONNÉ...
JE RENTRE TOUT SEUL À
LA MAISON SANS ME
DÉCOURAGER PARCE
QU'IL Y A UNE PETITE
GRÈVE DU MÉTRO...

Évolution possible d'une relation insatisfaisante

Règle de base :
RENONCER
à pratiquer la victimisation
La plainte
La dénonciation
L'accusation ou les reproches
– Direct(es)
– Explicit(es)
ou
– Indirect(es)
– Tacite(s)
Pour prendre le risque
de me définir,
de me positionner,
de m'affirmer
par une implication personnelle

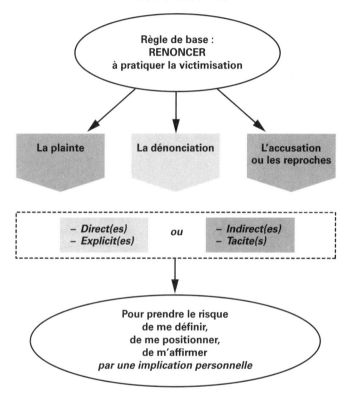

Cela veut dire : oser une mise en mots de mon ressenti.

- À ne pas confondre avec une mise en cause de l'autre (ce qu'il a fait, ce qu'il n'a pas fait, ce qu'il a dit ou n'a pas dit).
- Oser une mise en paroles avec des mots à moi.
- Parler de moi et non sur l'autre.
- Commencer à entendre... pour éventuellement comprendre.

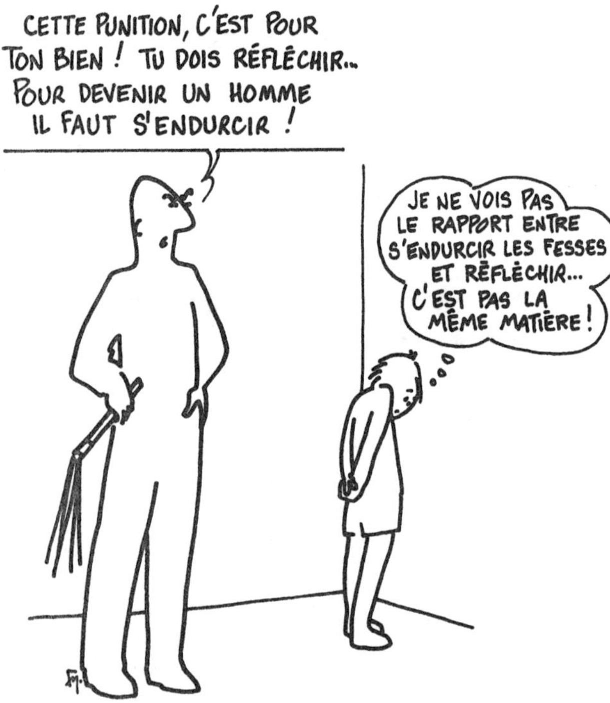
CETTE PUNITION, C'EST POUR TON BIEN ! TU DOIS RÉFLÉCHIR... POUR DEVENIR UN HOMME IL FAUT S'ENDURCIR !
JE NE VOIS PAS LE RAPPORT ENTRE S'ENDURCIR LES FESSES ET RÉFLÉCHIR... C'EST PAS LA MÊME MATIÈRE !

Renoncer
au terrorisme relationnel

J'appelle
Terrorisme Relationnel

l'ensemble des pressions ou des *violences verbales,
morales, physiques*

que

je suis capable de produire, d'exercer

sur quelqu'un de proche, que j'aime, que je veux protéger
ou maintenir en dépendance.

Tout cela au nom de l'amour que j'ai pour lui,

au nom de mes croyances, de mes convictions
ou de mes certitudes,

de mon statut ou de ma position sociale.

*Une bonne foi trop aveugle, la rigidité et l'intransigeance
sont le terreau du terrorisme relationnel.*

Arguments habituels

– « *C'est pour ton bien.* »
– « *C'est parce que je tiens à toi.* »
– « *Je te comprends mieux que tu ne te comprends.* »
– « *Je sais pour toi.* »

Moteurs principaux

– L'ensemble des désirs et des peurs déposés sur l'autre.
– Besoin de dominer.

Carburant

Désir de

– Alimenter la belle image que je nourris de
moi en tant que : – mari, femme
– père, mère
– professionnel, citoyen
– ami...

– Garder la position haute de domination ou
d'emprise.

– Renforcer mes croyances ou le bien-fondé
de mon point de vue.

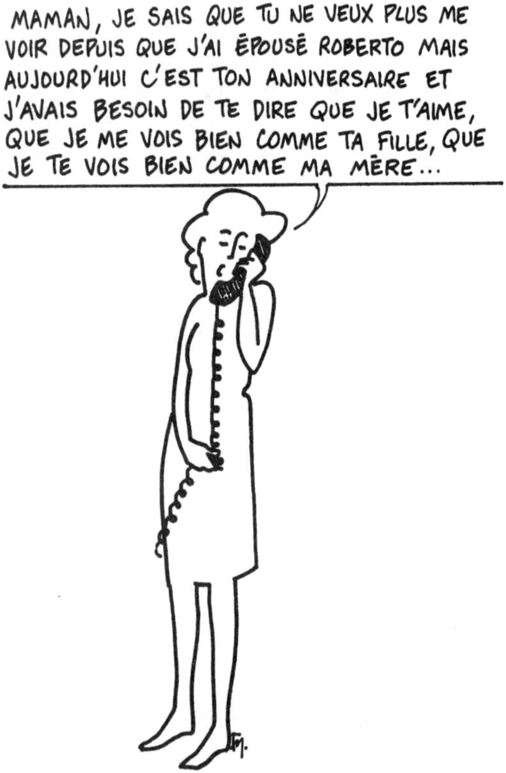
MAMAN, JE SAIS QUE TU NE VEUX PLUS ME VOIR DEPUIS QUE J'AI ÉPOUSÉ ROBERTO MAIS AUJOURD'HUI C'EST TON ANNIVERSAIRE ET J'AVAIS BESOIN DE TE DIRE QUE JE T'AIME, QUE JE ME VOIS BIEN COMME TA FILLE, QUE JE TE VOIS BIEN COMME MA MÈRE...

Prise en charge d'une relation blessée

par celui qui se sent le plus engagé dans la relation

Si une relation entre A et B est meurtrie ou maltraitée, mais qu'elle reste essentielle, vitale[1] ou chargée de sens[2] soit pour A, soit pour B

A   Il appartiendra à A ou B de

CONTINUER

- à rester relié (ce qui ne veut pas dire attaché, ligoté ou étranglé)
- à nourrir le lien (alimenter la relation à son bout à soi)
  - même sans retour,
  - même sans réciprocité
- à prendre soin de trouver la bonne distance dans cette relation

Quand une relation est significative pour vous…
il est de votre responsabilité
de l'entretenir, quels que soient les efforts de l'autre
pour la saboter ou la maltraiter.

Établissement d'un contrat paradoxal si un lien est essentiel

Il se doit d'être alimenté, nourri,
entretenu par celui qui est le plus dans la « demande »
- avec des stimulations
- avec une valorisation
- avec une confirmation
- avec une reconnaissance

« Je me vois bien comme le père de mes enfants, même si tu penses que je n'aurais pas dû divorcer. »

(1) Relations parentales par exemple.
(2) Relations amoureuses ou amicales.

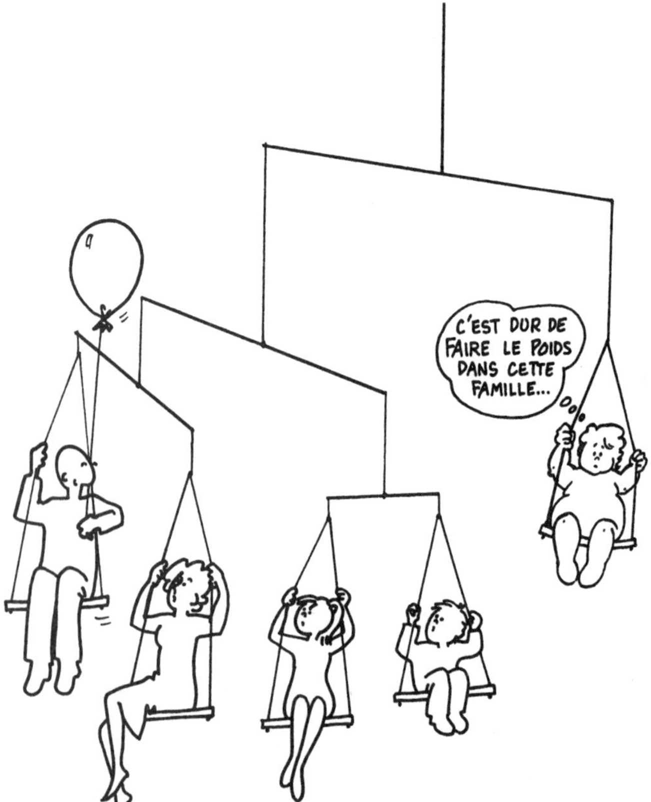
C'EST DUR DE FAIRE LE POIDS DANS CETTE FAMILLE...

Relations asymétriques et symétriques

Une relation en santé qui favorise un bien-être des protagonistes en présence suppose un mouvement d'alternance entre la position haute (celui qui influence) et la position basse (celui qui accepte ou subit l'influence).

1. La plupart des relations professionnelles sont essentiellement asymétriques

A
exerce une influence sur autrui
B
qui l'accepte, la tolère ou la subit.

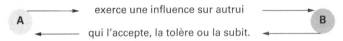

Dans cette relation, si le retour de l'influence de B sur A n'est pas possible, il n'y a pas de réciprocité.

C'est la rigidification de cette dynamique qui va déclencher malentendus, tensions, malaises et conflits. Dans ce cas, la relation (quels que soient l'intérêt qu'elle présente ou l'intensité des sentiments qui y circulent) va se déséquilibrer, se stériliser.

2. Certaines relations personnelles sont aussi asymétriques

- Dans un couple, quand l'un des deux définit le plus souvent la relation, les projets, le présent et le futur et que l'autre se soumet ou accepte pour éviter le conflit.
- Dans la relation parentale... quand les enfants sont petits ![1]

3. Il y a chez la plupart d'entre nous...

Le désir d'établir une réciprocité, d'exercer une influence ou de retrouver une symétrie d'influence dans les relations de longue durée.

A
B

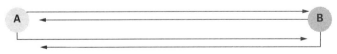

(1) Certains parents vivent mal le renversement de l'asymétrie à l'adolescence, l'adolescent soumis à la pression de son besoin de s'affirmer provoque le conflit pour se structurer et se différencier.

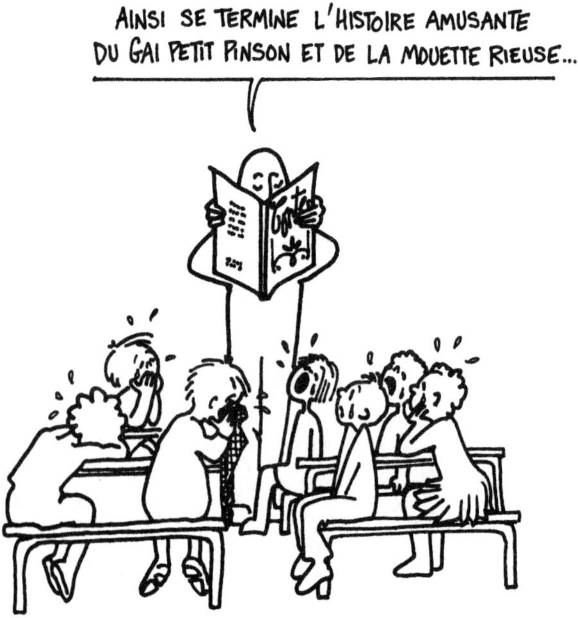
AINSI SE TERMINE L'HISTOIRE AMUSANTE DU GAI PETIT PINSON ET DE LA MOUETTE RIEUSE...

Le cycle de l'émotion

Les émotions ne peuvent jamais être négatives, car elles traduisent un ressenti juste chez celui qui les vit. C'est l'élément déclencheur qui sera vécu comme positif ou négatif.

Nos émotions sont des langages,
Et, au-delà des émotions « affectives » telles que les pleurs et les rires, nous disposons de toute une gamme d'expressions pour traduire ce qui est touché dans notre sensibilité, dans des zones vulnérables.

- mimique de désapprobation
- attitude de jugement
- colère (gestes, cris, silences...)
- violence (verbale, physique)
- silence de réprobation ou de rejet
- crispation ou raidissement de refus.

■ Le comportement de l'autre n'est pas lié à ce que je suis, à ce que j'ai dit, pas dit, fait ou pas fait.

■ Ses émotions tentent de traduire ce qu'il éprouve en termes de plaisir, de ressenti de perte, de sentiment d'abandon, de rejet, de déceptions, de frustrations.

■ Son comportement n'est pas lié à moi, mais à ce qui est touché, rejoint, amplifié ou blessé en lui.

■ L'intensité des émotions n'est pas liée à l'attitude, aux paroles ou au comportement de l'autre, mais à ce qui a été touché, réactivé chez celui qui la vit.

■ Si l'accord, la bienveillance ou l'approbation de l'autre sont importantes pour moi... je suis d'autant plus atteint.

L'AUTRE
Messages
Paroles
Attitudes
Gestes
Comportements
IMPACTS
ÉMOTIONS
Blessure ancienne
Zone
de vulnérabilité
Doute
Non-confiance
Réminiscences
douloureuses
MOI

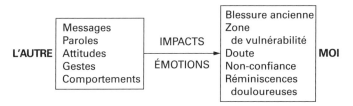

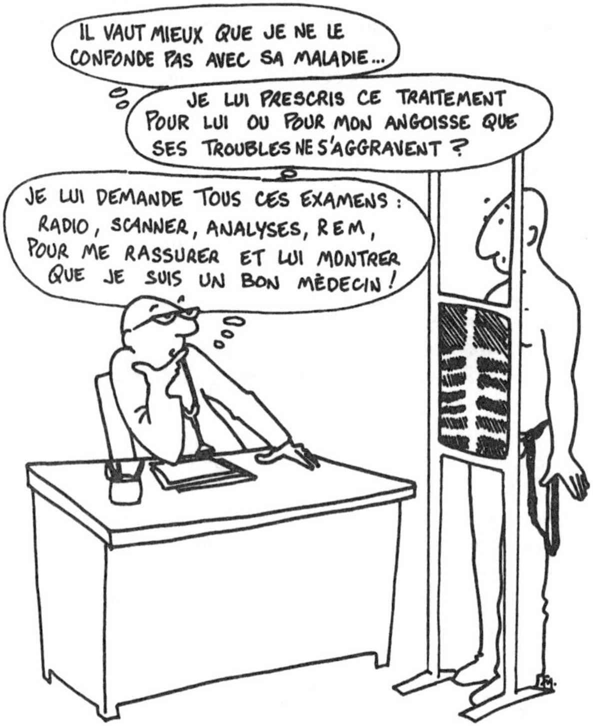
IL VAUT MIEUX QUE JE NE LE CONFONDE PAS AVEC SA MALADIE...
JE LUI PRESCRIS CE TRAITEMENT POUR LUI OU POUR MON ANGOISSE QUE SES TROUBLES NE S'AGGRAVENT ?
JE LUI DEMANDE TOUS CES EXAMENS : RADIO, SCANNER, ANALYSES, REM, POUR ME RASSURER ET LUI MONTRER QUE JE SUIS UN BON MÉDECIN !

Le concept de soins relationnels

Ce concept est fondé sur l'hypothèse que toutes les maladies et somatisations, quel que soit leur élément déclencheur, sont aussi des langages métaphoriques ou symboliques avec lesquels une personne tente de dire ou de ne pas dire l'indicible.

Les soins relationnels regroupent l'ensemble des attitudes, des comportements spécifiques et volontaristes, des actes, des paroles tant réalistes que symboliques qui peuvent être proposés par

un ACCOMPAGNANT

(médecin, thérapeute, écoutant)

à une personne EN DIFFICULTÉ DE SANTÉ

(maladie, dysfonctionnement, troubles physiques, mentaux, relationnels)

Pour lui permettre :

de s'entendre elle-même	Comme utilisant un langage spécifique, métaphorique ou symbolique. *« Qu'est ce que je tente de dire avec des maux, qui ne peut être dit avec des mots ? »*
d'être écoutée et entendue	Par un soignant qui ne se centre pas uniquement sur la maladie et le traitement… mais sur la personne.
de se relier à son histoire	• Actuelle • Passée – familiale proche et élargie.
de rendre la relation soignant/soigné plus aidante, avec pour effets	• d'entendre le sens de sa maladie • de mieux se relier au traitement • d'en saisir quelques enjeux en termes de gains, de dettes, de fidélités, de missions de restauration ou d'auto-destruction.
de se réapproprier, de développer et de cultiver son propre pouvoir thérapeutique afin…	• de libérer des énergies bloquées autour de situations restées inachevées, de conflits, de pertes, de ruptures ou de répétitions.

Les principaux piliers
de la médecine relationnelle

Ces points d'accord minimaux réalisent la base, la plate-forme commune à partir de laquelle se définissent des médecins ou des soignants qui acceptent de compléter leur diagnostic et leur traitement par des soins relationnels centrés sur la personne.

1. Entendre les maladies comme des langages symboliques et métaphoriques.

2. Introduire le relationnel au cœur de chaque étape de la consultation ou du soin.

3. Développer une écoute active respectueuse des règles d'hygiène relationnelle.

4. Proposer, chaque fois que cela s'avère possible, une écoute participative par la visualisation des éléments du message déposé par le malade.

5. Oser une écoute interactive où le praticien apporte éventuellement son ressenti, ses propres images et son positionnement.

6. Différencier la personne de sa maladie, l'inviter à la nommer, la symboliser au besoin.

7. Dans un premier temps, non pas tant chercher à comprendre, mais permettre à la personne de s'entendre.

8. Permettre à la personne de se relier de façon plus positive à son corps, à sa maladie, à son traitement, à son entourage, à son histoire.

9. Faire des propositions symboliques comme offrir des contes, des métaphores poétiques, des invitations à se dire par la création artistique.

10. Proposer des ordonnances relationnelles portant essentiellement sur un meilleur positionnement de vie face aux personnes significatives de son entourage.

11. Reconnaître les capacités propres de la personne et lui faire confiance pour se guérir.

12. Accompagner la personne pour lui permettre de retrouver son propre pouvoir thérapeutique.

13. Faire passer les exigences et la rigueur de la démarche de soins relationnels avant la recherche de gratifications personnelles.

14. Savoir faire le deuil de sa toute-puissance thérapeutique.

15. Prendre le risque de tendre la main et accepter que l'autre la refuse ou s'y accroche et ne veuille plus la lâcher.

16. Accepter ses limites et ne pas prendre de risques inconsidérés par un harcèlement thérapeutique.

Et un 17e pilier : participer à un groupe de réflexion et de supervision pour poursuivre sa propre formation.

Charte de base de l'Association de Médecine Relationnelle[*]

Le concept de soins relationnels est une tentative pour réhabiliter le cerveau droit (pour les droitiers) face à la primauté ou à l'hypertrophie du cerveau gauche et pour permettre d'entendre les maladies comme des langages symboliques, métaphoriques et métaphysiques.

1. Entendre les maladies comme des langages symboliques

La maladie ne survient pas par hasard. Indépendamment de ses causes (cellules cancéreuses, microbes ou virus, accidents, troubles immunitaires, etc.), elle exprime ou cache ce qui ne peut pas se dire avec des mots. Elle plonge ses racines signifiantes jusqu'aux blessures restées enkystées dans le silence : conflits intrapersonnels, deuils, pertes, séparations, situations inachevées, missions, conflits de fidélité, symptômes de filiation…

2. Introduire le relationnel à chaque étape de la consultation ou du soin

Au cœur même des gestes et paroles de la démarche professionnelle habituelle, veiller au moindre message émanant de la personne pour l'écouter, l'entendre, le recueillir et lui permettre de s'entendre elle-même, dans le respect et la tendresse.

3. Développer une écoute active respectueuse des règles d'hygiène relationnelle

Pour écouter, je me tais, je me centre sur la personne, je ne parle pas sur elle, je ne l'enferme pas dans des explications, des généralisations, des statistiques. Je l'invite à parler d'elle, des faits bien sûr, mais surtout de son ressenti, et de ce à quoi cela la renvoie dans sa propre histoire (le retentissement). Je favorise par mes reformulations l'expression de son message et je la confirme comme étant bien l'auteur de ses paroles, le producteur de ses émotions et sentiments, de ses symptômes.

4. Proposer une écoute participative par la visualisation des éléments du message

L'inviter à visualiser sa maladie de façon symbolique en choisissant des objets ou en proposant des schémas ou des dessins, susciter chez la personne une écoute active d'elle-même. C'est elle qui place les objets symboliques, représentant peurs, désirs, maladie, médicaments, personnes significatives de son histoire, etc., les uns par rapport aux autres et par rapport à elle-même. Cette représentation permet aussi de symboliser une évolution, un changement.

[*] A.M.R., 1 bis rue Alexandre-Dumas, 38100 Grenoble

5. Oser une écoute interactive

Dans laquelle le praticien apporte éventuellement son ressenti, ses propres images, sa propre compréhension. Le praticien n'est pas un écoutant passif : il existe avec sa sensibilité, son imaginaire. Il offre son écoute comme étant la sienne. Il ne s'agit pas d'interpréter, ce qui serait alors une parole sur l'autre, mais bien d'offrir, au moment choisi, sa propre écoute comme un amplificateur.

6. Différencier la personne de sa maladie

L'inviter à la nommer, à la symboliser. Démarche essentielle pour pouvoir s'adresser, soit à la personne, soit à sa maladie. Démarche tout aussi essentielle pour permettre à la personne de prendre soin de la relation qu'elle aura à établir avec sa maladie, et inviter son imaginaire à lui ouvrir le chemin du sens de ses troubles ou de son dysfonctionnement.

7. Non pas tant chercher à comprendre à tout prix, à faire entrer dans un schéma préétabli, mais permettre à la personne de s'entendre

Reformuler, confirmer, autoriser, accueillir et accompagner l'émotion comme un langage, inviter au ressenti corporel lors de l'examen, recueillir « humblement » tous les éléments comme les pièces d'un puzzle que la personne assemblera en son temps.

8. Permettre à la personne de se relier

D'entrer en relation avec ses symptômes, son traitement, son corps, son histoire, les personnes significatives de sa vie, peut-être aussi, avec le divin qui l'habite, et prendre soin des liens blessés.

9. Faire des propositions symboliques

Offrir des contes, des métaphores poétiques. Le douloureux, le fragile comme peut l'être un amour blessé, un deuil inachevé, un ressentiment, une colère, une peur, une violence reçue, tout cela trouve difficilement les mots pour se dire et le changement, pour sortir de l'impasse, ne peut se faire que dans la cohérence, dans l'évidence d'une démarche accomplie, au terme, parfois, d'une longue maturation. Symboliser cette démarche, l'accompagner, en être le témoin et offrir le possible d'une mise en mots : tel est le cœur du travail en médecine relationnelle. Libérer les ressources de la personne pour une véritable guérison dont elle sera l'auteur.

Le conte qui prend son origine dans l'imaginaire et l'inconscient du soignant-conteur, raconte de façon métaphorique un processus, dans la poésie et la tendresse, dans le rire et l'humour. Parfois... il parle à l'inconscient... même si nous ne savons pas comment. Les poèmes parlent aussi à l'inconscient... Offrir un poème est un acte d'écoute interactive.

10. Proposer des ordonnances relationnelles

Poser des points de repère, des balises pour accompagner un changement, une évolution. Dans une relation difficile, proposer pour chaque jour, avec un dosage précis dans le temps, des actes de santé relationnelle (par exemple : dire «JE», ne pas se laisser définir, savoir limiter un entretien, affirmer ses possibles et ses limites, dire bonjour à sa maladie, s'offrir un plaisir...).

11. Reconnaître les capacités propres de la personne et lui faire confiance pour se guérir

Une image : « Libérer l'immunité et redonner un mouvement à l'énergie, plutôt que donner des antibiotiques ! »

Le médecin, les soignants soignent, mais c'est la personne qui guérit, dans la mesure où le travail qu'elle entreprend sur elle-même lui permet de sortir de ses entraves, des liens qui attachent. La mise en mots du sens entendu et la mise en œuvre d'un nouveau positionnement dans la relation blessée permettent de cicatriser les blessures encore saignantes et de libérer l'énergie qui y était piégée.

12. Accompagner

Au bout du compte, même s'il exerce avec toute sa responsabilité «technique», le médecin, le soignant relationnel accompagne. Il ne prend pas en charge la responsabilité de toute la vie de la personne, il ne décide pas tout seul, il ne dépossède pas la personne de son histoire, de sa maladie. Il est à ses côtés, l'invitant à la parole, lui permettant d'entendre le sens et de retrouver la source de ses énergies oubliées.

13. Faire passer les exigences correspondant au soin relationnel avant de chercher à obtenir un résultat gratifiant de sa propre action ou intervention.

14. Savoir faire le deuil de sa toute-puissance thérapeutique

Le malade est acteur de sa « guérison ».

« Je ne guéris pas à tout prix, mais de surcroît. »

15. Prendre le risque de tendre la main et accepter que l'autre la refuse ou s'y accroche et ne veuille plus la lâcher.

16. Accepter ses limites et ne pas prendre de risques inconsidérés ou démesurés par un harcèlement thérapeutique trop prégnant.

Notre «merveilleuse santé» n'est pas à toute épreuve et l'aide que nous proposons n'est ni grandiose, ni héroïque, ni illimitée.

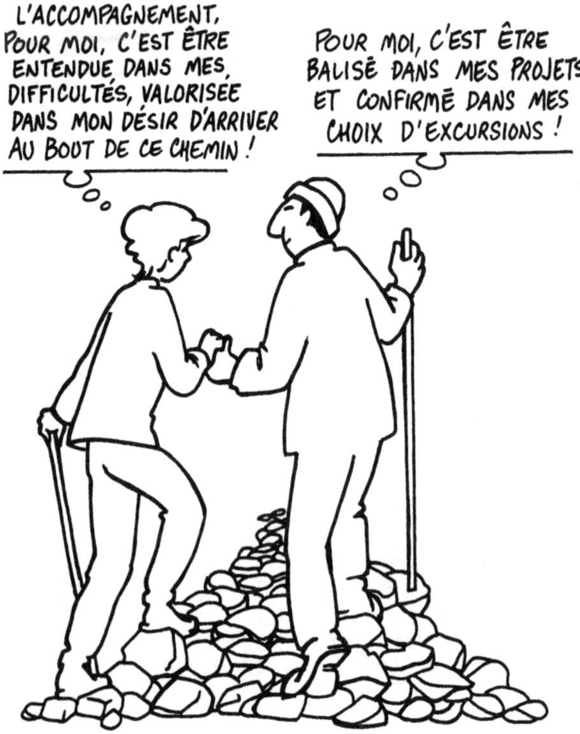
L'ACCOMPAGNEMENT, POUR MOI, C'EST ÊTRE ENTENDUE DANS MES DIFFICULTÉS, VALORISÉE DANS MON DÉSIR D'ARRIVER AU BOUT DE CE CHEMIN !
POUR MOI, C'EST ÊTRE BALISÉ DANS MES PROJETS ET CONFIRMÉ DANS MES CHOIX D'EXCURSIONS !

La relation d'accompagnement

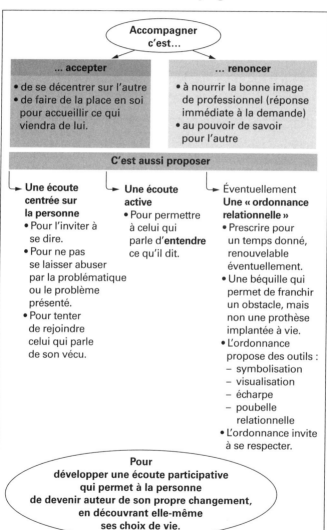

Accompagner c'est…

… accepter
- de se décentrer sur l'autre
- de faire de la place en soi pour accueillir ce qui viendra de lui.

… renoncer
- à nourrir la bonne image de professionnel (réponse immédiate à la demande)
- au pouvoir de savoir pour l'autre

C'est aussi proposer

Une écoute centrée sur la personne
- Pour l'inviter à se dire.
- Pour ne pas se laisser abuser par la problématique ou le problème présenté.
- Pour tenter de rejoindre celui qui parle de son vécu.

Une écoute active
- Pour permettre à celui qui parle d'**entendre** ce qu'il dit.

Éventuellement **Une « ordonnance relationnelle »**
- Prescrire pour un temps donné, renouvelable éventuellement.
- Une béquille qui permet de franchir un obstacle, mais non une prothèse implantée à vie.
- L'ordonnance propose des outils :
  - symbolisation
  - visualisation
  - écharpe
  - poubelle relationnelle
- L'ordonnance invite à se respecter.

Pour développer une écoute participative qui permet à la personne de devenir auteur de son propre changement, en découvrant elle-même ses choix de vie.

Relation d'accompagnement

**Accompagner, c'est cheminer avec.
Une relation d'accompagnement dans le temps
permet de passer**

De l'écoute ouverte

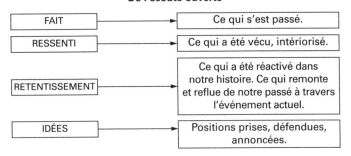

FAIT	Ce qui s'est passé.
RESSENTI	Ce qui a été vécu, intériorisé.
RETENTISSEMENT	Ce qui a été réactivé dans notre histoire. Ce qui remonte et reflue de notre passé à travers l'événement actuel.
IDÉES	Positions prises, défendues, annoncées.

à l'écoute centrée
sur la personne et non sur le problème

↓

De l'écoute active
Permettre à celui qui parle d'entendre ce qu'il dit

↓

à une écoute participative
permettant à la personne de faire pour elle.

Une relation d'accompagnement suppose :

■ La capacité de se centrer sur la personne et non sur le problème.

■ L'invitation, la stimulation à en dire plus sur le vécu et le ressenti.

■ Le recueil des apports et leur renvoi avec suffisamment de différenciation pour ne pas s'identifier au demandant :

« Dans ce que vous avez dit voici ce que j'ai entendu... »

■ La proposition d'un entendre (le mien) et d'une compréhension offerte :

« Dans ce que j'ai entendu, voilà ce que j'ai compris... »

■ La référence à des valeurs, à une éthique personnelle, à condition de ne pas les imposer à l'autre, de seulement en témoigner.

Accompagner
= aller en compagnie de
= être présent au présent

Cadre d'une relation d'accompagnement

Durée	Aide possible	Exigences	Refus et Confirmation
Avec des séquences de temps et donc l'idée d'un mouvement	**Avec un lieu pour une écoute du problème, un entendre de la personne**	**Vis-à-vis de soi-même. Vis-à-vis de l'autre**	**Capacité à poser des limites et des balises**

• Accepter l'idée que toute demande est toujours ambivalente (avec des désirs et des peurs). • Intégrer la possibilité d'une évolution de la demande de départ, des sentiments, des perceptions mutuelles, en tenant compte des phases de dépendance possibles et des phases d'affirmation et de différenciation, voire d'opposition parfois.	• Aide centrée sur la personne sans se laisser entraîner par le problème (souvent mis en écran). • Avec une clarification possible des priorités. • Avec une recherche de moyens. • Avec un enjeu, un but à atteindre. • Aider la personne à se confronter avec elle-même. • Développer son autonomie, sa capacité à mettre en œuvre son propre pouvoir thérapeutique.	• Où en suis-je au niveau du contenu ? • Où en suis-je au niveau de mes ressources ? • Où en suis-je au niveau de la compréhension ? • Où en suis-je au niveau de mes sentiments ? • Ne pas se laisser capter, séduire ou phagocyter par le demandeur d'aide. • Aider l'autre à ne plus avoir besoin d'aide	• Différencier le problème de la personne. • Refuser la confusion, l'amalgame entre les différents problèmes. • Oser des refus. • Introduire des limites de temps et d'espace. • Capacité à reconnaître que je suis démuni face à cette personne. • Confirmer ce qui se passe, tel que cela se passe pour moi.

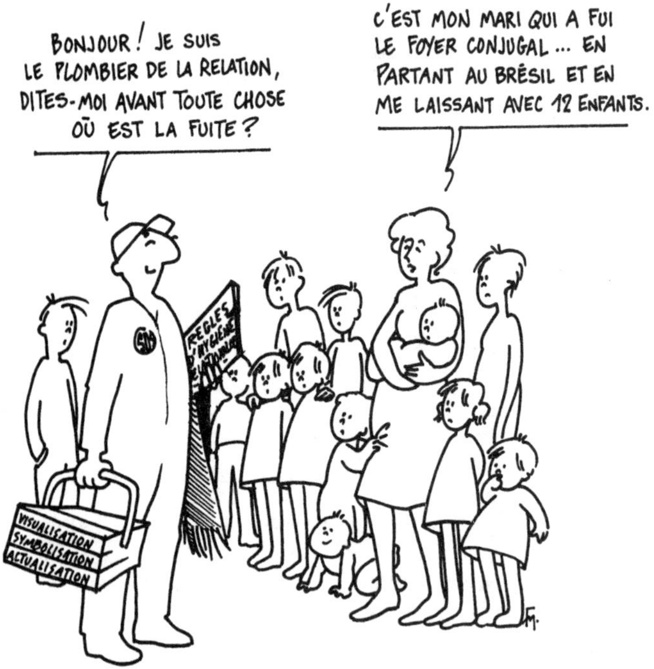
BONJOUR ! JE SUIS LE PLOMBIER DE LA RELATION, DITES-MOI AVANT TOUTE CHOSE OÙ EST LA FUITE ?
C'EST MON MARI QUI A FUI LE FOYER CONJUGAL... EN PARTANT AU BRÉSIL ET EN ME LAISSANT AVEC 12 ENFANTS.
REGLES
VISUALISATION
SYMBOLISATION
ACTUALISATION

Relation d'aide et d'accompagnement «dépannage relationnel»

En situation de crise, de conflit ou de désarroi, il serait possible de proposer une aide ponctuelle, circonstancielle ou d'appoint sous la forme d'une sorte de dépannage relationnel.

Cette aide, limitée dans le temps, consisterait en :

■ **Une écoute ouverte** : invitation la plus ouverte possible à s'exprimer sur le sujet ou le thème de son choix.

■ **Une écoute centrée** sur la personne et non sur le problème.

■ **Une écoute participative** : inviter la personne à mobiliser ses ressources pour commencer à faire quelque chose… pour elle.

■ **Une mise en œuvre de la visualisation** : montrer ce dont l'autre parle pour ne pas l'identifier (ni s'identifier soi-même) à sa difficulté.

■ **Une décentration** : ne pas se laisser entraîner dans la détresse, la problématique ou les sentiments de l'autre.

■ **Un recueil** de ce qui vient de l'autre et **une confirmation** :
« Dans ce que tu as dit, voilà ce que j'ai entendu. »

■ **Une clarification** :
« Dans ce que j'ai entendu, voici ce que j'ai compris. »

■ **Une proposition d'exploration des pistes de travail possibles pour envisager des démarches de changement.**

■ **Une invitation à établir des liens avec le passé** proche et plus lointain (faire des reliances).

■ **Une dépollution des relations** en amont : lâcher les ressentiments, renoncer aux accusations, aux reproches.

■ **Une réénergétisation** de ses propres positions de vie.

■ **Une invitation** à mieux se définir.

■ **Une proposition d'action** en aval, sur le futur immédiat.

Accompagner ne veut pas dire «faire à la place de l'autre», mais permettre à l'autre de découvrir ses propres possibles pour aller vers une dynamique de respect de ses besoins.

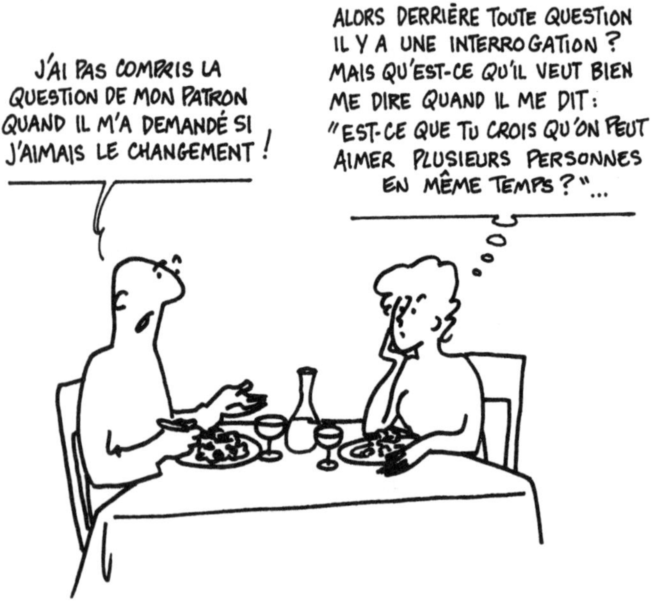
J'AI PAS COMPRIS LA QUESTION DE MON PATRON QUAND IL M'A DEMANDÉ SI J'AIMAIS LE CHANGEMENT !
ALORS DERRIÈRE TOUTE QUESTION IL Y A UNE INTERROGATION ? MAIS QU'EST-CE QU'IL VEUT BIEN ME DIRE QUAND IL ME DIT : "EST-CE QUE TU CROIS QU'ON PEUT AIMER PLUSIEURS PERSONNES EN MÊME TEMPS ?"...

MISE EN PRATIQUE DE LA MÉTHODE ESPERE

Remise en cause du questionnement

La plupart des échanges s'amorcent à partir d'un questionne-ment... auquel la plupart du temps, hélas, nous nous empres-sons de répondre, passant ainsi à côté d'un partage.

Le questionnement, issu d'une question posée par le ques-tionneur, est porteur d'une interrogation qui ne se situe pas, comme nous le pensons souvent, en aval, vers la réponse, mais en amont, c'est-à-dire vers le sens de la question.

Le questionnement des enfants, qui est prolifique, n'est jamais neutre ou insignifiant. Il est une sorte d'approche métaphorique, avec laquelle les enfants testent l'écoute de l'adulte par une équa-tion simple : si l'adulte répond, c'est qu'il n'a pas entendu l'inter-rogation, car la question concerne plus le questionneur que le questionné !

> • Se rappeler que, sous une question,
> il y a toujours une interrogation.
> • Contrairement à ce que croient les adultes, les enfants
> (et les ex-enfants) ne souhaitent pas qu'on réponde à leur
> question, mais qu'on entende leur interrogation.

MODALITÉS

Du point de vue relationnel, l'important n'est pas de répondre, mais de permettre à celui qui pose une question de dire plus directement son interrogation, sa préoccupation. Pour cela, restons centré sur lui, et non sur... notre réponse.

Nous avons toujours le temps d'apporter la réponse.

Ce n'est pas la réponse qui compte le plus... c'est, au-delà de la question, l'interrogation qui habite celui qui nous interroge.

CONCLUSIONS

■ Évitons le faux questionnement :

« *Vous ne croyez pas qu'il faudrait fermer la fenêtre ?...* »

« *Vous ne pensez pas qu'on devrait renoncer à ce projet ?...* »

« *Vous n'avez pas envie d'aller au cinéma ce soir ?...* »

■ Osons témoigner de notre propre point de vue, de notre ressenti, de notre désir...

■ En remplaçant le questionnement par l'invitation ou le témoignage, nous nous donnons les moyens d'aller plus loin dans l'échange.

Remise en cause
du questionnement

Le questionnement est souvent vécu comme une intrusion dans notre intimité

└──► car nous ne sommes pas toujours ouverts et disponibles pour produire une réponse.

Questionner, c'est prendre aussi le risque de la réponse de l'autre

├──► La question posée n'est pas nécessairement centrée sur les intérêts du répondant, mais le plus sur les priorités du questionnant.

└──► Le questionnement ouvre ainsi la porte à un certain nombre d'ambivalences qui vont peser sur des échanges à base de questions/réponses.

La plupart des échanges se nouent ou s'instaurent à partir d'un questionnement... plus ou moins ouvert

├──► auquel habituellement, hélas, nous nous empressons de répondre, passant ainsi à côté d'une relation possible.

« Maman, est-ce que tu crois que les loups mangent les enfants ? »

« Mais non, mon chéri, il n'y a plus de loups aujourd'hui. »

├──► La réponse trop rapide, qui s'est voulue rassurante, a en fait occulté et court-circuité l'interrogation de l'enfant.

└──► Car derrière toute question... il y a une interrogation.

Tout questionnement issu d'une question posée par le questionneur

└──► est porteur d'une interrogation qui mérite parfois d'être entendue.

Quand nous demandons à quelqu'un ce qu'il a l'intention de faire aux prochaines vacances... c'est que nous avons, nous, quelque chose à dire par rapport à ces vacances !

Le questionnement des enfants

└────► est une invite au partage.

« Maman, comment les bébés, ils entrent dans le ventre ? »
L'enfant qui pose une telle question a des réponses à lui. L'inviter à les exprimer plutôt que de répondre permettra d'ouvrir à plus d'échanges et de partages.

Se rappeler que, sous chaque question, se cache un désir, une attente, une demande implicite

└────► *« Pourquoi vous ne vivez plus ensemble, avec papa ? »*
L'enfant qui pose une telle question tente en fait d'exprimer le désir que ses parents puissent vivre à nouveau ensemble. Il cache son désir secret derrière une question.

Ce n'est pas la réponse qui importe, mais la possibilité de dire et l'invitation à entendre

└────► *« Papa, pourquoi maman, elle aime pas les chats ? »*
« Maman, c'est normal que les vieux messieurs, ils veulent savoir ce qu'on a sous la jupe ? » *« Grand-mère je peux te confier un secret ? Tu sais je ne crois pas que le père Noël existe, mais il ne faudrait pas le dire à Papa et à Maman ils auraient trop de peine parce qu'ils y croient encore... »*

« Les grandes personnes ne comprennent jamais rien toutes seules, et c'est fatigant pour les enfants de toujours et toujours leur donner des explications. »

Antoine de Saint-Exupéry

Une autre façon de faire :

➤ L'important est de ne pas répondre trop vite à la question, mais de permettre à celui qui pose une question de dire son interrogation, d'exprimer son désir réel, sa préoccupation. Pour cela, se centrer sur lui, et non sur... notre réponse ou sur le contenu de la question. Il est toujours temps de donner la réponse.

➤ Ce n'est pas la réponse qui est importante... c'est, au-delà de la question, la recherche tâtonnante mais vitale qui habite celui qui nous interroge.

➤ Plutôt que répondre, entrer en relation avec celui qui pose la question.

Autre façon d'être :

➤ Renoncer à la tentation du faux questionnement.
« Tu ne trouves pas qu'il fait trop froid dans cette pièce ? »

➤ Prendre le risque de se dire et de commencer à agir en fonction de la situation :
« J'ai trop froid et je souhaite fermer cette fenêtre... »

**Le questionnement ouvert,
qui laisse l'autre libre de sa réponse, est la forme
de questionnement qui permet le plus d'échanges.**

Témoigner ou inviter à s'exprimer plutôt que questionner

Le **témoignage** :
avoir la liberté de se dire, ou l'**invitation** :
« Qu'est-ce que tu ressens ? »
sont dépendants d'une écoute qui peut porter sur deux
registres différents pour celui qui reçoit le message.

Si l'écoutant pratique...

... le système SAPPE	... la méthode ESPERE
Témoinage et invitation peuvent être vécus comme **un envahissement, une prise de pouvoir intrusive, agressive**	Témoinage et invitation peuvent être vécus comme **autorisant, stimulant, invitant, accueillant**

Comme la centration
ne se fait pas sur celui
qui parle mais sur l'écoutant,
elle produit alors du retrait,
du refus, du ressentiment.
Elle entraîne parfois
de l'hostilité.

La centration se fait surtout
sur le parlant.
Elle peut être ressentie
par l'écoutant
comme une marque
de confiance envers lui.
Elle entraîne une ouverture,
une stimulation.
Elle ouvre à plus d'amour.

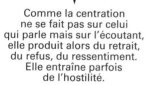

Fermeture
Méfiance, gène, retrait[1]

Ouverture
Confiance, amplification[2]

(1) La dynamique extrême est
de type paranoïaque. Toute
marque d'intérêt est entendue
comme une menace, un danger
possible.

(2) La liberté de l'un stimule
la liberté potentielle de l'autre.

Du message au sens

■ Devant tout message (parole, comportement, événement) qui me concerne directement ou indirectement, je me positionne soit clairement, soit de façon confuse.

■ Un message peut être comparé à une graine lancée au vent qui trouvera tout de suite ou dans un temps plus long un sol fertile qui lui permettra d'éclore.

■ Un cycle de maturation est indispensable pour assimiler toute idée nouvelle, pour que l'information opère son travail de mutation possible.

Dans cette dynamique, la méthode ESPERE n'est pas un kit prêt à l'emploi, fait de phrases à assembler chez soi, à servir à tout propos, ou de comportements prédéfinis.

L'application de la méthode ESPERE ne suppose ni placage, ni plagiat, ni parodie mais appropriation et donc constance dans sa pratique, remise en cause, réajustement et cohérence de ses comportements et intégration dans sa vie quotidienne.

Tout comme la chèvre qui mange la rose ne devient pas la rose, l'Homo SAPPIENUS ne devient pas un Homo ESPERUS à la seule lecture de ce manuel.

Il peut espérer muter par une expérimentation et un exercice réguliers, rigoureux (qui n'excluent ni humour, ni tendresse, ni amour) et surtout créer une envie et une dynamique de changement autour de lui.

**Un message, par son contenu, sa forme,
par la qualité du messager,
suivant la façon dont il est reçu
devient porteur d'espoir ou d'inespoir.**

Le cycle du message

Celui qui envoie un message prend toujours un risque, car il ne sait jamais comment il sera reçu, déformé, amplifié ou simplement accueilli. Celui qui le reçoit lui donne un sens avec lequel il peut s'agrandir ou se blesser.

Message

Je le reçois.
J'évalue son contenu.
Je réfléchis à son sens.

Constat de partage

Je garde.
J'adopte.

Constat de différence

Je me différencie.
Je rejette.

Je me positionne

Je fais mien ou je transforme.
Je recycle.
Je laisse un temps de maturation.

Je deviens émetteur

NOUVEAU MESSAGE

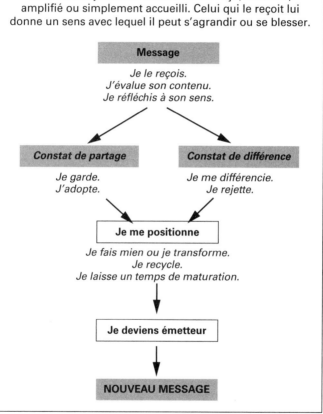

« Si le mot que tu vas prononcer n'est pas plus beau que le silence, ne le prononce pas. » W. Shakespeare.

Le sevrage relationnel ou le passage de la « maman » à la « mère »

■ J'appelle le passage de la « maman » à la « mère », SEVRAGE RELATIONNEL. Quel que soit l'âge où il est vécu, il inscrit en chacun une mutation fondamentale, celle du passage du besoin comblé au désir... pas toujours et nécessairement satisfait.

■ La « maman », c'est la partie comblante, gratifiante, donnante et abondante de celle qui nous nourrit, nous donne des soins, nous accompagne inconditionnellement dans les premiers jours, les premiers mois de la vie et bien sûr quelquefois plus tard.

MAMAN = COMBLANCE,
DONNANCE,
ABONDANCE.

■ La « mère », c'est la partie plus frustrante, plus contraignante, plus « interdisante » et parfois moins oblative de la relation maternante.

MÈRE = REFUS,
OBLIGATIONS,
DEVOIRS,
INTERDITS,
FRUSTRATIONS.

■ Certaines mères évitent d'être des « mamans » ou le sont avec pudeur ou parcimonie par crainte d'être débordées et envahies par les demandes de l'enfant.

■ À l'inverse, certaines mamans ont du mal à devenir des « mères », de peur de faire de la peine ou d'être mal perçues par l'enfant.

Exemples :

Relations parents-enfants

Premier acte :

– Le bébé pleure, manifeste un besoin, sa maman le prend dans ses bras, lui donne le biberon, le change, s'occupe de lui... à sa demande.

Autre acte :

« Maman, j'ai faim.

– Attends un peu, ce n'est pas encore l'heure ! »

Ici le bébé rencontre la mère et... une réalité qui ne s'ajuste pas à ses besoins.

Relations à l'école

« Je n'ai pas compris l'énoncé du problème, je croise les bras, j'attends que le maître vienne me l'expliquer, sans avoir à le lui demander. j'imagine ainsi que, si l'autre s'intéresse à moi, il doit "entendre" mes demandes sans que je les exprime ! »

Relations conjugales

« J'ai froid – je me plains, j'attends sans en faire la demande que ma compagne augmente le chauffage ou m'apporte un pull supplémentaire. »

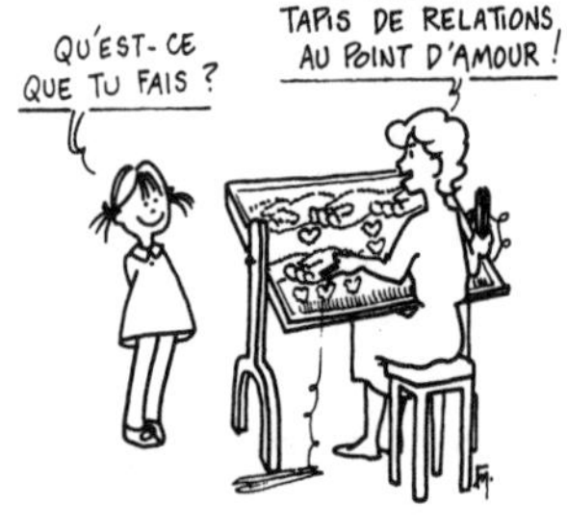
QU'EST-CE QUE TU FAIS ?
JE TISSE UN TAPIS DE RELATIONS AU POINT D'AMOUR !

Au-delà de l'amour, tisser des relations en santé... en pratiquant quelques règles d'hygiène relationnelle.

Le sevrage relationnel

■ Autrefois, les enfants avaient généralement plus de « père » que de « papa », ce qui fait que par compensation ils avaient plus de « maman » que de « mère ».

Aujourd'hui, c'est un peu l'inverse : les enfants ont souvent trop de « papa », pas assez de « père », ce qui fait que les mères ont du mal à être mamans.

■ L'alternance équilibrée de ces deux fonctions maternantes et plus tard paternantes nous permet de nous confronter sainement à la réalité.

■ Le sevrage relationnel laisse des traces indélébiles en chacun :

• Soit en termes d'I.T.P.I. (illusion de la toute-puissance infantile), quand il arrive trop brutalement ou tardivement.

• Soit en termes de N.T.P.I. (nostalgie de la toute-puissance infantile) quand il est trop précoce.

■ Le sevrage relationnel et la façon dont il a été introduit, proposé, clarifié, structure ainsi notre relation à l'autre. Il initie aux rapports de forces, dans la dynamique dominant/dominé que nous aurons à proposer ou subir tout au long de notre vie si nous restons aveugle à son existence.

■ Le sevrage relationnel passe par un renoncement à l'illusion de la toute-puissance infantile, ouvre aussi la voie à la question des deuils et des naissances qui jalonnent toute existence humaine.

Exemples :

Relations professionnelles

« J'ai une difficulté – j'attends que l'on m'aide ou que l'on comprenne combien c'est difficile pour moi ! »

« J'ai besoin d'une information – j'attends qu'on me la donne tout de suite. Je ne supporte pas de devoir attendre – ma demande est prioritaire et toute-puissante. »

ET... COMMENT ÇA POUSSE, LES CHOUX ?

MON P'TIT CHOU, JE T'AI DÉJÀ DIT QUE J'ATTENDAIS UN BÉBÉ !

Oooo...

Difficultés rencontrées

• Instauration d'un terrorisme relationnel.

• Dévalorisation et culpabilisation de l'autre.

• Somatisations fréquentes car beaucoup de frustrations sont liées à l'I.T.P.I.

• Retour à la dépendance : si je ne sais pas faire tout seul, l'autre me prendra en charge et satisfera mes besoins.

• Faire l'économie de demandes claires.

• Croire en la toute-puissance de l'amour comme réparateur de l'I.T.P.I.

Le sevrage relationnel

Le sevrage relationnel
est une étape nécessaire et indispensable
pour sortir de l'illusion de la toute-puissance infantile
dans laquelle se trouve plongé le petit bébé.
La manière dont cette étape est vécue
va déterminer le devenir de la vie relationnelle
de chaque être humain.

Bien vécue, elle influence...

... la relation à SOI-MÊME :

- en favorisant l'intériorisation
- en facilitant l'expression des demandes et des attentes
- en renforçant le sentiment d'identité

... la relation aux AUTRES :

- en reconnaissant l'autonomie, la liberté de l'autre
- renonçant à infuencer (dominer ou soumettre)

Elle détermine les comportements relationnels

Des créateurs des négociateurs

Des funambules de la relation

Des traîne-misère de la relation

Renoncer à l'illusion
de la toute-puissance infantile

Devenir auteur négociateur

Un sevrage relationnel originel réussi suppose d'avoir fait le deuil effectif de la toute-puissance infantile.

Ce renoncement va alors permettre de :

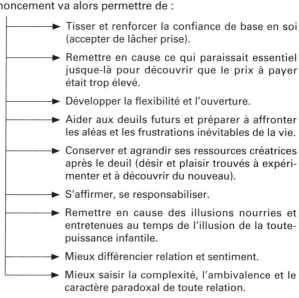

- Tisser et renforcer la confiance de base en soi (accepter de lâcher prise).

- Remettre en cause ce qui paraissait essentiel jusque-là pour découvrir que le prix à payer était trop élevé.

- Développer la flexibilité et l'ouverture.

- Aider aux deuils futurs et préparer à affronter les aléas et les frustrations inévitables de la vie.

- Conserver et agrandir ses ressources créatrices après le deuil (désir et plaisir trouvés à expérimenter et à découvrir du nouveau).

- S'affirmer, se responsabiliser.

- Remettre en cause des illusions nourries et entretenues au temps de l'illusion de la toute-puissance infantile.

- Mieux différencier relation et sentiment.

- Mieux saisir la complexité, l'ambivalence et le caractère paradoxal de toute relation.

**Pour accepter d'être ensemble en étant différents
et d'être irrémédiablement seul face à l'approbation
ou la désapprobation de l'autre.**

Péripéties relationnelles

Les funambules de la relation

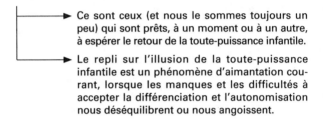

Ce sont ceux (et nous le sommes toujours un peu) qui sont prêts, à un moment ou à un autre, à espérer le retour de la toute-puissance infantile.

Le repli sur l'illusion de la toute-puissance infantile est un phénomène d'aimantation courant, lorsque les manques et les difficultés à accepter la différenciation et l'autonomisation nous déséquilibrent ou nous angoissent.

Les traîne-misère de la relation

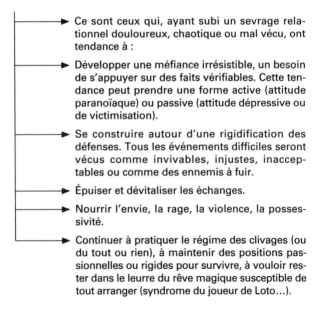

Ce sont ceux qui, ayant subi un sevrage relationnel douloureux, chaotique ou mal vécu, ont tendance à :

Développer une méfiance irrésistible, un besoin de s'appuyer sur des faits vérifiables. Cette tendance peut prendre une forme active (attitude paranoïaque) ou passive (attitude dépressive ou de victimisation).

Se construire autour d'une rigidification des défenses. Tous les événements difficiles seront vécus comme invivables, injustes, inacceptables ou comme des ennemis à fuir.

Épuiser et dévitaliser les échanges.

Nourrir l'envie, la rage, la violence, la possessivité.

Continuer à pratiquer le régime des clivages (ou du tout ou rien), à maintenir des positions passionnelles ou rigides pour survivre, à vouloir rester dans le leurre du rêve magique susceptible de tout arranger (syndrome du joueur de Loto…).

→ Éprouver des difficultés à revenir sur les illusions passées. La vénération et le chérissement des illusions jouent le rôle de compensations narcissiques vitales.

> Quand les indigents du partage, quand les sous-alimentés de la relation, les affamés de l'échange ou les déshérités du dialogue ne seront plus majoritaire sur la planète TAIRE, alors chanteront des lendemains vraiment nouveaux.

Il y a encore :

→ Tous ceux qui valorisent la privation, l'austérité, la mortification, le stoïcisme, la pauvreté.

→ Ceux qui comblent leur manque par la nourriture ou ses ersatz (cigarette, drogue...).

→ Ceux qui utilisent l'autre comme un objet (fétiche, paillasson, poubelle... ou piédestal, trône).

→ Ceux qui fuient l'intériorité (silence, solitude) et qui ont toujours besoin d'un bruit de fond ou d'une activité.

→ Ceux qui restent étonnés de rencontrer des obstacles à l'illusion de la toute-puissance infantile.

→ Les nostalgiques qui ne s'habituent pas aux changements.

→ Et aussi les fanatiques du vouloir concrètement tout et tout de suite.

**"La plus importante, la plus fréquente
et la plus constante des demandes d'un enfant
ou d'un ex-enfant, c'est d'être entendu et reconnu
dans ce qu'il a vécu."**

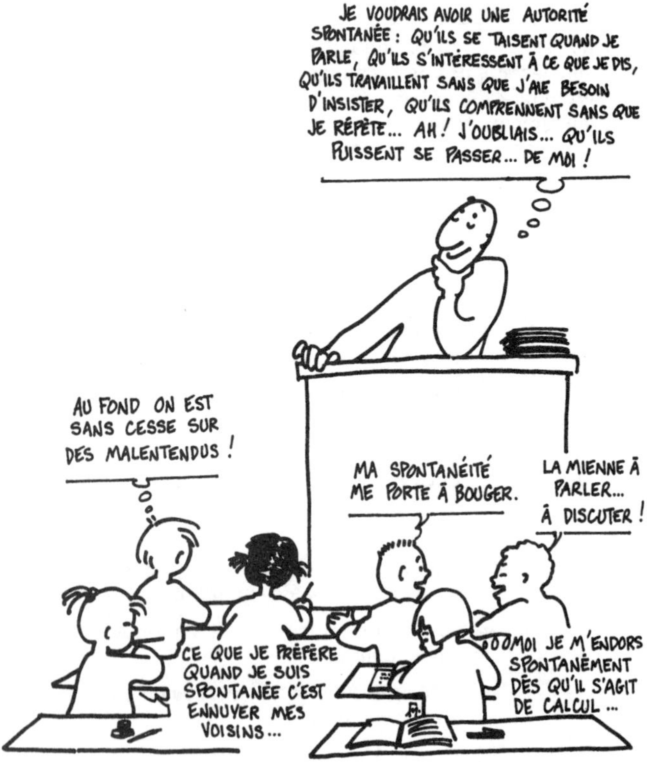
JE VOUDRAIS AVOIR UNE AUTORITÉ SPONTANÉE : QU'ILS SE TAISENT QUAND JE PARLE, QU'ILS S'INTÉRESSENT À CE QUE JE DIS, QU'ILS TRAVAILLENT SANS QUE J'AIE BESOIN D'INSISTER, QU'ILS COMPRENNENT SANS QUE JE RÉPÈTE... AH ! J'OUBLIAIS... QU'ILS PUISSENT SE PASSER... DE MOI !
AU FOND ON EST SANS CESSE SUR DES MALENTENDUS !
MA SPONTANÉITÉ ME PORTE À BOUGER.
LA MIENNE À PARLER... À DISCUTER !
CE QUE JE PRÉFÈRE QUAND JE SUIS SPONTANÉE C'EST ENNUYER MES VOISINS...
MOI JE M'ENDORS SPONTANÉMENT DÈS QU'IL S'AGIT DE CALCUL...

Autorité et pouvoir

Une des constantes humaines, c'est de vouloir exercer une influence non seulement sur son propre territoire mais aussi sur le territoire de l'autre.

Puis-je distinguer ?

POUVOIR	et	**AUTORITÉ**

*J'ai du **pouvoir** quand j'ai une **influence** sur l'autre par la **contrainte** quelle que soit l'origine et la puissance de cette contrainte, et cela est un système de valeurs reconnues.*

Un bébé de six mois peut avoir beaucoup de pouvoir en pleurant toute la nuit.

*J'ai de l'**autorité** quand je peux avoir de l'**influence** sur l'autre pour lui permettre d'**être plus auteur de sa propre vie**, pour lui permettre d'**être plus lui-même**.*

Le propre de l'autorité, c'est d'être reconnue, confirmée par ceux qui l'acceptent.

Le pouvoir semble faire moins peur que l'autorité car il rassure faussement, mais il maintient les dépendances et les aliénations.

L'autorité est souvent confondue avec sa pathologie, l'AUTORITARISME.

Autorité et pouvoir

Avoir de l'AUTORITÉ, c'est permettre à l'autre d'être AUTEUR de sa propre vie.

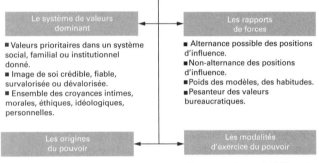

Le système de valeurs dominant

- Valeurs prioritaires dans un système social, familial ou institutionnel donné.
- Image de soi crédible, fiable, survalorisée ou dévalorisée.
- Ensemble des croyances intimes, morales, éthiques, idéologiques, personnelles.

Les rapports de forces

- Alternance possible des positions d'influence.
- Non-alternance des positions d'influence.
- Poids des modèles, des habitudes.
- Pesanteur des valeurs bureaucratiques.

Les origines du pouvoir

1. Institutionnelles (position sociale, rôle, fonction hiérarchique…).
2. Menaces réelles ou fantasmées.
3. Gratifications et valorisations.
4. Compétences liées à des connaissances (un AVOIR) autour de l'ÊTRE :
   - Savoir être
   - Savoir faire
   - Savoir créer
   - Savoir devenir
5. Compétences personnelles, qualités charismatiques, impact personnel.
6. Politique : association de collaborateurs et mise en commun de ressources, délégation.

Les modalités d'exercice du pouvoir

1. Type autocratique : « Je décide seul. »
2. Type bureaucratique (entité informelle).
3. Type paternaliste : « Je laisse croire que c'est pour le bien de l'autre. »
4. Type laisser faire : « Laxisme. »
5. Type manipulateur : « Je laisse croire que c'est l'autre qui prend la décision. »
6. Type coopératif :
   - Mise en commun des ressources, des énergies.
   - Prise en compte des limites personnelles.
   - Points d'accords minimaux à construire ensemble.

Avoir de l'AUTORITÉ

c'est exercer une influence reconnue et acceptée par celui sur lequel elle s'applique, pour lui permettre d'être plus lui-même.

Avoir du POUVOIR

c'est exercer une influence sur autrui par la contrainte, dans un rapport de forces favorable… à celui qui l'exerce et défavorable à celui qui le subit !

La peur
comme origine principale de la violence

SI L'AUTRE
a des peurs en lui

Elles peuvent se traduire par : – des projections (amplification
d'un ressenti, attribution de sentiments)
– des inhibitions
– des fuites
– des violences (auto ou hétéro violence)
– de la créativité parfois

La violence reste un des langages privilégiés de la peur.

Nous invitons le plus souvent possible à entendre le désir qu'il y a derrière toute peur.

CHEZ MOI
les peurs engendrent aussi de la violence, dans mon corps, dans mon imaginaire, dans mes relations

Elles peuvent se traduire par : – des répétitions
– des projections
– des inhibitions
– des fuites
– des auto-violences
– de l'hétéro-violence
– de la créativité parfois

Il peut y avoir une restimulation possible de ma violence au travers de la peur de l'autre.	→ Climat de tension, de projections mutuelles, avec des violences possibles comme réponses.

La VIOLENCE est un cycle déclenché le plus souvent par des peurs, des incompréhensions, des projections (attribuer à l'autre un sentiment que l'on porte en soi). La puissance peut s'entendre comme la mise en œuvre du pouvoir d'influence que j'ai à un moment donné et que j'exerce au mieux, dans l'intérêt commun ou dans le sens de l'objectif fixé.

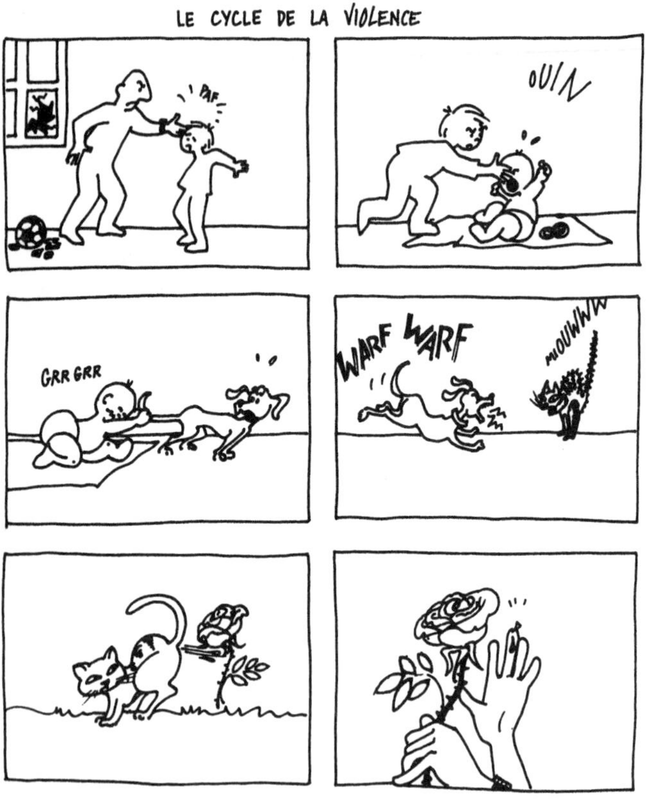
LE CYCLE DE LA VIOLENCE
PAF
OUIN
GRR GRR
WARF WARF
MIOUWWW

“La pire des colères, la plus terrible,
est la colère sincère qui se nourrit
de ses propres certitudes.”

Pour ne pas entretenir le cycle de la violence

La violence, à l'inverse de l'agressivité, n'est pas innée, elle est acquise par transmission directe ou indirecte.

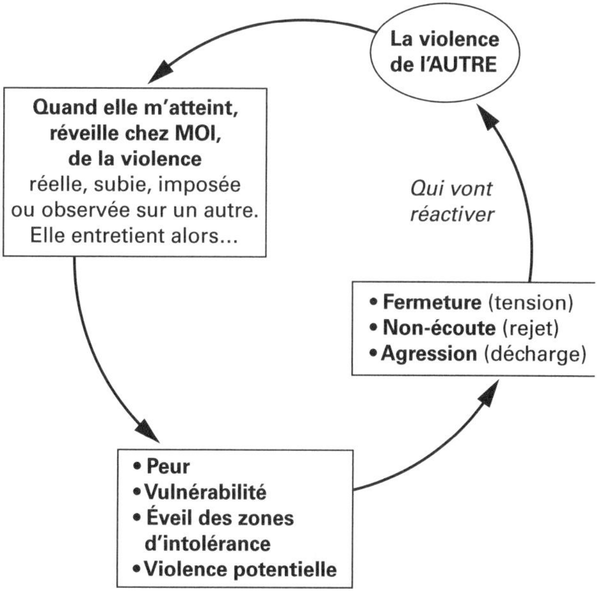
La violence de l'AUTRE
Quand elle m'atteint, réveille chez MOI, de la violence réelle, subie, imposée ou observée sur un autre. Elle entretient alors...
• Peur
• Vulnérabilité
• Éveil des zones d'intolérance
• Violence potentielle
• Fermeture (tension)
• Non-écoute (rejet)
• Agression (décharge)
Qui vont réactiver

Les déclencheurs de la violence sont multiples :

- seuil de frustation bas
- Insécurité
- besoin de trouver une place
- réponse à la violence d'autrui
- le sentiment d'impuissance

Pour ne pas entretenir le cycle de la violence

Pour ne pas entretenir le cycle de la violence :

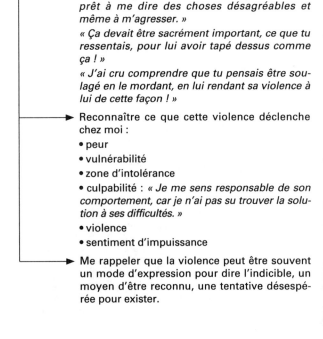

Distinguer la personne et le comportement.

Ne pas l'identifier à ce qui, venant de l'autre, me blesse ou me fait peur.

Me centrer sur la personne et non sur son comportement. Mes réponses ou mon invitation à une mise en mots devraient rejoindre la personne ou la mettre en situation de s'interroger.

« Je ne sais pas ce que j'ai blessé en vous, qui vous donne envie de me frapper... »

« Je sens que je vous ai irrité et je vous sens prêt à me dire des choses désagréables et même à m'agresser. »

« Ça devait être sacrément important, ce que tu ressentais, pour lui avoir tapé dessus comme ça ! »

« J'ai cru comprendre que tu pensais être soulagé en le mordant, en lui rendant sa violence à lui de cette façon ! »

Reconnaître ce que cette violence déclenche chez moi :
- peur
- vulnérabilité
- zone d'intolérance
- culpabilité : *« Je me sens responsable de son comportement, car je n'ai pas su trouver la solution à ses difficultés. »*
- violence
- sentiment d'impuissance

Me rappeler que la violence peut être souvent un mode d'expression pour dire l'indicible, un moyen d'être reconnu, une tentative désespérée pour exister.

Pour ne pas entretenir le cycle de la violence :

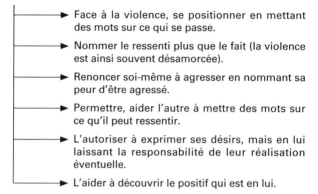

→ Face à la violence, se positionner en mettant des mots sur ce qui se passe.

→ Nommer le ressenti plus que le fait (la violence est ainsi souvent désamorcée).

→ Renoncer soi-même à agresser en nommant sa peur d'être agressé.

→ Permettre, aider l'autre à mettre des mots sur ce qu'il peut ressentir.

→ L'autoriser à exprimer ses désirs, mais en lui laissant la responsabilité de leur réalisation éventuelle.

→ L'aider à découvrir le positif qui est en lui.

**"Se sentir acculé au désespoir,
être réduit à l'impuissance,
se vivre comme victime d'une injustice
ou d'une humiliation peut donner accès
à la violence la plus injuste."**

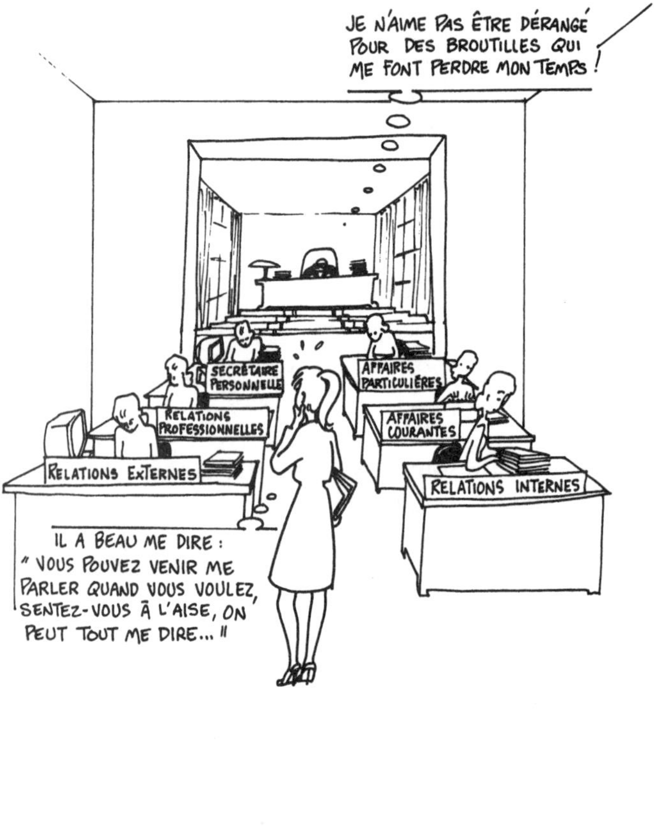
JE N'AIME PAS ÊTRE DÉRANGÉ POUR DES BROUTILLES QUI ME FONT PERDRE MON TEMPS !
SECRÉTAIRE PERSONNELLE
AFFAIRES PARTICULIÈRES
RELATIONS PROFESSIONNELLES
AFFAIRES COURANTES
RELATIONS EXTERNES
RELATIONS INTERNES
IL A BEAU ME DIRE : " VOUS POUVEZ VENIR ME PARLER QUAND VOUS VOULEZ, SENTEZ-VOUS À L'AISE, ON PEUT TOUT ME DIRE... "

Gestion des relations professionnelles

Dans le domaine des relations professionnelles,
la dominante est à la base contractuelle et fonctionnelle
et non pas affective comme dans les relations personnelles.

DANS LES ÉCHANGES PROFESSIONNELS

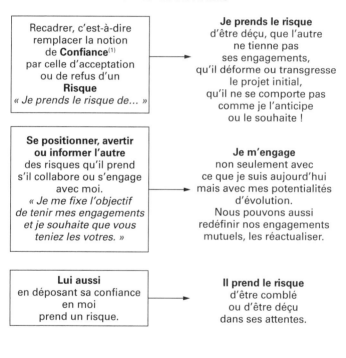

Recadrer, c'est-à-dire
remplacer la notion
de **Confiance**[1]
par celle d'acceptation
ou de refus d'un
Risque
« Je prends le risque de... »

Je prends le risque
d'être déçu, que l'autre
ne tienne pas
ses engagements,
qu'il déforme ou transgresse
le projet initial,
qu'il ne se comporte pas
comme je l'anticipe
ou le souhaite !

**Se positionner, avertir
ou informer l'autre**
des risques qu'il prend
s'il collabore ou s'engage
avec moi.
*« Je me fixe l'objectif
de tenir mes engagements
et je souhaite que vous
teniez les vôtres. »*

Je m'engage
non seulement avec
ce que je suis aujourd'hui
mais avec mes potentialités
d'évolution.
Nous pouvons aussi
redéfinir nos engagements
mutuels, les réactualiser.

Lui aussi
en déposant sa confiance
en moi
prend un risque.

Il prend le risque
d'être comblé
ou d'être déçu
dans ses attentes.

(1) La notion de confiance est toujours projective, car, en prétendant faire
confiance à l'autre, j'imagine surtout qu'il ne va pas me décevoir. Je dépose
chez lui ma confiance pour me prémunir contre tout risque de déception. Le
recours au thème de la confiance introduit les registres de l'affectif et des
valeurs morales au niveau de la relation et contribue à un risque d'amalgames pernicieux.

Relations hiérarchiques
et relations de confrontation

A. Les relations verticales ou hiérarchiques se caractérisent par : →

- La non-alternance des positions d'influence Position haute/Position basse.
- La prédominance des rapports de forces dominant/dominé.
- L'inscription dans un système de valeurs à base de gratifications et de sanctions.
- L'imprévisibilité des décisions descendantes.
- La perspective (réelle ou illusoire) d'une progression, d'une ascension dans la hiérarchie.
- Un cadre reconnu, limité ou s'exercent les relations.

Les relations d'opposition (ouvertes ou masquées) de soumission ou de pseudo-acceptation d'un côté et de contraintes ou d'impositions de l'autre, traversent et irriguent les relations hiérarchiques. Elles confirment les prises de pouvoir et les résistances de ceux qui les subissent.

B. Les relations de confrontation sont plus horizontales, elles se caractérisent par : →

- La prédominance des dialogues en apposition et non en opposition.
- La possibilité de différencier les points de vue sans s'attribuer une valeur dominante.
- L'affirmation des moyens en cohérence avec les objectifs.
- La connaissance des contraintes extérieures.
- Les points minimaux d'accord ne sont pas remis en cause à la moindre difficulté, ils garantissent l'ancrage de la relation au-delà des fluctuations du désir ou des péripéties de la relation.
- La prise en compte de différentes modalités possibles de collaboration pour une action donnée :

1. **Actif – Passif** : adhésion sans réserve au projet mais engagement sous réserve pour sa réalisation.

2. **Actif – Actif** : adhésion sans réserve au projet et engagement sans réserve dans la réalisation.

3. **Passif – Passif** : non-adhésion au projet, non engagement à la réalisation.

4. **Passif – Actif** : non-adhésion au projet mais, en plus, résistance et opposition à sa réalisation.

Les relations de confrontation sont à la base d'un management relationnel fondé, non sur l'exercice du pouvoir, mais sur le développement de l'autorité de chacun.

Économie relationnelle
dans le monde du travail

Une économie relationnelle professionnelle positive comporte des satisfactions et des investissements variés.

La balance énergétique de l'économie relationnelle se définit par l'équilibre entre les satisfactions, le plaisir, la sécurité affective et les investissements (attentes, motivations, perspectives...) engagés.

À plus ou moins long terme, en fonction de la qualité de la balance énergétique, vont se développer :

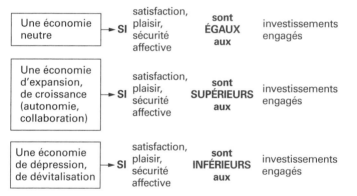

Une économie neutre	► SI	satisfaction, plaisir, sécurité affective	**sont ÉGAUX aux**	investissements engagés
Une économie d'expansion, de croissance (autonomie, collaboration)	► SI	satisfaction, plaisir, sécurité affective	**sont SUPÉRIEURS aux**	investissements engagés
Une économie de dépression, de dévitalisation	► SI	satisfaction, plaisir, sécurité affective	**sont INFÉRIEURS aux**	investissements engagés

Une économie de dépression engendre de la dépendance, une déperdition énergétique, de la fatigue, du stress, des passages à l'acte (accidents, violences), ou un absentéisme anormal. Elle est porteuse d'un potentiel pathologique qui à terme provoquera une crise.

La qualité que l'on peut souhaiter à tout organisme professionnel est celle qui permet à la fois l'évolution de sa structure et l'évolution des personnes qui y travaillent.

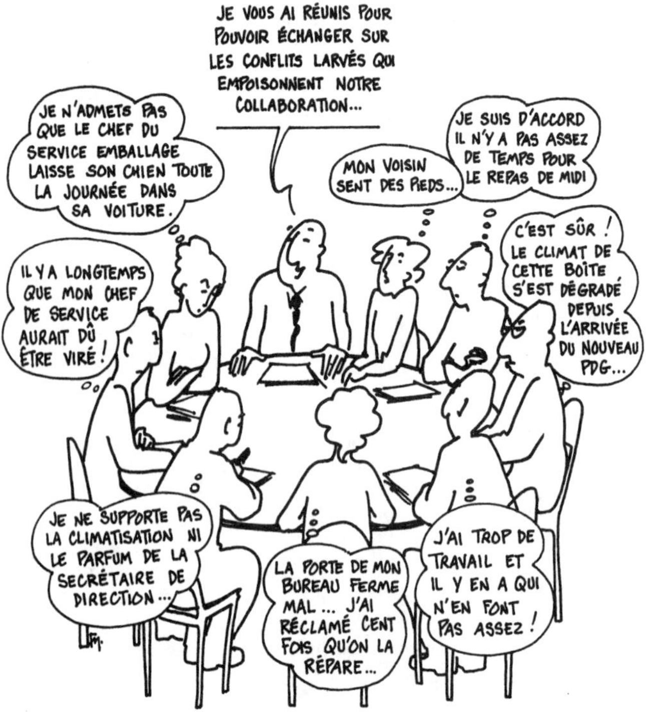
JE VOUS AI RÉUNIS POUR POUVOIR ÉCHANGER SUR LES CONFLITS LARVÉS QUI EMPOISONNENT NOTRE COLLABORATION...
JE N'ADMETS PAS QUE LE CHEF DU SERVICE EMBALLAGE LAISSE SON CHIEN TOUTE LA JOURNÉE DANS SA VOITURE.
MON VOISIN SENT DES PIEDS...
JE SUIS D'ACCORD IL N'Y A PAS ASSEZ DE TEMPS POUR LE REPAS DE MIDI
IL Y A LONGTEMPS QUE MON CHEF DE SERVICE AURAIT DÛ ÊTRE VIRÉ !
C'EST SÛR ! LE CLIMAT DE CETTE BOÎTE S'EST DÉGRADÉ DEPUIS L'ARRIVÉE DU NOUVEAU PDG...
JE NE SUPPORTE PAS LA CLIMATISATION NI LE PARFUM DE LA SECRÉTAIRE DE DIRECTION...
LA PORTE DE MON BUREAU FERME MAL... J'AI RÉCLAMÉ CENT FOIS QU'ON LA RÉPARE...
J'AI TROP DE TRAVAIL ET IL Y EN A QUI N'EN FONT PAS ASSEZ !

Affronter et traverser
les états de crise

Le déséquilibre entre des attentes, des investissements
et des non-réponses ou des réponses inadéquates
dans une situation donnée, s'exprime par des :
Symptômes, Incidents, Passages à l'acte[1] :
avec la tentation de colmater, « d'arranger »,
d'estomper les différences, de recourir à des compromis
pour avoir la paix, en croyant que la situation
évoluera d'elle-même et que l'autre comprendra,
changera, modifiera ses réponses ou ses conduites[2].
**Quand les clignotants ne sont pas pris en compte,
quand les signaux d'alarme se répètent**
(malaises, retour du réactionnel, déperdition d'énergie,
accidents, somatisations).

**Développement du système
SAPPE**

**Développement de
la méthode ESPERE**

2 possibilités

- Nier le conflit, évitement, fuite
- Accepter la pression comme étant inévitable
- Imaginer qu'un événement extérieur viendra tout arranger ou que l'autre va quand même comprendre (syndrome du père Noël)

- Déplacer sur des personnes tierces
- Accuser une entité
- Bouc émissaire

- Plaintes
- Rumeurs
- Appel à l'autorité
- Sabotages relationnels

- Restimulation et résurgence du problème
- Fuite, démission

- Ouvrir le conflit en créant une confrontation
- Temps et lieux de parole pour favoriser l'expression et la mise en commun des vécus, des perceptions personnelles
- Négociation ⇐ Consultation / Affrontement / Décision

- Contrôle des résultats
- Évaluation des impacts

(1) Et aussi actes de passage.
(2) Attitudes trop fréquentes dans l'institution familiale ou conjugale.

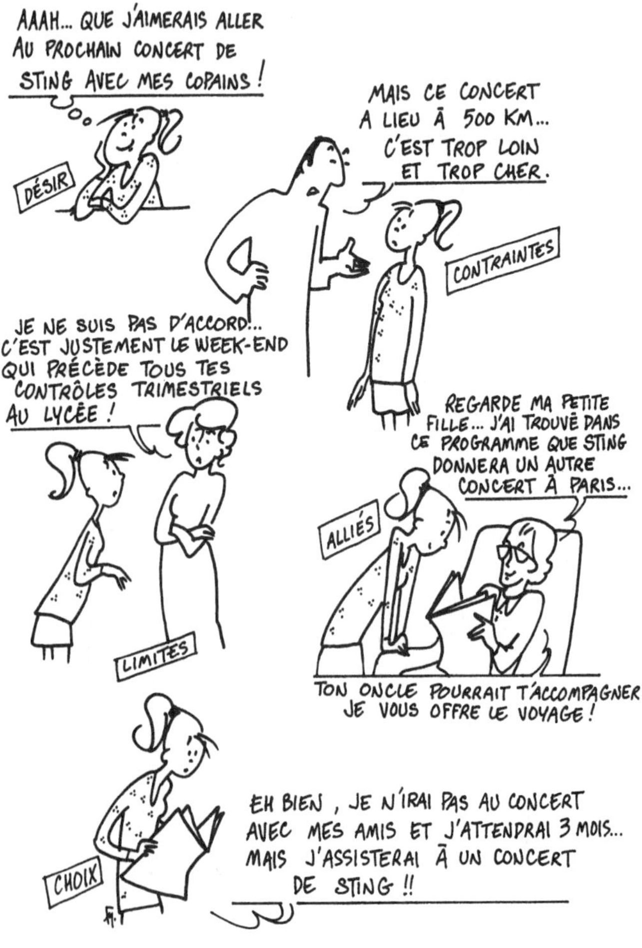
AAAH... QUE J'AIMERAIS ALLER AU PROCHAIN CONCERT DE STING AVEC MES COPAINS !
DÉSIR
MAIS CE CONCERT A LIEU À 500 KM... C'EST TROP LOIN ET TROP CHER.
CONTRAINTES
JE NE SUIS PAS D'ACCORD... C'EST JUSTEMENT LE WEEK-END QUI PRÉCÈDE TOUS TES CONTRÔLES TRIMESTRIELS AU LYCÉE !
LIMITES
REGARDE MA PETITE FILLE... J'AI TROUVÉ DANS CE PROGRAMME QUE STING DONNERA UN AUTRE CONCERT À PARIS...
ALLIÉS
TON ONCLE POURRAIT T'ACCOMPAGNER JE VOUS OFFRE LE VOYAGE !
EH BIEN, JE N'IRAI PAS AU CONCERT AVEC MES AMIS ET J'ATTENDRAI 3 MOIS... MAIS J'ASSISTERAI À UN CONCERT DE STING !!
CHOIX

Sortir de la crise
par le conflit ouvert

« Rien n'est pire que le conflit larvé. »

Quand, dans une situation donnée, stabilisée, équilibrée, s'introduit

UN ÉLÉMENT NOUVEAU
il peut se créer un déséquilibre.

Après une phase de latence, de réajustements possibles, peut surgir

LA CRISE

■ Tensions, malaises, symptômes
avec la mise en place d'une auto-régulation spontanée visant
au retour de l'équilibre

■ Une recherche d'ajustements, d'aménagements nouveaux
La tentation courante est, à ce moment-là, de revenir au stade
de « vouloir surtout le changement de l'autre »
ou « la disparition de l'élément gênant (ou perçu comme tel)

■ L'instauration d'un conflit larvé

avec des manifestations	
de résistance	d'opposition
de part et d'autre	ouverte, larvée

Signaux révélateurs (fuite, absentéisme, communications indirectes,
erreurs, retards, sabotages plus ou moins conscients)

Le dépassement d'une crise peut se faire par

LE CONFLIT OUVERT
avec comme alternative

Exacerbation de l'affrontement
visant à la négation de l'autre
et à l'étouffement des velléités
de changement

Confrontation, repositionnement
des attentes et établissement
d'un rapport de forces différent

Oser le conflit pour
réénergétiser
les positions de chacun
et rechercher les solutions
en appliquant
la méthode ESPERE

Une évolution vers
le maintien du système
SAPPE

Un développement
vers la méthode
ESPERE

Vivre autrement les relations parentales

Entre les ex-enfants appelés adultes
et les ex-enfants plus âgés appelés parents.
Malgré l'amour, malgré une profusion de sentiments, les relations
avec nos parents sont trop souvent chargées de contentieux,
de maladresses, d'exigences multiples de part et d'autre.

Démarche de conscientisation
C'est MOI SEUL

qui produis, entretiens, nourris et restimule
tous mes ressentiments, mes privations, mes refus, mes fuites.
**Même si la conduite de l'autre, en face de moi, est habile
pour les restimuler ou les entretenir par des attitudes,
des réponses inadéquates à mes attentes ou à mes désirs.**

Apprendre à MÉTA-COMMUNIQUER
(c'est-à-dire communiquer sur la communication)

Cela veut dire tenter de définir le type d'échange proposé et
souhaité.

■ Parler sur le type de communication que je souhaite avoir dans l'instant de l'échange, au moment même où je rencontre celui avec lequel je constate justement qu'il est difficile de communiquer. « *Je souhaite pouvoir me dire sans être interrompu ou jugé...* »

■ Contextualiser et signifier qu'il s'agit d'une communication actuelle, au présent, mais qui renvoie à quelqu'un que j'étais (petit enfant) et à quelqu'un qu'il était (l'adulte de l'époque où il a fait ou dit ce qui justement m'a blessé). « *Je te parle de l'enfant que j'étais quand je me suis senti rejeté.* »

■ Prendre le risque de **parler de soi, uniquement de soi** : « *Voici ce que j'ai vécu, ce que j'ai ressenti, ce que j'ai pensé dans cette situation-là, à ce moment-là.* »

■ Ne pratiquer ni accusations, ni reproches, ni mises en cause de l'autre, ni auto-dévalorisations. « *Je ne discute pas sur le fait d'avoir été mis en pension à 12 ans, j'exprime le malaise et le désarroi que j'ai alors ressentis.* »

■ Inviter l'autre à ne pas confondre ce que je dis (mise en mots), ce que je tente d'exprimer aujourd'hui, avec une mise en cause de sa personne.

■ Je n'attends ni justification, ni dérobade, j'attends seulement d'être entendu.

Apprendre à REDÉFINIR

MES BESOINS	MES ATTENTES	MES ESPOIRS	MES ZONES D'INTOLÉRANCE

■ Prendre le risque de m'en occuper si je ne suis pas entendu.
■ Prendre soin de mes besoins, de mes désirs.
■ Prendre en charge une partie de mes attentes.

Pour passer du désir à la réalisation

**Il y a toujours un immense fossé entre
DÉSIR et RÉALISATION.
Ce fossé peut être comblé en prenant conscience
de différents obstacles.**

Voici un cheminement possible :

DÉSIR

- Comment passer du « j'aimerais que » au « je décide que » ?
- Comment passer du désir (imaginaire) au projet
(début d'ancrage dans la réalité) ?

Le désir est à l'intérieur... Le projet est à l'extérieur !

PROJET

Le projet est le premier pas du désir... vers la réalité.

CONTRAINTES – LIMITES
RESSOURCES POSSIBLES

Le projet étant posé, évaluer les contraintes,
repérer les limites et les ressources.

ALLIÉS

Rechercher des alliés, des soutiens, des appuis.

CHOIX DES MOYENS

Capacité à faire des choix entre plusieurs moyens.

DÉCISION

Prendre une décision, c'est aussi renoncer
à des moyens inaccessibles ou inadéquats.

RÉALISATION

S'engager dans l'action en acceptant que
la réalité soit parfois différente de l'imaginaire.

CONTRÔLE DES RÉSULTATS

Évaluation de la démarche. Réajustements possibles.

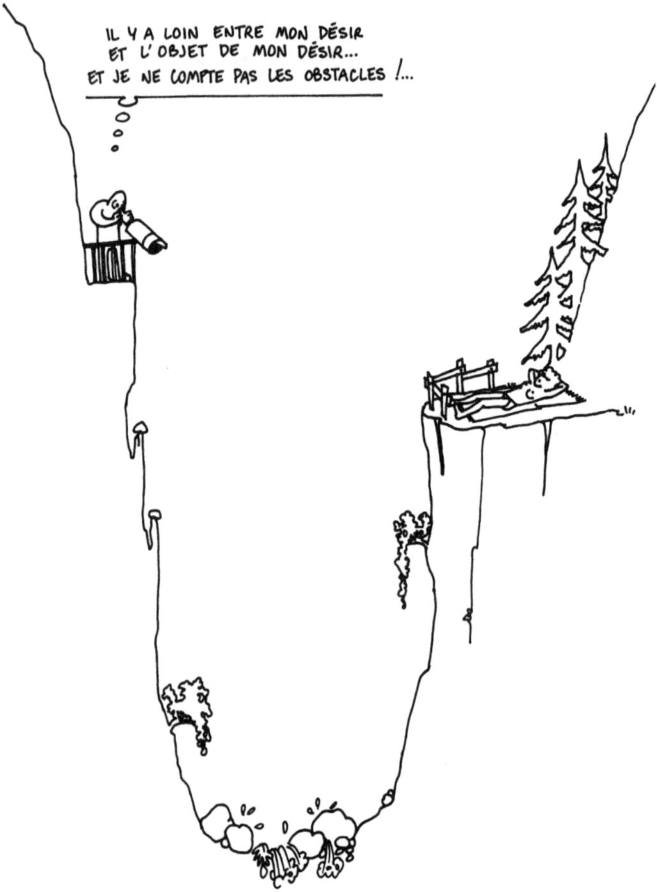
IL Y A LOIN ENTRE MON DÉSIR
ET L'OBJET DE MON DÉSIR...
ET JE NE COMPTE PAS LES OBSTACLES !...

Pour passer du désir à la réalisation

Il est toujours dans l'imaginaire et souvent entouré de peurs, d'interdits, de censures personnelles ou venant de l'entourage.

Il est associé à des représentations mentales, à des croyances et aussi à des conditionnements.

Ex. : Je suis aide-soignante, j'ai le désir de faire une formation en cours d'emploi pour devenir **DÉSIR** ➞ infirmière diplômée d'État, mais j'ai peur :

– *« Que ce soit trop difficile ! »*
– *« Que mon mari ne soit pas d'accord ! »*
– *« Que mes enfants en souffrent ! »*

Quelles que soient mes peurs : entendre les désirs qui sont derrière les peurs pour passer du désir au projet.

Le désir ne se valide pas toujours sur la base de notre seul enthousiasme.

C'est le passage du désir à la réalité, le premier pas hors de l'imaginaire. Le désir est à l'intérieur de moi, le projet est à l'extérieur de moi.

Ex. : Je m'informe sur les conditions de la formation, sur l'examen d'entrée. Je sonde autour de moi les réactions à ce projet.

Et, si j'en parle autour de moi, J'ACCEPTE DE LAISSER CHEZ L'AUTRE SES DÉSIRS OU SES PEURS :

PROJET ➞ *« Oui, tu devrais... tu ne peux pas rester aide-soignante toute ta vie. »* Ou l'inverse : *« C'est trop difficile, de toute façon, tu as une bonne place, qu'est-ce que tu vas chercher de plus ? »*

Établir un projet personnel suppose de pouvoir se positionner face à l'entourage proche.

Il peut y avoir entre un désir et un projet... des apprivoisements, des relais.

CONTRAINTES ➞ Repérer les contraintes que je rencontrerai (horaires, remise à niveau, les aménagements à faire dans mon mode de vie, l'aspect financier ou les résistances de mon entourage).

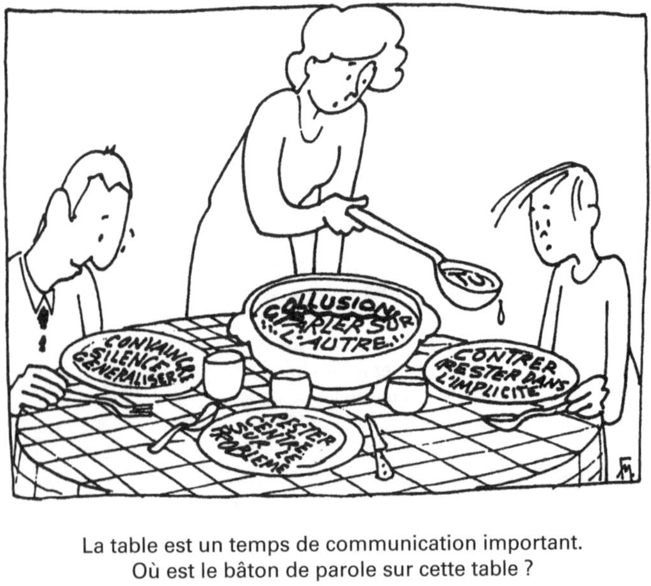
TU
COLLUSION
PARLER SUR L'AUTRE
CONVAINCRE
SILENCE
GÉNÉRALISER
CONTRER
RESTER DANS L'IMPLICITE
RESTER CENTRÉ SUR LE PROBLÈME

La table est un temps de communication important.
Où est le bâton de parole sur cette table ?

Pour passer du désir à la réalisation

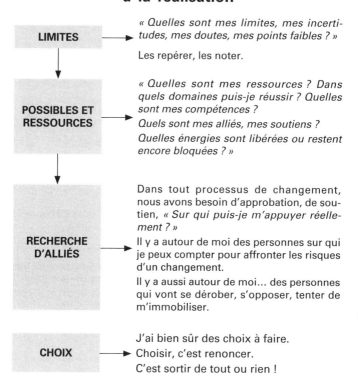

LIMITES → *« Quelles sont mes limites, mes incertitudes, mes doutes, mes points faibles ? »*

Les repérer, les noter.

POSSIBLES ET RESSOURCES → *« Quelles sont mes ressources ? Dans quels domaines puis-je réussir ? Quelles sont mes compétences ?*
Quels sont mes alliés, mes soutiens ?
Quelles énergies sont libérées ou restent encore bloquées ? »

RECHERCHE D'ALLIÉS → Dans tout processus de changement, nous avons besoin d'approbation, de soutien, *« Sur qui puis-je m'appuyer réellement ? »*

Il y a autour de moi des personnes sur qui je peux compter pour affronter les risques d'un changement.

Il y a aussi autour de moi... des personnes qui vont se dérober, s'opposer, tenter de m'immobiliser.

CHOIX → J'ai bien sûr des choix à faire.
Choisir, c'est renoncer.
C'est sortir de tout ou rien !

"Comme je sais mieux
ce que je ne veux pas que ce que je veux,
j'ai donc tendance à aller vers
ce que je connais le mieux...
ce que je ne veux pas !**"**

Pour passer du désir à la réalisation

Faire des choix, c'est renoncer, c'est renoncer provisoirement aux autres possibles.

DÉCISION

Je prends une décision.
Elle peut être limitée dans le temps, se développer et se concrétiser par étapes.
Je peux en évaluer les conséquences.

RÉALISA-TION

Je confronte ma décision avec la réalité.
Il y a souvent un décalage entre la réalité et le rêve.
« Il y a des cours de préparation, je m'inscris. »
« Il y a une école pour suivre la formation, je demande le dossier. »
« Cette préparation me coûte, déstabilise mon budget. »

BON CHEMIN

Oui, passer du désir à la réalisation suppose de traverser tous ces obstacles ou… tous ces possibles.
Le projet le plus compliqué est celui qui implique le désir d'un autre ou de plusieurs autres.
« Je voudrais aller à Venise avec toi – Cela implique que tu aies un éventuel désir d'aller à Venise, et avec moi de préférence. »
Le désir d'un projet commun porte en évidence sur une partie du désir de l'autre. Nous pouvons seulement tenter de le réveiller, de le stimuler, de l'associer à notre propre désir.
Je ne peux ni forcer, ni imposer, ni culpabiliser.
Je ne peux qu'inviter, proposer, initier.
Je constate parfois que, malgré mon désir manifesté, exprimé, l'autre se dérobe régulièrement.
J'apprends ainsi à mieux distinguer désirs conscients (ici = son désir manifesté, ses paroles) et désirs inconscients, non-désirs conscients et non-désirs inconscients (ici = le fait qu'il se dérobe, qu'il pose des actes conflictuels ou réducteurs).

Tenter d'être clair
avec soi-même face à autrui

Entrer en relation avec autrui et pouvoir être accepté tel que je suis est un des désirs fondamentaux de chacun. Pour y parvenir, nous ne sommes pas toujours prêts à nous transformer. Des adaptations seront nécessaires, avec parfois un prix très fort à payer, pouvant aller jusqu'au conflit avec des proches. Je ne peux pas changer ce que je suis, car je le suis. Ce que je peux, c'est découvrir ce qu'il y a sous les apparences trompeuses sous lesquelles je me présente !

Arrêter toute pratique de tromperie avec moi-même, arrêter tout effort pour être quelqu'un d'autre et laisser émerger ce que je suis, en congruence avec ce que je ressens, me permet de tracer un chemin vers un meilleur épanouissement.

La clarification consiste à écarter tout ce qui n'est pas moi, tout ce qui m'a été imposé, jusqu'à pouvoir me présenter aux autres, en accord avec ce que j'éprouve, et sens. Faire qu'entre la carte intime et l'interface de notre relation au monde, il y ait le plus d'accord, de cohérence possible. La clarification nous aide à prendre le risque de retirer tous les masques, les uns après les autres, pour atteindre un contact plus direct avec la carte intime de l'autre. Car la seule manière de transformer notre vie consiste à développer notre capacité à communiquer le plus librement possible.

> La clarification aide à rétablir le lien interrompu
> avec nous-mêmes et avec l'autre.

Nous avons deux manières de nous présenter à l'autre, directement ou indirectement.

LA COMMUNICATION DIRECTE est simple et immédiate. Nous ne pouvons pas l'obtenir grâce à la seule volonté. Arriver à communiquer directement, c'est-à-dire réellement, ne demande pas de capacités extraordinaires, mais de la cohérence et de la rigueur dans la mise en pratique de quelques règles d'hygiène relationnelle.

LA COMMUNICATION INDIRECTE : notre mental attire notre attention là où n'est pas notre réalité, sans que nous en soyons conscient. Le mental nous sépare de nous-mêmes et de l'autre. Notre volonté d'être aimé le nourrit. Il s'est constitué à partir des constructions défensives, rationnelles ou irrationnelles, autour du non-dit ou des non-réponses de la vie.

Les pièges et les gains
du cinéma intérieur

Nous sommes de véritable spécialistes du film intimiste

A. Films à douleur garantie Je suis : le scénariste

le réalisateur

l'acteur

le producteur fécond de ma propre rumination, de mon malaise, de mes ressentiments...

■ Je prends du plaisir à « visionner dans ma tête » les situations, les événements, les paroles blessantes, les blessures relationnelles avec :

PLUSIEURS SUJETS DE CHOIX
- les humiliations supportées
- les injustices subies
- les incompréhensions vécues
- la malignité d'autrui.

■ J'ai aussi des scénarios très anciens que j'adore me repasser, que je peaufine, que j'embellis à chaque passage pour me confirmer combien je suis, malgré les apparences, « *quelqu'un d'exceptionnel* » pour supporter tout cela ! « *Combien je suis mal aimé, incompris !* »

Films de victimisation à base de dévalorisation ou de disqualification.

Films pour l'entretien de l'auto-négativité et du sentiment que les autres sont injustes à mon encontre.

B. Films à essais

Films avec lesquels je me gratifie, je me valorise ou je me leurre pour échapper à la triste réalité.

Films d'imagination et de transformation de la réalité à venir.

J'imagine comment la réalité devrait être et je suis désespéré qu'elle ne corresponde pas à ce que j'avais prévu, anticipé ou rêvé.

Mais je suis prêt à recommencer... à imaginer que la réalité devrait quand même être... comme je la veux.

Films à base de ressentiments, de rancœurs et d'accusation.

Films à base d'évasion hors du réel (fuite dans l'imaginaire).

C. Films à restauration narcissique

Avec lesquels je « répare » symboliquement des situations négatives.

Films de réassurance et de restauration de ma propre image.

Je deviens le héros méconnu et irremplaçable.

Je gratifie mon ego.

Tout changement suppose un prix à payer

DANS DEUX DIRECTIONS

Un prix à payer par soi-même sous forme d'insécurité liée à la déstabilisation due à la remise en cause de croyances, de certitudes ou d'habitudes de vie.

Un prix que nous font souvent payer les autres, surtout les autres proches... quand ils se sentent menacés par notre évolution ou notre changement.

POSTULAT → Ne jamais compter sur la compréhension spontanée de ceux qui prétendent nous aimer.
Cette attente risque d'être déçue !

PRÉAMBULE → Tout changement, toute évolution dans une démarche de formation aux relations humaines insécurise, déstabilise, inquiète, et mobilise une flambée d'énergies contraires au mouvement amorcé.

Les risques et les difficultés à envisager

■ Une incompréhension, un recul, une prudence de l'entourage d'autant plus forte que le changement est spectaculaire.

■ Une marginalisation possible de vous et de la démarche entreprise par ceux qui vous sont proches.

■ Un refus, « d'en entendre plus », voire un rejet.

■ Des jugements de valeur sur votre personne : « *Tu es folle ! »*, « *Tu es cinglé ! »*, « *Tu es vraiment inconscient de faire des choses comme ça ! »*, « *Il va falloir te faire soigner ! »*, « *Tu ne penses qu'à toi, tu es devenue égoïste ! »*

■ Des jugements de valeur sur la démarche, la méthode ou l'animateur de la démarche : « *C'est une secte ! »*, « *Tu t'es fait envoûter par ces gens-là ! »*, « *Et tu paies pour ça, tu te fais escroquer sans t'en rendre compte ! »*, « *Tu n'as pas vu que c'est un gourou qui ne pense qu'à se faire du fric avec tes malheurs ! »*

■ Un renforcement du système relationnel précédent et surtout une recrudescence chez ceux qui prétendent vous aimer... des conduites que justement vous souhaitiez éviter ou changer !

■ Une contrainte, des menaces, des violences verbales, parfois physiques, pour vous obliger à revenir à des positions antérieures, à un mode de vie ancien.

> **Tout cela, bien sûr, n'exclut pas une prudence, une vigilance, une attention, une écoute respectueuse et ajustée en direction de vos proches par rapport à vos démarches de formation ou de changement.**

Construire la stratégie
de son propre changement

Accepter de donner
plus d'attentions et de soins
aux relations intrapersonnelles
et interpersonnelles.

RELATIONS
INTRAPERSONNELLES

*Comment je communique
avec moi-même ?*

RELATIONS
INTERPERSONNELLES

*Comment je communique
avec les autres ?*

Quels que soient mon statut social,
ma place ou ma fonction,
je dispose
d'un pouvoir personnel.

Comment est-ce que je l'utilise ?

*Contre moi
(souvent ?)*

*Pour moi
(rarement ?)*

Je peux améliorer la communication, je peux assainir mes relations,
mais le point le plus difficile à modifier, c'est le système relationnel
auquel je collabore le plus souvent sans même le savoir.

J'ai la capacité de modifier mon propre comportement
dans une relation quand je peux percevoir et identifier
dans quelle mesure et de quelle manière certains de mes actes,
de mes attitudes ou de mes propos
collaborent à un système relationnel
qui pourtant ne me convient pas.

**Les flèches et la cible ont un accord secret,
si la cible sait l'accueillir et la flèche la désirer**

Je peux donc
commencer à changer
la nature de mes interactions
dans un système donné.

Je peux changer de comportement
dans deux domaines :

*Celui des attentes
et des demandes*

En faisant le tri
de mes attentes,
en repérant
mes priorités, en prenant
la responsabilité
de répondre moi-même
à certaines d'entre elles,

je me réénergétise,
je me confirme,
je conquiers plus
d'autonomie
et d'espace intime.

*Celui des réponses
et des actions*

En me positionnant
plus clairement face
aux atteintes
et aux demandes
de l'autre,

en posant des actes
qui ne sont pas
de réactions
mais des actions,

je maintiens une confiance
en moi plus élevée.

Ainsi je trouve,
ou retrouve, une autonomie de pensées
et d'actions, et surtout l'estime
de moi-même.

Construire la stratégie
de son propre changement

Recadrage des comportements

Relations familiales :

« *Pendant des années, ma mère m'appelait trois fois par jour (disons plutôt que je décrochais trois fois par jour le téléphone, tout en pestant contre ses intrusions).*

Un jour, un jeudi matin, j'ai demandé à ma mère de m'appeler seulement le lundi suivant à 8 h 15.

– Mais, mais... je vais t'appeler avant !

– Je te demande de m'appeler lundi matin à 8 h 15. J'attendrai ton appel à ce moment-là.

Ce fut une espèce de miracle. Jusqu'alors, ma mère m'appelait parce que je n'avais pas de demande à son égard. Elle vérifiait sans arrêt si je n'avais besoin de rien. En lui faisant cette demande, j'étais sorti du système contre lequel je pestais depuis des années. »

« *À l'adolescence de ma fille, ce fut terrible. Elle rejetait tout : mes attentions, mes cadeaux, mon amour, comme mes remarques ou mes exigences les plus minimes. Je ne pouvais être ni maman, ni mère. Puis j'ai enfin entendu qu'elle restimulait toute une régression en moi. J'aurais voulu qu'elle redevienne petite. Moi qui avais grandi trop vite, j'aurais voulu la protéger, la materner, lui donner tout ce que je n'avais pas reçu, sachant qu'après ce serait trop tard. J'ai pris conscience que son indépendance, sa distance, ses refus de communiquer faisaient remonter tous mes manques. J'étais dans une tristesse infinie de découvrir que mon activisme était une protection pour m'empêcher de déprimer.* »

Relations professionnelles :

« *Mon collègue me demandait fréquemment de l'appeler pour lui dire si tout marchait bien lors de mes déplacements. J'acceptais de le faire mais avec beaucoup d'irritation, sous la contrainte. Un jour, je lui ai dit que j'avais entendu sa demande, mais que je n'y répondrais pas. S'il était inquiet, je le laissais faire quelque chose pour son inquiétude en m'appelant, lui...* »

« *Je m'éparpillais beaucoup, j'accusais mon patron de me donner trop de travail, pas assez de moyens. Je vivais dans une profonde insatisfaction de moi-même, doutant de mes capacités. J'ai mis plusieurs mois dans ce poste à oser définir mes priorités, à fixer mes propres limites, à m'engager. J'avais peur de m'investir, car je voyais ce travail comme un emploi de transition, je ne voulais pas qu'il devienne important pour moi.* »

**"Il arrive parfois
que la rencontre avec certains
événements ou avec des personnes
soient d'excellents exercices
pour l'érosion de notre ego.
Soyez attentifs à ces événements,
prenez-en soin !"**

Savoir-être et savoir-devenir

Se libérer du passé pour vivre le présent et préparer l'avenir.

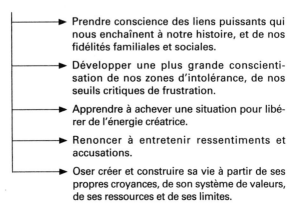

- Prendre conscience des liens puissants qui nous enchaînent à notre histoire, et de nos fidélités familiales et sociales.
- Développer une plus grande conscientisation de nos zones d'intolérance, de nos seuils critiques de frustration.
- Apprendre à achever une situation pour libérer de l'énergie créatrice.
- Renoncer à entretenir ressentiments et accusations.
- Oser créer et construire sa vie à partir de ses propres croyances, de son système de valeurs, de ses ressources et de ses limites.

Apprendre à s'affirmer dans le respect de soi et des autres dans le cadre familial, social et professionnel.

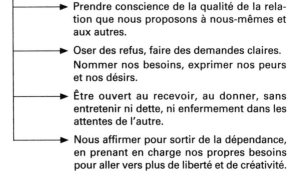

- Prendre conscience de la qualité de la relation que nous proposons à nous-mêmes et aux autres.
- Oser des refus, faire des demandes claires. Nommer nos besoins, exprimer nos peurs et nos désirs.
- Être ouvert au recevoir, au donner, sans entretenir ni dette, ni enfermement dans les attentes de l'autre.
- Nous affirmer pour sortir de la dépendance, en prenant en charge nos propres besoins pour aller vers plus de liberté et de créativité.

❝Ce n'est ni avec des regrets, du ressentiment ou de la nostalgie que l'on peut panser ses blessures.❞

Prendre la responsabilité de l'amélioration de ses relations et de sa vie :

- ➤ Sortir de la victimisation : ni accusation, ni auto-accusation, mais responsabilisation.
- ➤ Reconnaître ses manques, c'est aussi renoncer à les combler pour mieux témoigner de ses besoins.
- ➤ Porter un regard différent sur sa vie et ne pas hésiter à recadrer certains événements de son histoire.
- ➤ Se réconcilier avec ses désirs et positiver ses attentes.
- ➤ Accepter de relativiser les situations présentes pour les dynamiser en les situant par rapport à un devenir.

Aujourd'hui est le premier jour de ma vie à venir.

❝Lorsqu'on ne peut transformer une situation ou un événement, il n'y a pas d'autre alternative que d'en transformer le sens.❞

Le plus beau cadeau
que je puisse me faire
est d'agrandir
ma capacité
à me découvrir,
à m'apprécier,
à m'exprimer
et à développer
mes ressources relationnelles.

« Cette méthode est une méthode possible.
Elle n'est ni vraie ni fausse.
Elle constitue un guide pour les activités et pour la réflexion théorique.
Sa validité éventuelle se mesurera à sa fécondité.
Comme tous les produits du penser, son destin est d'être soumise aux objections et aux critiques (c'est-à-dire au travail du négatif), aux compléments et aux rectifications (c'est-à-dire au travail de l'indéfinitif), aux synthèses et aux reconstructions (c'est-à-dire au travail du récapitulatif).

... Mon but est de la mener le plus loin possible et d'arrêter de m'en servir quand moi-même ou d'autres en auront rencontré les limites. »

Didier ANZIEU
Psychanalyste

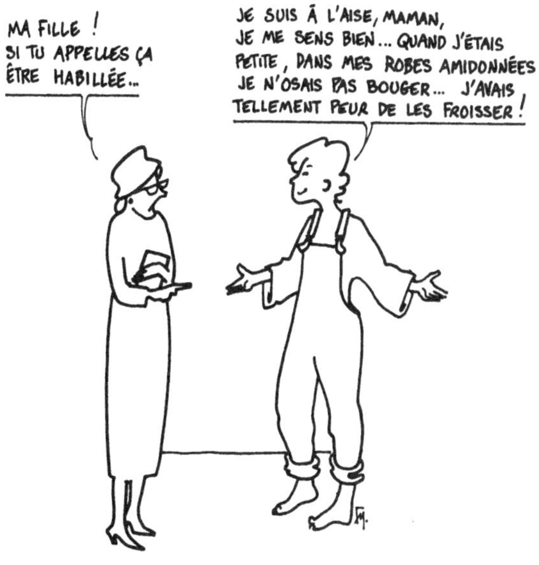
MA FILLE ! SI TU APPELLES ÇA ÊTRE HABILLÉE...
JE SUIS À L'AISE, MAMAN, JE ME SENS BIEN... QUAND J'ÉTAIS PETITE, DANS MES ROBES AMIDONNÉES JE N'OSAIS PAS BOUGER... J'AVAIS TELLEMENT PEUR DE LES FROISSER !

“Dire la vérité, mais laquelle ?
L’important d’une vérité c’est le sens
qu’elle recèle, c’est le sens
auquel nous accédons.”

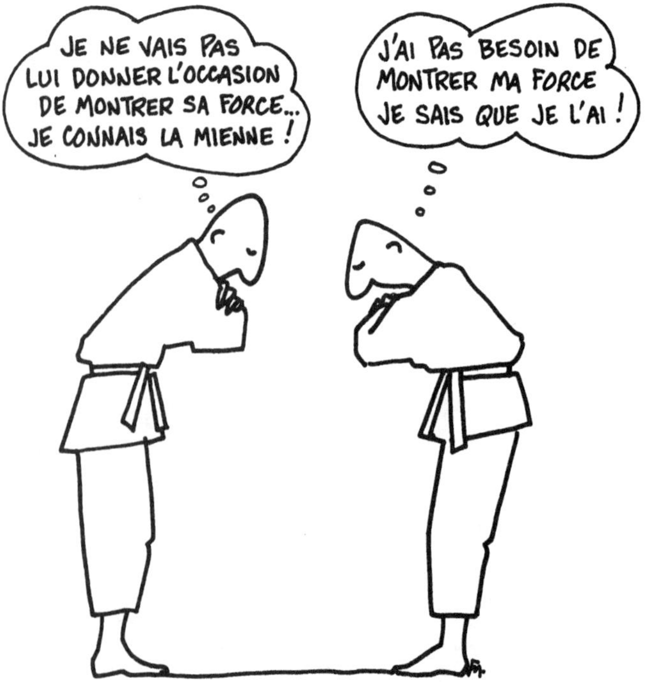
JE NE VAIS PAS LUI DONNER L'OCCASION DE MONTRER SA FORCE... JE CONNAIS LA MIENNE !
J'AI PAS BESOIN DE MONTRER MA FORCE JE SAIS QUE JE L'AI !

Résistances, difficultés et écueils rencontrés dans la mise en pratique de la méthode ESPERE

La méthode ESPERE se heurte au système relationnel déjà en place.

Elle arrive sur un terrain occupé par les pratiques du système SAPPE.

Elle va se confronter à la puissance des conditionnements acquis.

Vous serez parfois habité par le sentiment de nager à contre-courant. La lassitude, le découragement, le doute peuvent freiner votre ardeur. Vous serez tenté de revenir à des habitudes et à des pratiques antérieures.

Avec le système SAPPE, vous êtes en terrain connu, confortable, même si vous en pressentez les effets pervers.

Avec la méthode ESPERE, c'est l'inconnu, la rigueur, la vigilance et parfois un peu plus de solitude… Tout au moins au début.

Le retour du système SAPPE

Toute tentative pour introduire la méthode ESPERE va réactiver, restimuler le système SAPPE.

Un trop grand empressement à accepter les repères de la méthode ESPERE, un enthousiasme et un investissement à dominante essentiellement affective risquent parfois de susciter paradoxalement des résistances.

Le danger est celui de se jeter à corps perdu dans la méthode et de s'épuiser rapidement face aux frustrations, aux difficultés et aux obstacles rencontrés.

Une utilisation des outils de la méthode ESPERE revus et corrigés à travers le filtre réducteur du système SAPPE, vont nous permettre de constater que certains peuvent s'approprier les outils ou les règles d'hygiène relationnelle pour les utiliser à leur seul profit.

« Tu m'as blessé par ta remarque, alors je te rends ta violence, ça t'apprendra à réfléchir deux fois avant de parler ! »

L'induction d'une réticence, d'une réserve ou d'une mise en doute peut insécuriser celui qui s'est exprimé

- *« Vous ne pensez pas ce que vous dites... »*
  « Et vous croyez qu'il suffit de confirmer pour que l'autre vous comprenne ! »

- Ces personnes tentent de vous attribuer ce qu'elles ressentent.
  « Vous ne croyez pas que des gens fragiles peuvent être choqués par vos propos ? »
  « Mais avec les enfants quand même, on ne peut pas toujours leur donner raison... »

- Elles ne peuvent se dire directement.
  « Je crois qu'il peut y avoir des personnes choquées par vos propos. »
  « Vous imaginez peut-être que ma belle-mère va accepter de reprendre les disqualifications qu'elle a déposées sur moi ? »

**Celui qui peut exprimer directement ses sentiments
ou son point de vue propose une relation claire.
L'implication personnelle d'un interlocuteur se reconnaît au fait
qu'en l'écoutant vous entendez que « celui qui vous parle »
a bien ce sentiment-là et ne tente pas de vous l'attribuer.**

Se laisser définir

→ En acceptant que l'autre nous dicte notre conduite.
« Je devrais suivre le conseil qui m'a été donné de... »
« Il a certainement raison, j'ai eu tort de refuser... »

→ En s'imposant ainsi une deuxième injonction après une première reçue.
« Tu dois réussir à l'école... »,
« Je dois tout faire pour ne pas décevoir mes parents ! »

→ En prenant pour soi la définition que l'autre a de nous.
« S'il me traite d'idiot et que je me sens idiot, c'est que je dois être vraiment idiot. »
« Il ne peut pas me faire confiance depuis que je l'ai contredit en réunion ! »

→ En renonçant à ses propres désirs pour entrer dans ceux de l'autre.
« Bon, si tu veux... »
« C'est d'accord, on ira comme tu le souhaites en vacances en Corse... »

→ Je peux quand même accepter de me laisser influencer par la position, la remarque ou la demande de l'autre. Il va s'agir, dans ce cas, d'un choix qui entraîne un renoncement ou un changement de point de vue chez moi.
« Je vais réfléchir à ce que tu viens de dire. »
« En t'écoutant, j'entends quelque chose que je n'avais pas perçu jusque là. »

Tenter d'imposer ses croyances

→ J'imagine que l'autre a ou devrait avoir ma croyance, mes idées dans tel ou tel domaine.
« J'ai la croyance qu'il devrait comprendre que je n'ai pas envie d'aller en vacances depuis que je sais que ma mère est malade. »
« J'ai la croyance que, s'il m'aimait vraiment, il n'aurait pas accepté ce changement de travail. »

Ne pas pouvoir renoncer au ressentiment et entretenir la victimisation

> Quand l'autre a un comportement, une parole, une attitude qui nous a déçu, insécurisé, blessé, plutôt que de restituer symboliquement la violence ainsi reçue et mettre des mots sur notre vécu, nous préférons rester dans l'accusation, dans le reproche, dans la mise en cause de l'autre.
>
> *« Tu n'aurais pas dû... »*
> *« Tu aurais dû comprendre que... »*
> *« Tu aurais dû... »*

Garder le ressentiment permet de se présenter en victime et de maintenir l'autre en position de bourreau ou d'accusé.

Le refus de comprendre :

> Pour certaines personnes, accepter d'entendre le point de vue différent de l'autre équivaut à le comprendre et donc à cautionner son point de vue. Leur seuil de différenciation étant peu élevé, tout se passe comme si leur propre point de vue était menacé ou en danger si elles accueillaient le point de vue de l'autre.

> Le refus de comprendre est un argument habile de notre raison pour ne pas entendre ce qui est touché en nous.

> Le refus de comprendre est une sauvegarde illusoire contre le changement.
>
> *« Je ne peux pas comprendre comment tu peux encore verser de l'argent à cet organisme. »*

> Il y a des points aveugles qui sont des trous noirs absorbant sans retour toute nouveauté.

Difficulté de l'autre à se définir

→ Souvent incapable de se positionner en termes de « JE », notre interlocuteur se replie sur la généralisation et adopte des positions de retrait :

« On ne peut pas être d'accord avec ça... »

« On ne peut pas laisser faire des choses comme ça... »

→ Il s'abrite derrière l'autorité :

« Si tu crois que ton père va être d'accord... »

→ Il se dilue dans les autres :

« Mais enfin, si tout le monde faisait ça... »

Celui qui est devant une telle personne éprouve le sentiment diffus, douloureux ou angoissant de ne pas avoir d'interlocuteur.

Ne pas être sur la même longueur d'ondes

→ L'un s'exprime sur le plan de l'imaginaire :

« Qu'est-ce que j'aimerais avoir une maison au bord de la mer ! »

→ L'autre lui répond sur un plan réaliste :

« Ce n'est pas pour demain, avec le salaire de misère que tu as ! »

→ ou déplace sa réponse sur un conflit latent :

« Si tu ne te laissais pas exploiter comme tu le fais... »

L'un reste au niveau de son ressenti : ce qui s'est passé à l'intérieur. L'autre répond au niveau des faits : ce qui s'est passé à l'extérieur.

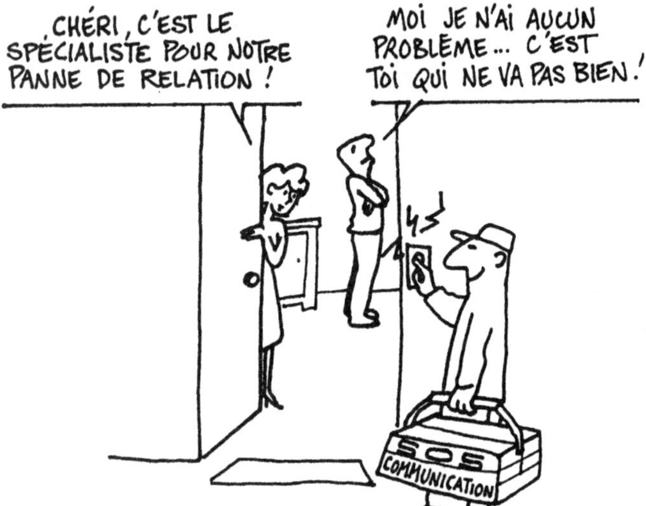
CHÉRI, C'EST LE SPÉCIALISTE POUR NOTRE PANNE DE RELATION !
MOI JE N'AI AUCUN PROBLÈME... C'EST TOI QUI NE VA PAS BIEN !
SOS
COMMUNICATION

Si j'attends trop de l'autre...
Je ne fais rien pour moi !

Déplacement de la responsabilité

➤ La difficulté à se reconnaître comme « coauteur » d'une relation va faire que nous déplaçons notre part de responsabilité sur l'autre. L'autre peut être une personne ou une circonstance.

« Si je suis en retard… c'est de ta faute ! »

« Tu as voulu que je renonce à travailler pour élever notre fils, aujourd'hui, tu me reproches d'être à ta charge. »

➤ Ce déplacement se fait souvent en miroir, c'est-à-dire dans une symétrie de comportements semblables, chacun accusant l'autre de vouloir le définir.

« Si tu ne voulais pas avoir toujours raison, je n'essaierais pas de te contredire… »

Il me sera difficile de reconnaître que c'est bien moi qui ai donné à l'autre le pouvoir de me définir et donc que c'est bien moi qui suis à l'origine de mon malaise actuel.

La dynamique du tout ou rien

➤ Cette dynamique est à rattacher aussi à l'illusion de la toute-puissance infantile.

« Si tu me refuses quelque chose, c'est que tu es contre moi, donc je ne veux rien accepter de toi. »

« Si un jour, tu rencontres quelqu'un d'autre, tu devras choisir entre lui et moi ! »

Celui qui pose un tel diktat ne sait pas en général que c'est à lui-même qu'il donne cette injonction. Il restera persuadé que ce sera la faute de l'autre si un jour celui-ci le quitte.

Prêter à l'autre une intention, un intérêt, un but qu'il n'a pas lui-même énoncé

Lui attribuer par exemple un sentiment qui ne correspond pas à ce qu'il ressent, ou plus encore une intention maligne.

« Je suis sûr que vous êtes content de ce qui m'arrive ! »

« Vous avez fait exprès de mettre cette personne en difficulté parce qu'elle vous gênait avec son indépendance d'esprit. »

« Je suis sûr que tu ne m'as jamais aimé, c'est pour cela que tu es toujours contre moi. »

Se voir attribuer une intention, une pensée, un but qui n'est pas le vôtre

La personne qui vous a attribué cette pensée, ce sentiment, est la plupart du temps sincère. Elle est vraiment persuadée que vous avez fait cela... puisqu'elle l'a ressenti comme ça. La toute-puissance d'un ressenti intime réussit à le faire s'imposer à l'univers.

La pratique aveugle et sincère du terrorisme relationnel

Celui qui impose son désir peut penser d'abord que son désir est bon non seulement pour lui, mais aussi pour l'autre. La confusion et l'amalgame entre désir et réalisation sont au maximum.

« Je suis sûr que tu me remercieras un jour de t'avoir poussé à faire des mathématiques. »

Énoncer son désir en pensant qu'ainsi il sera automatiquement satisfait.

« Je t'avais dit que j'aimerais avoir une moto, j'en ai trouvé une à bon prix, je l'ai achetée pour partir en vacances avec... »

« On avait bien dit qu'on aurait un deuxième enfant, moi j'ai arrêté les contraceptifs, je croyais que ça te ferait plaisir ! »

« Je croyais que tu étais d'accord, tu n'as rien dit. »

Refus de se laisser remettre en cause

→ Quand la simple interpellation personnelle est vécue comme une agression, l'invitation à s'interroger est entendue comme une mise en doute insupportable.

« Alors si tu m'offres ce livre, c'est que tu penses que j'ai des problèmes de couple ! »

→ Tout se passe comme si l'échange devait rester en conformité avec la position de l'écoutant.

« Si tu crois que je t'ai attendu pour réfléchir à ce que tu me dis ! »

Enfermer l'autre dans une étiquette, une image

→ *« De toute façon, elle ne changera jamais ! »*

« Ça ne sert à rien de dire, je sais par avance ce qu'il répondra. »

« Je le connais suffisamment pour savoir ce qu'il va me dire ! »

L'ambivalence du « OUI, MAIS »

→ La personne semble approuver dans un premier temps et aussitôt après oppose un argument qui réduit à néant ce qu'elle vient de dire.

« On peut lui faire confiance, mais il faut quand même faire attention. »

« Je suis d'accord avec ce que tu dis, mais ça ne se passe pas toujours comme ça. »

« Je suis tout à fait d'accord avec vous, mais je maintiens qu'on peut faire autrement. »

Mais quelle est la plus grande douleur, se dire ou se taire ?

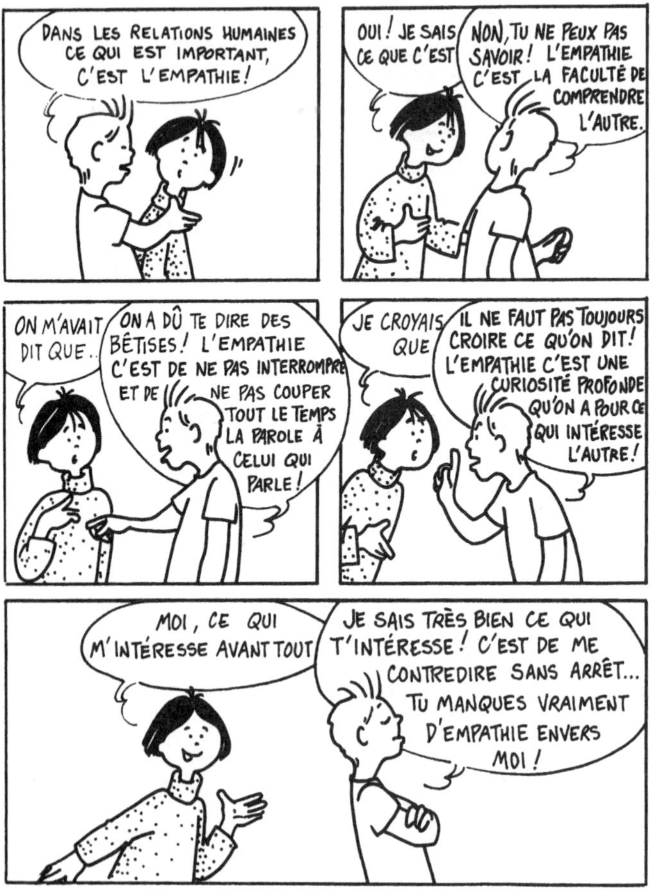
DANS LES RELATIONS HUMAINES CE QUI EST IMPORTANT, C'EST L'EMPATHIE !
OUI ! JE SAIS CE QUE C'EST
NON, TU NE PEUX PAS SAVOIR ! L'EMPATHIE C'EST LA FACULTÉ DE COMPRENDRE L'AUTRE.
ON M'AVAIT DIT QUE...
ON A DÛ TE DIRE DES BÊTISES ! L'EMPATHIE C'EST DE NE PAS INTERROMPRE ET DE NE PAS COUPER TOUT LE TEMPS LA PAROLE À CELUI QUI PARLE !
JE CROYAIS QUE
IL NE FAUT PAS TOUJOURS CROIRE CE QU'ON DIT ! L'EMPATHIE C'EST UNE CURIOSITÉ PROFONDE QU'ON A POUR CE QUI INTÉRESSE L'AUTRE !
MOI, CE QUI M'INTÉRESSE AVANT TOUT
JE SAIS TRÈS BIEN CE QUI T'INTÉRESSE ! C'EST DE ME CONTREDIRE SANS ARRÊT... TU MANQUES VRAIMENT D'EMPATHIE ENVERS MOI !

Déni par la plaisanterie ou le dénigrement

Le fait de tourner en dérision les tentatives d'échange et de discussion qui pourraient se développer entre deux personnes est une façon de ne pas se laisser interpeller par un sujet, un thème ou la position ferme ou grave parfois d'un interlocuteur.

« Oui, bien sûr, pour toi il suffirait d'apprendre à communiquer pour régler tous les problèmes. Il n'y aurait plus de viols, de guerres, de famines dans le monde. Bravo ! Fais-toi élire président sur ce programme... »

« À t'entendre, personne ne sait communiquer ! Et toi, tu arrives et crac, boum, tout le monde il est beau, tout le monde il est gentil... »

Difficultés à formuler des demandes et réponses dans l'ici et maintenant

Nous rencontrons parfois une forme de cécité ou de surdité qui consiste à refuser de voir et d'entendre que les demandes et les réponses faites sont liées à la situation présente, à l'actualité de la rencontre.

« C'est vrai, je t'ai dit oui au début des vacances ; aujourd'hui, je ne suis plus dans le oui... »

« À ce moment-là, j'avais vraiment besoin d'avoir plus de présence de toi, actuellement j'éprouve un peu l'inverse, le désir de prendre un peu de distance. »

**❝L'indicible c'est quand
je ne peux même pas me dire...
à moi-même.❞**

Harcèlement sur le ressenti de l'autre

→ L'invitation à exprimer son ressenti ou son point de vue n'est pas exprimée avec l'intention authentique de communiquer, mais au contraire vise à coincer celui qui va parler.

« Mais dis ce que tu ressens, n'aie pas peur d'accoucher, qu'on voit ce que tu penses vraiment... »

Intrusion dans l'intimité de l'autre

→ Manifester de la fausse compréhension, du pseudo-intérêt pour celui dont on cherche à pénétrer l'intimité ou que l'on veut forcer à se dévoiler.

« Moi, je t'ai tout dit, alors j'aimerais que tu me parles de ce qui s'est réellement passé durant ce voyage. »

« Si tu me dis, je te comprendrai mieux, il y aura moins de risques de malentendu entre nous. »

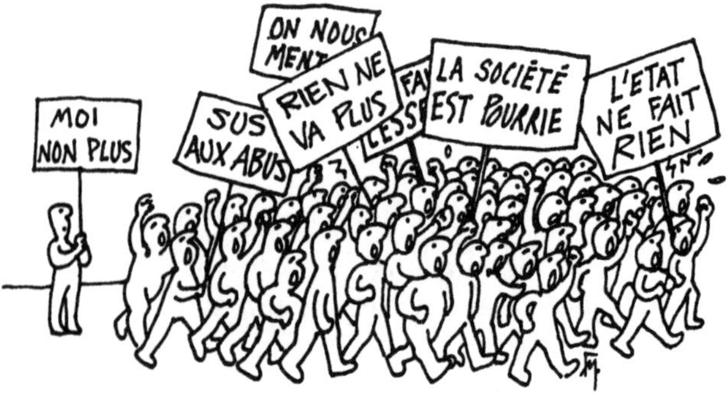
MOI NON PLUS
SUS AUX ABUS
ON NOUS MENT
RIEN NE VA PLUS
LA SOCIÉTÉ EST POURRIE
L'ETAT NE FAIT RIEN

RESTER DANS L'ACCUSATION ET LA DÉNONCIATION, C'EST RESTER AUSSI DANS LA VICTIMISATION...

Risque de créer des conflits secondaires

→ Entretenir l'agressivité, la violence, le rejet à partir de situations bénignes, créer des situations de conflit, d'opposition pour continuer à s'aveugler, à s'épuiser, pour ne pas se confronter à des blessures plus anciennes.

Jeter des problèmes, des mots, des « attaques » gratuites pour ne pas s'entendre ou pour ne pas permettre à l'autre de nous atteindre ou de nous rejoindre là où se joue l'essentiel de notre drame intérieur.

« Mes sœurs et moi, nous étions toujours en conflit. Nous étions violemment en opposition pour ne pas nous avouer ce que mon père avait fait à chacune d'entre nous quand nous étions petites, jusqu'à la puberté. Il m'a fallu attendre 35 ans pour oser découvrir qu'il nous avait violées toutes les quatre et que chacune s'interdisait de le savoir. »

Dans cet exemple, le conflit entre les sœurs masque le conflit principal avec le père, qu'elles ne voulaient pas aborder jusque-là.

« Tu me demandes toujours de parler de moi, eh bien aujourd'hui, c'est moi qui te demande de me dire si oui ou non tu as couché avec ce type. Allez, parle... »

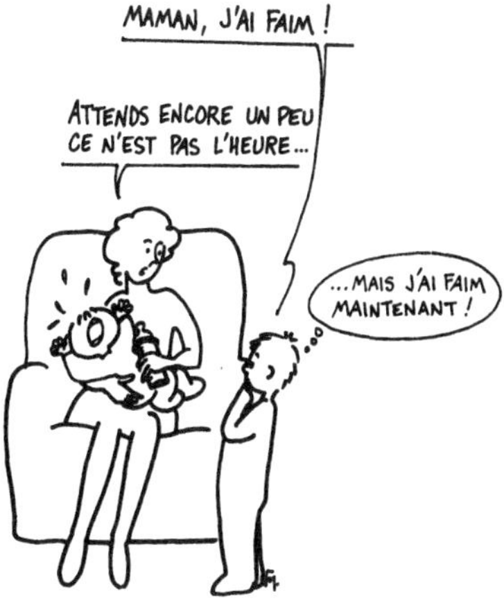
MAMAN, J'AI FAIM !
ATTENDS ENCORE UN PEU CE N'EST PAS L'HEURE...
...MAIS J'AI FAIM MAINTENANT !

Différencier : désirs et besoins, désirs et réalisation

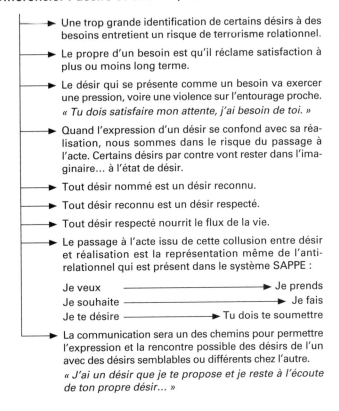

- Une trop grande identification de certains désirs à des besoins entretient un risque de terrorisme relationnel.

- Le propre d'un besoin est qu'il réclame satisfaction à plus ou moins long terme.

- Le désir qui se présente comme un besoin va exercer une pression, voire une violence sur l'entourage proche. *« Tu dois satisfaire mon attente, j'ai besoin de toi. »*

- Quand l'expression d'un désir se confond avec sa réalisation, nous sommes dans le risque du passage à l'acte. Certains désirs par contre vont rester dans l'imaginaire... à l'état de désir.

- Tout désir nommé est un désir reconnu.

- Tout désir reconnu est un désir respecté.

- Tout désir respecté nourrit le flux de la vie.

- Le passage à l'acte issu de cette collusion entre désir et réalisation est la représentation même de l'anti-relationnel qui est présent dans le système SAPPE :

  Je veux ──────────────→ Je prends
  Je souhaite ──────────────→ Je fais
  Je te désire ───────────→ Tu dois te soumettre

- La communication sera un des chemins pour permettre l'expression et la rencontre possible des désirs de l'un avec des désirs semblables ou différents chez l'autre. *« J'ai un désir que je te propose et je reste à l'écoute de ton propre désir... »*

Le terrorisme relationnel commence quand nous tentons d'imposer à autrui nos croyances, nos idées, nos désirs, et aussi quand nous nions, rejetons, disqualifions nos besoins fondamentaux.

Mots et expressions antirelationnels

De même qu'il y a des aliments malsains,
des produits dangereux et nocifs,
il existe des expressions ou des mots toxiques.
Quand ils sont introduits ou acceptés dans un échange
ou dans un partage, ils polluent ou détruisent parfois
les éléments vivants qui nourrissent la relation.

J'ai repéré dans ma propre vie
quelques expressions que je ressens
comme nocives et dangereuses pour moi,
je vous laisse découvrir les vôtres !

Les expressions à base d'injonctions directes ou indirectes

→ *« Tu devrais boire moins » ou « Tu devrais travailler plus, tu ne crois pas ? »*

→ *« J'aimerais que... »*

→ *« Je voudrais que... tu fasses, ne fasses pas, que tu dises ou ne dises pas. »*

→ *« Tu ne penses pas que... »*

Les expressions qui enferment dans une généralisation, une globalité

→ *« Tu es toujours comme ça. »*

→ *« Tu n'es jamais d'accord... »*

**Si le silence des mots entraîne la violence des maux,
la violence des mots n'évite pas celle des maux.**

JE NE SUPPORTE PLUS D'ENTENDRE PARLER SUR MOI, DE ME SENTIR JUGÉ, D'ÊTRE CULPABILISÉ, D'ÊTRE MENACÉ ET DE ME SENTIR TOUJOURS DOMINÉ. CELA ME DÉMOLIT ET SURTOUT M'EMPÊCHE DE GRANDIR!

Mots et expressions antirelationnels

Les interrogations qui réclament une justification

→ *« Pourquoi as-tu fait cela ? »*
→ *« Je n'ai pas compris ton attitude l'autre jour, quand... »*

Le non-positionnement fondé sur le besoin d'approbation

→ Répondre à une demande par :
« Si tu veux » ou *« Comme tu voudras. »*

Les expressions qui interprètent mon comportement, qui tentent de m'expliquer dans *« ce que je suis ou ce que je fais »*

→ *« Si tu as fait ça... c'est à cause de... »*
« J'étais sûr que tu allais me répondre que... »

Les suppositions ou les supputations sur l'autre, qui entretiennent la répression imaginaire

→ *« Tu ne crois pas que, si tu dis ceci... cela risque de... »*
« Si tu continues à vouloir communiquer de cette façon, tu vas te retrouver seul... »

"Mon travail le plus essentiel est
d'inviter chacun à respecter la vie qui est en lui.
C'est par la qualité des relations et le respect de soi,
que cette vie sera vivifiée.**"**

Quelques mythologies
à démystifier

Ne pas confondre le désir avec sa réalisation.

Quand nous avons un désir, nous souhaitons sa satisfaction (ou nous avons peur qu'il soit satisfait trop vite).

Plusieurs dynamiques sont possibles.

J'ai un désir et je souhaite le satisfaire :

J'ai la maîtrise de la réponse
et la démarche ne dépend que de moi, de mes choix, de mes énergies, de mes engagements, de mes ressources et de mes limites.

Je n'ai pas la maîtrise de la réponse
celle-ci dépend de l'autre. Il y répond librement ou se soumet : dégrés de satisfaction variables. Il n'y répond pas : insatisfaction, frustration, colère.

■ Différencier mon désir de celui de l'autre.

■ Différencier parmi mes désirs   – désirs dépendants de l'autre
                                       – désirs autonomes

■ Ne pas confondre :   – désir vers l'autre
                                       – désir sur l'autre

■ Entendre que tout désir a son ombre   – désir concurrentiel
                                               – autre désir antagoniste

■ Renoncer au terrorisme relationnel qui consiste à vouloir faire entrer le désir de l'autre dans notre propre désir.

■ Plutôt que maltraiter un désir, il vaut mieux le symboliser et en prendre soin.

J'ai un désir et j'accepte de le garder à l'état de désir sans le confronter à la réalité.

■ Certains désirs savent se contenter de rester à l'état de désir, dans l'imaginaire ou les rêves.

Croyances et certitudes

Nous emmagasinons au cours d'une existence une quantité importante d'idées et de croyances, qui se transforment souvent en certitudes et quelquefois en vérités !

Dans les phases d'évolution, liées à des changements personnels, la remise en cause de certaines croyances ne va pas se faire sans souffrance, insécurités et résistances.

■ Les croyances les plus tenaces et les plus vivaces naissent dans l'enfance. Elles sont des relais, des médiateurs qui vont nous permettre d'affronter les incertitudes de la vie et celles de nos propres doutes.

Par la suite elles peuvent se révéler comme de véritables carcans qui occultent les possibles de la créativité et freinent des engagements de vie.

■ Les croyances peuvent être des injonctions de vie que nous recevons de la part de notre entourage et que nous nous approprions.

« Pour se marier, on n'a pas besoin de faire des études prolongées ! »

« Quand on a trois enfants, on ne divorce pas, on fait des efforts quoiqu'il arrive pour rester ensemble ! »

■ Elles peuvent être aussi des auto-injonctions que nous nous envoyons pour apprivoiser une situation, un événement, pour baliser une démarche et servir de garde-fou à l'irruption de l'irrationnel (même si la croyance s'appuie sur... de l'irrationnel ou sur une survivance de la pensée magique).

« Si je suis sage, personne ne me quittera jamais ! »

« Si je travaille bien en classe, mes parents ne se disputeront plus... »

■ Une meilleure conscientisation de nos croyances peut nous permettre de découvrir quelles énergies nous investissons pour les entretenir et à quel prix elles structurent nos réponses et nos conduites à l'égard d'autrui.

Beaucoup de nos engagements à l'égard de l'autre ne se décident pas en fonction de ce qu'il est, mais en fonction de ce que nous imaginons devoir faire par fidélité à nos croyances.

■ Un nettoyage ou une réactualisation de nos croyances, une meilleure congruence et un meilleur ancrage vis-à-vis de nos ressentis et de nos expériences au présent nous font retrouver une plus grande adéquation aux situations et aux personnes.

IL RESTE SUR SES POSITIONS
IL NE VEUT PAS M'ENTENDRE...
SA PROPOSITION ME CONTRARIE, BRISONS-LA !
NOUS FAISONS ŒUVRE UTILE
EN COUPANT LE MALENTENDU
À LA RACINE...

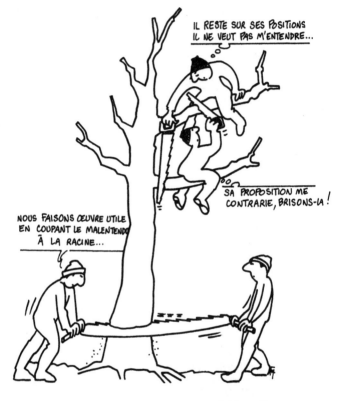

Nous sommes parfois d'une sincérité terrifiante
et d'une bonne volonté affligeante pour...
saboter nos relations les plus essentielles.

Écouter et entendre

La demande la plus fréquente, la plus vitale de chacun est celle d'être écouté et, au-delà de cette écoute, d'être entendu.

Toute écoute offerte à l'autre suppose une capacité à se décentrer de soi... pour se centrer sur l'autre.

Écouter, cela suppose de laisser venir à soi... ce qui vient de l'autre, non pas pour le discuter, le critiquer, le valider ou le rejeter mais pour l'accueillir.

L'écoute est de l'ordre du recevoir.
L'entendre sera de l'ordre de l'amplification.
En ce sens, la communication relationnelle sera le passage de l'écoute à l'entendre.

Le retentissement (c'est-à-dire la résonance du discours de l'autre en moi)... freine, parasite la décentration, il empêche souvent l'entendre.

Si je peux reconnaître le retentissement en moi... l'accepter et le nommer, je me donne les moyens de mieux me décentrer.

Dans les relations proches ou significatives, le retentissement va souvent être réactivé, d'où un entendre souvent perturbé dans la relation intime.

C'est donc le plus souvent par nos proches
que nous nous sentons... le moins entendus.

La relation à autrui
me renvoie en permanence
à la relation à moi-même.

D'où la nécessité d'une clarification.

❝Il y a deux choses dans la vie qui ne sont pas négociables : la mort et l'amour.❞

Le bon apôtre
qui « souffle son venin »

**Le BON APÔTRE semble dans un premier temps
vous apporter un soutien et même la caution
de sa position sociale et morale.**

Puis, dans un deuxième temps, il injecte une petite
phrase, un commentaire qui vont annuler, disqualifier
ou détruire votre point de vue ou votre position. Le
« venin » craché agit comme une bombe à retarde-
ment et fait douter de la validité de votre démarche
ou du bien-fondé de votre position.

*« Ah bon, vous me dites que c'est en faisant des
symbolisations que vous vous êtes senti mieux ? J'ai
entendu dire que quelqu'un avait entièrement guéri
en faisant des trucs comme ça. Mais aujourd'hui,
vous savez, les gens croient en n'importe quoi ! »*

**Il y aura celui qui se présente comme porteur
d'une morale, d'une éthique et d'un projet de vie
altruiste, « entièrement consacré au bien-être d'autrui ».**

*« Je n'ai aucun intérêt personnel à vous dire cela, et
soyez certain que c'est pour votre bien que je vous
mets en garde de telles pratiques. Vous risquez votre
avenir à vouloir ainsi changer le monde... »*

**Il y aura aussi celui « dont nul ne peut
mettre en cause la sincérité, le dévouement,
la tolérance ou le désintéressement ».**

*« Moi, je n'ai rien contre ces nouvelles méthodes, d'ail-
leurs, je trouve passionnant que vous tentiez de montrer qu'on ne peut pas tout laisser faire. Aujourd'hui les
femmes ont décidé de vivre comme les hommes, elles
travaillent, gagnent autant d'argent qu'eux, ce qui est
bien. Mais, si elles confient leurs enfants à des crèches ou
à des gardiennes, il ne faut pas s'étonner plus tard qu'il
y ait autant de problèmes de drogue et de violence... »*

Le bon apôtre aime, « pour votre bien »,
jouer les Cassandre annonciatrices de catastrophes
et de conséquences négatives. Il manipule bien
la répression imaginaire.

> *« J'espère bien que vous savez ce que vous faites...
> Vous ne craignez pas de donner à des enfants l'illu-
> sion qu'ils peuvent se débrouiller tout seuls et qu'ils
> en savent autant que les adultes. »*

Il y aura enfin celui qui vous donnera un quitus,
son approbation pour la démarche, en l'associant ensuite
à une expérience négative.

> *« C'est très bien ce que vous faites, c'est vraiment
> nécessaire. Mais vous ne pensez pas qu'il y ait un
> risque d'embrigadement, de décervelage ? Tous ces
> enfants risquent de penser la même chose. Regardez
> ce qui s'est passé avec les pionniers en URSS ou
> actuellement avec les sectes... »*

> *« J'en connais, moi, qui n'ont pas votre honnêteté, votre
> rigueur et qui vont en profiter pour manipuler ceux
> qu'ils prétendent aider. Vous avez vu comment Hitler a
> utilisé son charisme pour mieux asservir les autres. »*

> *« Vous savez, au fond, le Christ n'a pas dit autre chose.
> Bon, cela a été ensuite déformé et récupéré par l'Église.
> Mais, dans l'essentiel, vous êtes proche de lui. C'est
> dommage que vous vous présentiez comme athée,
> ça donne moins de crédibilité à votre affaire. Mais, au
> fond, vous êtes un chrétien qui s'ignore. Vous êtes plus
> proche de nous que vous ne le pensez. D'ailleurs, il y a
> aujourd'hui dans l'Église des gens qui vont beaucoup
> plus loin que vous... et on ne parle jamais d'eux. »*

La fausse bonne volonté

Ce type de résistance ne vise pas l'opposition
à un changement, mais la récupération des intentions
de changer... pour maintenir le statu-quo

> *« Je voudrais bien soutenir votre projet, auquel je trouve beaucoup d'aspects innovateurs. Cependant, il faut être prudent, il faut penser avant tout à ne pas mettre votre entourage mal à l'aise. En fait, ce qu'il faudrait, c'est ne pas insister et laisser venir les choses à leur rythme, vous verrez... »*

La personne semble manifester de l'intérêt
pour tout ce que vous exprimez, elle se veut coopérante
tout en annonçant ce que « tous les obstacles,
les autres, les conditions peu favorables
ne lui permettront pas de faire. »

> *« Moi, je voudrais bien faire comme vous le dites. C'est bien. Ça semble tout simple et puis, quand on est dans la situation, on ne sait plus que faire. On a beau chercher... C'est pas facile, vous savez, les enfants... »*

La fausse bonne volonté vise à maintenir les choses
en l'état, en se donnant bonne conscience d'avoir
« voulu faire quand même quelque chose. »

> *« Vous savez, moi, je suis tout à fait d'accord avec vous. D'ailleurs, il y a deux ans, j'avais déjà fait une proposition en ce sens, mais ça n'a pas tenu deux mois... »*
>
> *« Je voudrais bien vous soutenir, car ce que vous dites est vraiment nécessaire, on aurait dû le faire depuis longtemps, mais vous savez ce que c'est, la vie reprend le dessus ! »*

Les idées les meilleures pour ne pas changer sont celles qui restent à l'état d'idée, non sans des discussions sans fin.

Ouvertures
et prolongements

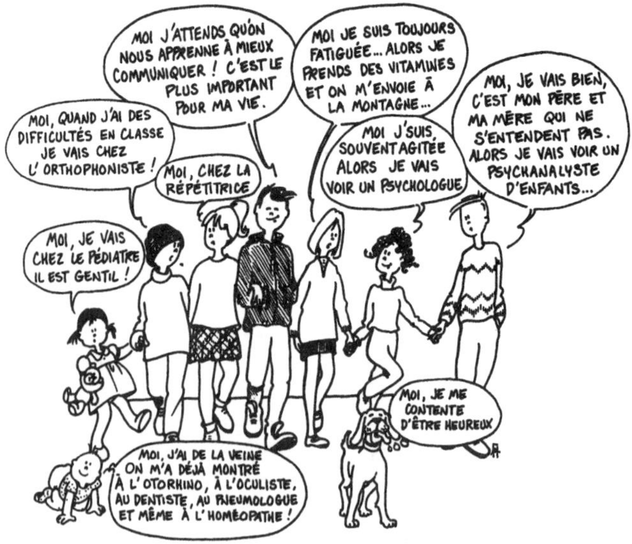
MOI, JE VAIS CHEZ LE PÉDIATRE IL EST GENTIL !
MOI, QUAND J'AI DES DIFFICULTÉS EN CLASSE JE VAIS CHEZ L'ORTHOPHONISTE !
MOI, CHEZ LA RÉPÉTITRICE
MOI J'ATTENDS QU'ON NOUS APPRENNE À MIEUX COMMUNIQUER ! C'EST LE PLUS IMPORTANT POUR MA VIE.
MOI JE SUIS TOUJOURS FATIGUÉE... ALORS JE PRENDS DES VITAMINES ET ON M'ENVOIE À LA MONTAGNE...
MOI J'SUIS SOUVENT AGITÉE ALORS JE VAIS VOIR UN PSYCHOLOGUE
MOI, JE VAIS BIEN, C'EST MON PÈRE ET MA MÈRE QUI NE S'ENTENDENT PAS. ALORS JE VAIS VOIR UN PSYCHANALYSTE D'ENFANTS...
MOI, J'AI DE LA VEINE ON M'A DÉJÀ MONTRÉ À L'OTORHINO, À L'OCULISTE, AU DENTISTE, AU PNEUMOLOGUE ET MÊME À L'HOMÉOPATHE !
MOI, JE ME CONTENTE D'ÊTRE HEUREUX

Création d'ateliers de communication relationnelle (ADCOR)

Ces dernières décennies, est née une classe de nouveaux pauvres, dont personne ne parle : les sous-alimentés de l'échange, les pauvres du partage, les affamés de la convivialité et les déshérités de la communication.

Les grandes métropoles deviennent des déserts relationnels alimentés par une communication de consommation où les relations interpersonnelles sont réduites au minimum.

Ouverture d'un atelier de communication relationnelle selon la méthode ESPERE

À celles ou à ceux qui envisagent d'animer ou de proposer des ateliers de communication.

Quelques principes de base préalables

■ Présenter de façon explicite les grandes lignes du projet, son esprit, son contexte, son contenu, ses moyens et ses objectifs.

■ Se positionner clairement par rapport au cadre théorique, conceptuel et aussi empirique de référence, c'est-à-dire s'appuyer sur les travaux, les écrits, la recherche, les outils et les repères opérationnels proposés et développés par la méthode ESPERE en matière de formation aux relations humaines.

Concrètement, citer les sources : références, livres, articles, cassettes audio ou vidéo.

■ Être précis et rigoureux sur la stratégie utilisée et sur les moyens et les méthodes de formation, à savoir :

1. Il s'agit d'ateliers ou de sessions de formation, c'est-à-dire d'un espace et d'un temps définis, prévus et organisés pour accéder à la familiarisation, à la découverte, puis à l'apprentissage et à la pratique **des outils et des règles d'hygiène relationnelle** tels qu'ils sont présentés dans cet ouvrage.

Car nulle part nous n'apprenons à communiquer, si ce n'est de façon empirique et aléatoire, alors que la communication relationnelle constitue le liant de base de tous nos échanges au quotidien, qu'il s'agisse de notre vie personnelle ou de notre vie sociale et professionnelle.

> **"**Le sens profond de tout changement dans les relations humaines c'est de pouvoir se sentir plus proche de la vie et de se relier ainsi aux forces vives de l'existence.**"**

2. La formation proposée est une initiation ou un approfondissement de la communication relationnelle, c'est-à-dire de cette forme de communication qui :

- permet la mise en commun des points de vue dans le respect des différences,
- donne le sentiment d'être relié sans se renier ou s'aliéner.
- répond aux principaux besoins fondamentaux de tout un chacun tels que, le besoin d'être reconnu, entendu, confirmé ou valorisé.

3. La vocation de l'atelier et l'approche proposées ne sont pas d'ordre thérapeutique dans le sens où la démarche ne vise pas à la résolution des problèmes. Elle n'accorde pas la priorité au contenu des difficultés vécues par les participants, mais s'appuie essentiellement sur l'agrandissement des **ressources mobilisables** de chacun. Elle se centre sur **les moyens à mettre en œuvre** pour participer à développer des communications vivantes et des relations en santé dans le cadre de sa vie professionnelle et intime (**il est possible d'inverser les priorités**!).

4. Le recours aux outils et aux règles d'hygiène relationnelle constitue un puissant ferment ou levier de changement et d'ouverture, tant au niveau individuel et interpersonnel qu'au niveau groupai ou collectif (couple, famille, institution). La démarche de formation aura donc à prendre en compte les effets inhérents à ces remaniements et à intégrer un travail sur les résistances rencontrées, sur les déstabilisations suscitées, sur les réactions, voire les crises déclenchées en soi et autour de soi par l'introduction et la mise en place de l'approche relationnelle fondée sur la méthode ESPERE.

5. Le programme et la méthodologie (dans le sens défini en introduction) ESPERE permettent de sortir des relations de soumission ou d'opposition, d'affrontement ou de fuite, des rapports de forces et de pouvoirs qui dominent généralement dans les échanges auxquels nous sommes confrontés quotidiennement à l'intérieur du système SAPPE. Ils tendent à favoriser des **relations de confrontation** et de **créativité** et donc à **développer l'autonomie, la responsabilisation et le respect de soi et de l'autre.**

6. L'objectif recherché ou l'enjeu final n'est pas tant de proposer un modèle sur le bien communiquer, ni de chercher une amélioration de l'efficience ou la diminution des conflits, mais d'améliorer la qualité de la vie dans le monde du travail ou à l'école (ou dans la vie familiale, amoureuse, intime). En se rappelant que travailler, c'est vendre 8 heures de sa vie par jour et que la question la plus fondamentale n'est pas « combien je la vends », cette vie, mais « comment ». En sachant que le « comment » aujourd'hui est toujours trop cher payé... par celui qui travaille.

**Le travail et l'apprentissage proposés
dans les ateliers de communication relationnelle
ouvrent sur la responsabilisation
et la mise en œuvre de choix de vie
qui permettent de se respecter.**

Créer des lieux de parole et d'écoute
où chacun puisse venir à tout âge, pour découvrir
que la communication s'apprend.
Au-delà du spontanéisme, de la bonne volonté
ou de l'amour, un minimum de conditions,
de balises, de cohérence et de respect
sont nécessaires.

Des adaptations sont possibles
et restent à inventer pour un public d'enfants,
pour des sessions parents-enfants.

Méthodologie possible pour la création et l'animation d'un ADCOR

Il s'agit d'un canevas, car ces propositions ne sont pas exhaustives, leur ordre n'est qu'indicatif.

- Travail en petits groupes de 15 à 20 personnes.
- Lieu, rythme, durée et autres modalités à définir selon un programme et un calendrier dressés.
- Stratégie de présentation sur supports essentiellement pédagogiques avec découvertes, apprentissages et mises en pratique (utilisation d'un tableau papier, recours à des schémas, mise en place d'un secrétariat opérationnel[1], procédés mnémotechniques, bâton de parole, visualisations et symbolisations possibles).
- L'animateur pourra proposer la rédaction de fiches synthétiques individuelles présentant les différents outils et règles d'hygiène relationnelle pour favoriser une appropriation personnelle des repères proposés dans ce livre.
- La mise en commun et la confrontation de ces fiches au cours de la formation proposée permettra une réactualisation des acquis, un réajustement et un ancrage des connaissances.

- Le repérage des principaux aspects, qui caractérisent le mini ou microsystème d'incommunication propre à chacun, sera facilité. Par exemple : *« Quelles sont mes principales attitudes antirelationnelles à combattre, mes mots ou expressions toxiques favoris, mes saboteurs préférés ? »*
- L'analyse des résistances rencontrées lors de la mise en pratique au quotidien de ces outils ou des règles d'hygiène relationnelle (réticences en soi, mythologies, croyances et réticences à l'extérieur, réactions des proches...) se fera dans le respect du rythme de chacun.
- Par l'identification et la ponctuation des points à développer, à travailler, à modifier ou à remettre en question, l'intégration se fera avec l'évolution de chacun.
- L'atelier apportera un soutien et un accompagnement pour vivre et affronter les réactions rencontrées. Aide pour traverser les crises émotionnelles inévitables, déclenchées par tout processus de changement...
- Le groupe de parole ainsi créé, où viendront se dire et s'amplifier les réussites, les résultats et les rêves d'aller plus loin, constituera un point d'ancrage fort pour l'implantation de la méthode ESPERE.

(1) Nous appelons secrétariat opérationnel, la prise de notes directement utilisables par les participants pour synthétiser leurs découvertes et leurs apports.

Si nous voulons protéger
la vie sur cette terre,
nous pouvons le faire en mettant en question
le dangereux aveuglement actuel
partout où il se trouve
mais avant tout en nous-mêmes.

> Alice MILLER
> *Abattre le mur du silence*
> Éditions Aubier

Les Oasis
Relationnelles

**Propositions
et perspectives**

"C'est un peu plus d'humanité
qui est libérée chaque fois
qu'une personne fait un travail
sur elle.**"**

L'enjeu est à la fois simple et paradoxal

Dans un monde où la désertification des relations
intimes et sociales avance à grands pas,
il s'agit d'imaginer, de créer, dans chaque quartier ou village,
un espace d'apprentissage ouvert à des propositions concrètes
pour permettre à des adultes et à des enfants :

De découvrir des outils pour mieux communiquer.
De mettre en pratique des règles d'hygiène relationnelle.

Les animateurs de tels lieux devront :
• Posséder une formation de base à l'Écologie Relationnelle et à la méthode ESPERE.
• Posséder une pratique personnelle et surtout une expérience pour résister :
    – non seulement à la demande de thérapeutisation, d'aide ou de prise en charge des problèmes apportés par les participants
    – mais aussi aux tentatives de récupération idéologique, spiritualiste, politique ou confessionnelle, qui constituent une des tendances les plus fréquentes en matière de changement et de développement personnel.
• Être aussi capables d'un engagement affirmé et créatif pour persister face aux forces d'opposition, aux mouvements de réticences et de résistances auxquels ils ne manqueront pas d'être confrontés en chemin.

Dans cette approche, qui restera essentiellement
une démarche de formation pédagogique,
la centration de l'écoute se fera non pas sur les problèmes
ou les difficultés personnels
mais sur les ressources, les potentialités et les moyens
à mettre en œuvre
pour découvrir une autre façon de communiquer
avec soi-même et avec autrui.

Ouvrir une Oasis Relationnelle

Ce concept que j'ai développé il y a quelques années est une proposition pour créer un lieu de parole, d'échange et d'apprentissage qui invite chacun à se responsabiliser en se donnant les moyens d'améliorer ses relations au quotidien.

Nos villes se transforment de plus en plus en déserts relationnels dans lesquels l'anonymat, la non-rencontre, le manque de convivialité et la solitude non choisie se développent, dans lesquels la violence et l'auto-violence dominent, dans lesquels se crient aussi le mal-être et le malaise d'une fin de siècle en quête de nouvelles valeurs.

Si nous acceptons de découvrir que la communication relationnelle peut être la matière première vitale du XXIe siècle.

Si nous acceptons de ne plus confondre la communication de consommation, associée à une inflation ou à une circulation de plus en plus accélérée d'informations, avec la communication relationnelle qui nous relie, nous amplifie et nous prolonge aux dimensions de l'univers connu,

il sera alors possible de créer des lieux de parole,
de partage et d'échange
dont l'enjeu pourrait être l'apprentissage
et le développement
d'une autre façon de communiquer au quotidien,
dans l'intimité d'un couple, d'une famille,
à l'école, dans le monde du travail
et dans les relations sociales.

MA SOIF DE RELATION EST TOTALEMENT SECONDAIRE !

Ouvrir une Oasis Relationnelle

L'Oasis Relationnelle est une
extension d'un Atelier de communication
susceptible de devenir un lieu d'échange, de rencontre et
de confrontation pour animateurs et formateurs en
communication relationnelle...

Les principes en sont énoncés sous le sigle ESPERE
(Energie Spécifique Pour une Écologie Relationnelle Essentielle).

Il ne s'agit là ni d'une nouvelle idéologie, ni d'un rassemblement politique ou confessionnel, mais seulement de la rencontre possible – peut-être utopique – d'hommes, de femmes, d'enfants qui voudraient apprendre à communiquer autrement, différemment, qui souhaiteraient s'ouvrir à un mieux-être personnel et relationnel.

Une Oasis serait d'abord définie par :
- **un lieu,**
- **un animateur formé,**
- **un projet de formation inspiré pour l'essentiel des idées développées dans cet ouvrage.**

Ensuite, il appartient aux animateurs de structurer et de prolonger les idées de base autour d'autres supports tels que : bibliothèque, vidéothèque, centre de formation, accompagnement individuel...

Une coordination peut être proposée par différents organismes de formation se référant à la méthode ESPERE, mais chaque Oasis Relationnelle peut fonctionner de façon autonome.

L'expérience antérieure qui nous apparaît comme étant la plus proche de cette idée semble être celle des Maisons Vertes initiées par Françoise Dolto. Elles se sont développées sous des vocables et des modalités variables, de façon autonome, tout en gardant une cohérence de base autour de quelques principes clairs s'inspirant de son œuvre.

Oasis Relationnelles

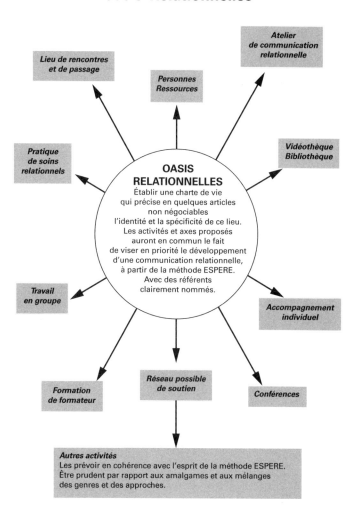

Atelier de communication relationnelle

Lieu de rencontres et de passage

Personnes Ressources

Pratique de soins relationnels

Vidéothèque Bibliothèque

OASIS RELATIONNELLES
Établir une charte de vie qui précise en quelques articles non négociables l'identité et la spécificité de ce lieu. Les activités et axes proposés auront en commun le fait de viser en priorité le développement d'une communication relationnelle, à partir de la méthode ESPERE. Avec des référents clairement nommés.

Travail en groupe

Accompagnement individuel

Formation de formateur

Réseau possible de soutien

Conférences

Autres activités
Les prévoir en cohérence avec l'esprit de la méthode ESPERE. Être prudent par rapport aux amalgames et aux mélanges des genres et des approches.

Proposition de charte pour l'ouverture d'une Oasis Relationnelle

Aucun de ses points n'est négociable.
Chacun constitue un point d'accord minimal
pour ceux qui souhaitent créer ou adhérer
à une **Oasis Relationnelle**.

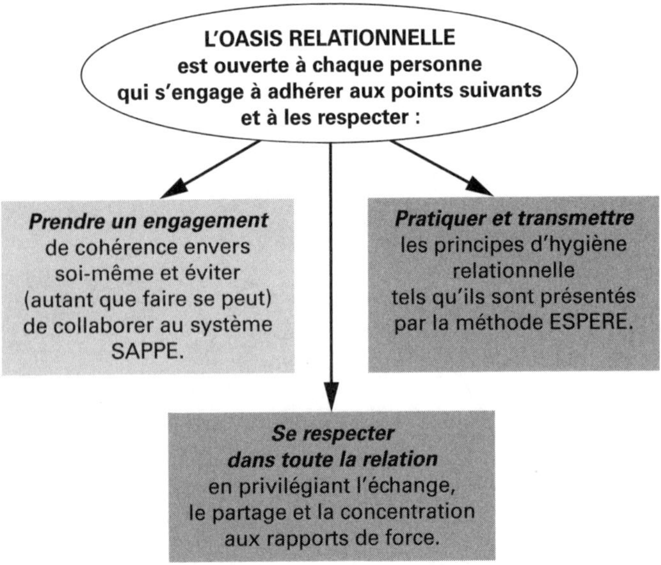
L'OASIS RELATIONNELLE
est ouverte à chaque personne
qui s'engage à adhérer aux points suivants
et à les respecter :
Prendre un engagement
de cohérence envers
soi-même et éviter
(autant que faire se peut)
de collaborer au système
SAPPE.
Pratiquer et transmettre
les principes d'hygiène
relationnelle
tels qu'ils sont présentés
par la méthode ESPERE.
Se respecter
dans toute la relation
en privilégiant l'échange,
le partage et la concentration
aux rapports de force.

Supplique d'un enfant
aux adultes

Apprenez-nous l'enthousiasme.
Enseignez-nous l'étonnement de découvrir.
N'apportez pas seulement vos réponses.
Réveillez nos questions.
Accueillez surtout nos interrogations.
Appelez-nous à respecter la vie.

Apprenez-nous à échanger, à partager, à dialoguer.
Enseignez-nous les possibles de la mise en commun.
N'apportez pas seulement votre savoir.
Réveillez notre faim d'être.
Accueillez nos contradictions et nos tâtonnements.
Appelez-nous à agrandir la vie.

Apprenez-nous le meilleur de nous-mêmes.
Enseignez-nous à regarder, à explorer, à toucher l'indicible.
N'apportez pas seulement du savoir-faire.
Réveillez en nous le goût de l'engagement, des responsabilités.
Accueillez notre créativité pour baliser un devenir.
Appelez-nous à enrichir la vie.

Apprenez-nous la rencontre avec le monde.
Enseignez-nous à entendre au-delà des apparences.
N'apportez pas seulement de la cohérence et des bribes de vérités.
Éveillez en nous la quête du sens.
Accueillez nos errances et nos maladresses.
Appelez-nous à entrer dans une vie plus ardente.

Devenez plus fiables.
En prenant au sérieux nos rêves.
N'opposez pas d'obstacles
Aidez-nous à les dépasser.
C'est une urgence vitale.

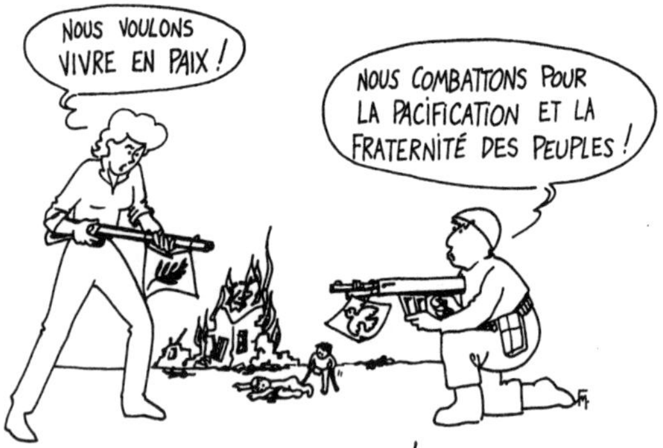
NOUS VOULONS VIVRE EN PAIX !
NOUS COMBATTONS POUR LA PACIFICATION ET LA FRATERNITÉ DES PEUPLES !

PLUS JAMAIS ÇA !

Plaidoyer pour
une écologie relationnelle

Pour nous initier à vivre et à agir comme des êtres planétaires qui ne peuvent plus se contenter de gérer la planète TERRE à partir d'intérêts locaux, nationaux ou circonstanciels.

Il y aura un jour une écologie relationnelle qui fleurira entre les êtres et nous donnera des moyens concrets d'accéder, au-delà de l'espérance, à cette aspiration d'absolu, de bonheur et de paix qui habite en chacun.

Il y aura une impulsion plus vitale qu'un besoin, plus ambitieuse qu'un désir, plus puissante qu'un éveil...

Il y aura un mouvement plus profond qu'un élan, plus large qu'un envol, plus généreux qu'une promesse...

Il y aura un idéal plus vivant qu'un rêve...

Il y aura le projet commun d'une charte de vie de bien-être pour oser proposer des communications vivantes et des relations en santé entre les hommes et les femmes de notre monde, le seul que nous ayons à protéger, celui de nos enfants, celui de notre vie d'aujourd'hui.

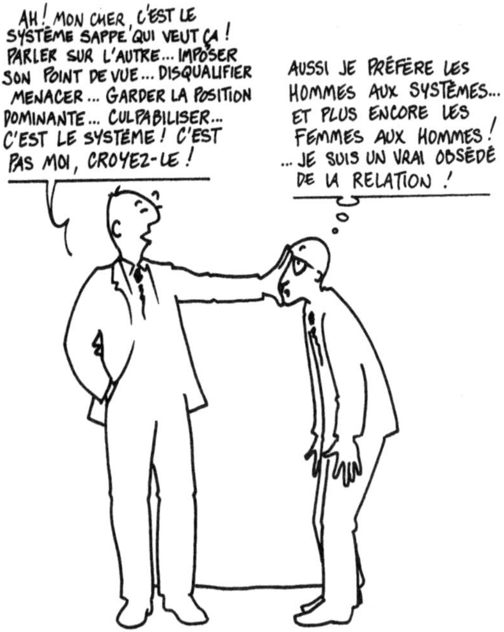
AH ! MON CHER, C'EST LE SYSTÈME SAPPE QUI VEUT ÇA ! PARLER SUR L'AUTRE... IMPOSER SON POINT DE VUE... DISQUALIFIER MENACER... GARDER LA POSITION DOMINANTE... CULPABILISER... C'EST LE SYSTÈME ! C'EST PAS MOI, CROYEZ-LE !
AUSSI JE PRÉFÈRE LES HOMMES AUX SYSTÈMES... ET PLUS ENCORE LES FEMMES AUX HOMMES ! ...JE SUIS UN VRAI OBSÉDÉ DE LA RELATION !

Glossaire des termes utilisés

ADCOR

Atelier De Communication Relationnelle où est enseignée la méthode ESPERE.

Alternance des positions d'influence

Une relation saine suppose un changement possible, une alternance envisageable dans la position d'influence (haute ou basse) occupée par chacun des protagonistes.

Quand c'est toujours le même qui garde la position haute, le risque est celui de la constitution d'un système relationnel suscitant l'aliénation, l'exploitation, la dépendance...

Auto-saboteurs

Ensemble de pensées récurrentes, qui reviennent comme des auto-injonctions pour nous empêcher d'agir ou d'être. Les auto-saboteurs agissent comme des inhibiteurs de l'action, du changement et de l'évolution.

Besoins et désirs

Les besoins comme les désirs se traduisent par des attentes en direction des autres ou de l'environnement. Au début de la vie, les attentes centrées sur les besoins vitaux sont remplies ou comblées par les réponses des parents ou des adultes qui les remplacent. Par la suite les réponses et les attitudes relationnelles des adultes et de l'environnement devraient pouvoir permettre à l'enfant, à l'adolescent et au jeune adulte de répondre par lui-même à ses propres besoins et de commencer à prendre en charge les besoins des plus démunis autour de lui.

Pour les désirs nous pensons qu'il n'appartient pas aux parents ou aux adultes d'y répondre. S'il est possible d'en satisfaire quelques-uns, il est souhaitable que cela reste de l'ordre du cadeau, de l'exceptionnel et de l'offrande gratuite.

Un des apprentissages essentiels de la vie sera d'apprendre aux enfants à reconnaître les désirs acceptables et réalisables de ceux qui ne le sont pas. Et ensuite de stimuler chacun pour qu'il puisse se donner les moyens d'en réaliser quelques-uns en fonction de ses objectifs, de ses ressources, des contraintes et des limites rencontrées ou des choix à opérer.

Cinéma intérieur

Production imaginaire qui alimente nos croyances, nos peurs ou nos désirs. Il conditionne une partie de notre relation à autrui par la projection sur l'autre d'une partie de cet imaginaire.

Clavier relationnel

Indique les principales positions relationnelles qui sont à notre disposition dans un échange et sur lesquelles nous pouvons improviser et jouer.

Communication relationnelle

Ce terme est proposé en contrepoint à celui de «communication de consommation», faite d'une inflation d'informations qui nous traversent sans laisser de traces fécondes.

La communication relationnelle permet à partir d'une implication personnelle de se relier, de proposer des échanges où chacun aura la possibilité de croître.

Conflits intrapersonnels

Ce sont les conflits intérieurs qui peuvent avoir lieu entre deux ou plusieurs désirs, deux besoins, deux aspirations. Le conflit intrapersonnel a souvent sa source dans la difficulté à dire non, dans la tendance à souffrir de ne pas obtenir l'approbation de l'autre et donc à la rechercher de multiples manières au détriment des besoins d'affirmation.

Confrontation

Se dit d'une relation qui invite à un positionnement clair de chacun des partenaires pour ne pas entretenir la soumission ou l'opposition de l'un ou de l'autre.

La confrontation ne doit pas être confondue avec l'affrontement parfois nécessaire quand la violence des interactions suppose cette prise de position.

Crise

Situation de déséquilibre, d'insatisfaction, qui peut être dépassée par le conflit ouvert.

Culture du réactionnel

La plupart de nos interactions sont d'ordre réactionnel. Il s'agit pour la plupart du temps de sentiments et comportements écrans avec lesquels nous nous proposons à autrui et qui suscitent chez lui... d'autre sentiments et comportements écrans en retour, dans un cycle sans fin qui alimente des pollutions relationnelles.

Dépannage relationnel

Entre le domaine des soins psychologiques et le champ des prises en charge psychiatriques, il existe un créneau d'assistance relationnelle possible pour permettre aux personnes en difficulté temporaire (crise, séparation, perte d'un être cher, déracinement, chômage...) de trouver un accueil, une écoute, un soutien, un accompagnement possible pour leur permettre d'affronter la déstabilisation émotionnelle, relationnelle, matérielle liée à tel ou tel événement.

Écologie Relationnelle

Expression qui regroupe la mise en application et l'intégration au quotidien de la vie, de l'ensemble des concepts proposés par la méthode ESPERE. L'écologie relationnelle repose sur un certain nombre de présupposés parmi lesquels la croyance en l'établissement d'une congruence possible entre les attentes des uns et les réponses de l'autre, sans exploitation, domination, asservissement ou prise de contrôle.

Énergétigène

Qui engendre de l'énergie. Qualité d'une relation stimulante qui nous est proposée et qui suscite en nous une ouverture énergétique et un regain de vitalité et de créativité. Ce terme s'oppose à énergétivore, qui désigne toute forme de relation qui nous oblige à consommer inutilement de l'énergie et entraîne une déperdition de la qualité de vie.

Homo esperus

Néologisme dérivé du sigle ESPERE. Homme et femme d'aujourd'hui et surtout de demain, susceptibles de s'engager et d'être inventifs dans la voie ouverte par la méthode ESPERE en pratiquant outre quelques outils pour une communication plus libre, des règles d'hygiène relationnelle.

Homo sappienus

Néologisme dérivé du sigle SAPPE. Homme (femme) du passé, parfois contemporain, élevé dans le système SAPPE et susceptible de transmettre ce mode de communication à base d'injonctions, de menaces, de dévalorisations et de rapports dominant/ dominé, en priorité auprès de ses enfants et de ses proches.

I.T.P.I. pour Illusion de la Toute-Puissance Infantile

Toutes forme de traces ou de séquelles du leurre inscrit chez le tout petit enfant et qui perdure à l'âge adulte, que le monde, les autres sont au service de ses besoins et qu'ils doivent répondre, au nom des sentiments qu'ils ont pour lui, à tous ses désirs.

Liberté relationnelle

Capacité à opérer des choix dans lesquels nous nous respectons. Cette forme de liberté suppose la capacité de renoncer, de ne pas s'enfermer dans la dynamique du tout ou rien, d'être congruent.

Message

Sera le sens donné à un signal, à un discours, à un comportement. La personne ne répond pas, ou ne réagit pas en fonction de ce que l'autre a dit, fait, pas dit ou pas fait, mais en fonction de ce qu'elle a entendu. Le message s'inscrit dans l'histoire intime et ancienne de chacun. Ainsi toute conduite relationnelle est dépendante à la fois de l'ici et maintenant mais aussi des traces laissées dans notre histoire par notre éducation ou celle de nos parents et des générations précédentes.

Mythologies personnelles

Ensemble des croyances, des certitudes et des représentations acquises en particulier dans la petite enfance et qui nous entraînent à adopter des comportements et des positionnements relationnels qui sont parfois limitatifs et inadaptés à la situation et au contexte.

Non-implication

Pratique relationnelle qui consiste à parler sur l'autre, ou à se réfugier au niveau des idées, à rester dans les généralisations, le cérébral et l'approximatif et le flou qui maintient à distance.

La non-implication c'est donc confondre le ressenti (corps, émotion) et l'esprit (la pensée). C'est se couper de tout ce qui touche au vécu, à l'expérience et de ce qui concerne les résonances du corps pour garder le contrôle avec la tête.

Nourrissement de la relation

Se dit de la nécessité de continuer à alimenter une relation quand elle est significative et importante pour nous, même quand l'autre décide de ne pas la poursuivre. Ce principe repose sur l'idée que chacun est responsable du bout de la relation qui lui appartient. Ce nourrissement peut se faire soit par des actions symboliques, soit par des positionnements de vie qui visent à garder le bon de la trace de cette relation en nous.

Oasis Relationnelle

Lieu où sont réunis un ensemble de moyens, de propositions et d'activités visant à favoriser la pratique, la transmission et l'intégration de la méthode ESPERE.

Outils de la communication

Résultent du constat que les mots sont nécessaires, indispensables pour communiquer mais non suffisants pour établir une relation vivante. Les outils présentés sont des supports (écharpe relationnelle, visualisation externe, symbolisation, actualisation) qui permettent à la fois de mieux se dire et de mieux se faire entendre.

Peur

La grande fonction souvent méconnue des peurs est de cacher les désirs. Derrière chaque peur se cache un ou plusieurs désirs qu'il est possible d'apprendre à entendre.

Polarités et déficiences relationnelles

Se rattachent à nos dominantes ou nos insuffisances dans les domaines du demander, donner, recevoir ou refuser.

C'est aussi une invitation à entreprendre un travail de réconciliation ou de valorisation avec chacune de ces dominantes ou insuffisances.

Pollutions relationnelles

Elles sont constituées par les diverses et multiples agressions verbales, comportementales ou autres qui sont déposées sur nous. La pollution est entretenue par celui qui n'ose pas restituer à l'autre ce qui n'est pas bon pour lui.

Potentiel relationnel

Concerne les quatre principales démarches dont chacun dispose, avec plus ou moins de liberté, pour communiquer : demander, donner, recevoir, refuser et accessoirement rendre et reprendre.

Pouvoir et autorité

Deux positions relationnelles d'influence, qui sont aussi des positions de domination (pouvoir) ou d'autorisation (autorité) dans le sens de nous rendre auteur.

Règles d'hygiène relationnelle

Ensemble des balises proposées dans la méthode ESPERE, pour ne pas entretenir le système SAPPE.

Chaque règle d'hygiène relationnelle permet d'introduire un autre regard, une autre approche des relations humaines, un changement dans les croyances.

Relation en santé

Nous établissons un lien étroit entre la santé physique et la qualité des relations vécues. Une relation en santé sera celle qui n'entretiendra pas les ressentiments, les reproches, les rancœurs ou les accusations sur autrui... C'est une forme de relation qui nous permet de sortir de la victimisation (fixation sur les manques) pour passer à l'affirmation (reconnaissance et énoncé de ses besoins).

Reliances

Capacité d'établir un lien nouveau entre deux ordres de faits qui n'ont aucun point commun au départ et qui, par leur association, vont être porteur d'une signification jusqu'alors maintenue inconsciente.

Responsabilisation

Principe qui fonde la méthode ESPERE, c'est une invitation à accepter que nous sommes partie prenante dans tout ce qui nous arrive et surtout de ce que nous en faisons dans notre vie.

Sevrage relationnel

Passage de la position maman à la position mère qui se traduit par une atteinte à l'I.T.P.I., qui va permettre à l'enfant (et plus tard à l'adulte) de se confronter avec une réalité parfois gratifiante et parfois insatisfaisante et frustrante.

Soins relationnels

Concept qui présente la possibilité de proposer au-delà des soins médicaux, chirurgicaux techniques ou infirmiers, un accompagnement relationnel pour permettre à la personne en difficulté de santé d'entendre sa maladie comme un langage métaphorique ou symbolique.

Strates relationnelles

Ce sont les couches sous jacentes qui irriguent toute relation. Quel que soit l'enjeu de départ (fonctionnel comme dans les relations professionnelles, affectif ou amoureux comme dans les relations de couple) ces couches qui vont de l'affectif, du sexué, du transférentiel, du symbolique, à l'archaïque sous tendent et motivent la plupart de nos réactions inconscientes.

Sujet et objet

Le système SAPPE aurait tendance à nous transformer en « objet » relationnel à partir de l'hétéro définition dans laquelle nous enferme autrui. Alors que la méthode ESPERE nous réconcilie avec notre identité de sujet, capable de se positionner, doué de créativité et de capacité à faire des choix.

Système relationnel

Les relations humaines se déclinent par passages successifs de l'impression à l'expression (extériorisation), de l'expression à la communication (mise en commun), de la communication à la relation (établissement d'un lien) et dans une relation de longue durée par la mise en place de systèmes relationnels.

La rencontre et l'ajustement de deux positions relationnelles (soit antagonistes, complémentaires ou en miroir) va créer un système relationnel.

Le système est équilibré tant que chacun des protagonistes maintien sa position et qu'il y trouve suffisamment de bénéfice et de satisfaction. Le système se déséquilibre quand l'un des protagonistes change de position et que l'autre ne peut le supporter ou qu'il se sent menacé par cette modification.

Le plus difficile et le plus douloureux dans une séparation, n'est pas de quitter la personne, mais de sortir du système relationnel qui perdure parfois longtemps après une séparation ou une rupture.

Terrorisme relationnel

Conduites plus ou moins conscientes que nous proposons le plus souvent avec sincérité pour imposer nos désirs et mettre l'autre au service de nos idées, de nos croyances, de nos projets ou de nos besoins.

Le terrorisme relationnel suscite beaucoup de violence non repérées et « innommées » dans la banalité du quotidien. Il s'exerce le plus souvent à rencontre d'êtres proches.

Toxines relationnelles

Certains mots, certaines expressions, certaines conduites, quand ils sont introduits ou saupoudrés dans un échange, vont polluer à la fois la pensée et la qualité de la relation avec soi-même et avec autrui. Ils agissent comme de véritables poisons parfois à long terme. Ils suscitent ressentiments et autoviolences.

Triangularisation

C'est le fait de découvrir que nous sommes toujours trois dans une relation : l'autre, moi et la relation qui nous relie. Invitation à prendre soin de la relation pour mieux faire circuler les échanges possibles.

Univers sappien

Néologisme construit à partir du sigle SAPPE. Univers dans lequel nous avons été éduqué pour la plupart d'entre nous.

Univers imprégné de croyances, de représentations, d'idéologies fortement marquées par la persistance et l'emprise de relations qui nous sont proposées sur la base d'injonctions, de menaces, de dévalorisations, de disqualifications et du maintien des rapports de force dominant/dominé, gagnant/perdant. Cet univers est essentiellement énergétivore dans le sens où il nous entraîne à dépenser des énergies non créatrices sur un mode défensif/agressif.

Victimisation

Position de vie constante et durable qui consiste à rendre autrui (ou l'environnement) responsable de ce qui nous arrive et à nous en plaindre sur un mode compulsif. Cette position est entretenue par la culture messianique de notre civilisation, qui nous laisse croire qu'un sauveur prendra soin de nous dans un monde meilleur.

La victimisation suscite une culture parallèle de l'assistanat et du développement de la dépendance.

Violence des maux et silence des mots

Nous pensons que les maladies sont des langues symboliques et métaphoriques dont le sens est de tenter de dire et de cacher l'indicible.

Au-delà des causes, il conviendrait alors de rechercher le sens et d'établir des reliances entre les événements de notre vie.

Table

TABLE

Mise en pratique de la méthode ESPERE   193

TABLE

TABLE

Jacques Salomé
au Livre de Poche

Contes à aimer, contes à s'aimer n° 31236

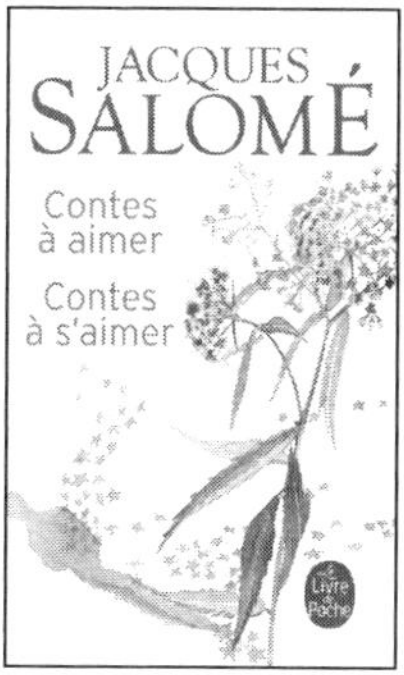
JACQUES
SALOMÉ
Contes
à aimer
Contes
à s'aimer

Il s'agit, à travers chacun des 80 contes inventés, recueillis ou adaptés par Jacques Salomé, de retrouver une parole perdue, de repartir à la conquête des mots pour exprimer ses blessures, pour dire les maux. Des contes qui témoignent de nos rapports avec notre psyché, de nos problèmes, de nos espoirs et de nos réalisations réelles.

Contes à guérir, contes à grandir n° 10038

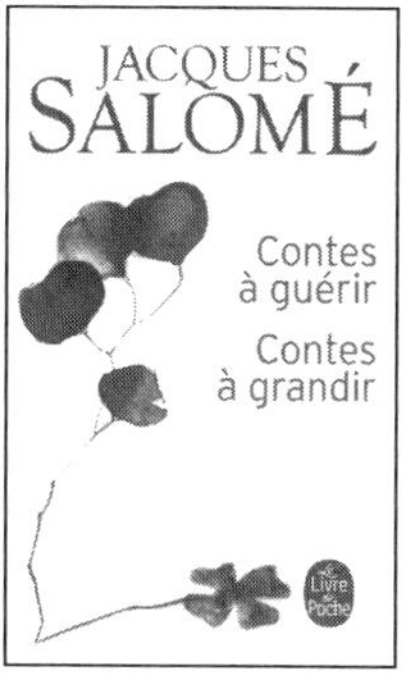
JACQUES
SALOMÉ
Contes
à guérir
Contes
à grandir

Les contes, nous le savons maintenant, nous aident à guérir. Ils permettent de nommer l'indicible, de dénouer les contradictions, de réparer les blessures de notre histoire présente et passée. Ils nous aident à grandir, à croître et à nous harmoniser. Ils favorisent à l'intérieur de nous la réconciliation entre différents états de notre condition humaine, le psychisme, le corps et l'esprit qui parfois se révèlent antagonistes et contradictoires.

Ils contiennent des mots qui nous enveloppent, nous caressent et nous serrent dans une amicale clarté ; ils nous proposent des associations qui nous illuminent dans une limpide atmosphère et nous déposent, plus apaisés, aux confins de l'imaginaire et du réel.

Contes d'errances, contes d'espérance n° 31507

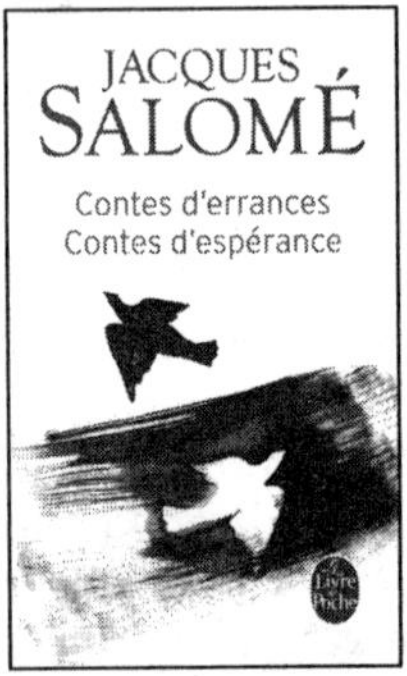
JACQUES
SALOMÉ
Contes d'errances
Contes d'espérance
Livre de Poche

Il est des contes pour rire et pleurer, et d'autres pour entendre au-delà des maux le silence des mots. Des contes pour nous permettre d'apprivoiser la part d'ombre et de secret qui habite nos histoires visibles. Des contes pour entendre l'indicible et nous réconcilier avec notre passé et l'entreprise de notre histoire. Leurs mots peuvent être comme des coups qui frappent le tambour de l'imaginaire. Poursuivant le chemin des *Contes à guérir, contes à grandir* et de *Contes à aimer, contes à s'aimer,* ces *Contes d'errances, contes d'espérance* représentent pour moi l'essentiel de mes découvertes et de mes enthousiasmes.

Contes des petits riens et de tous les possibles n° 33972

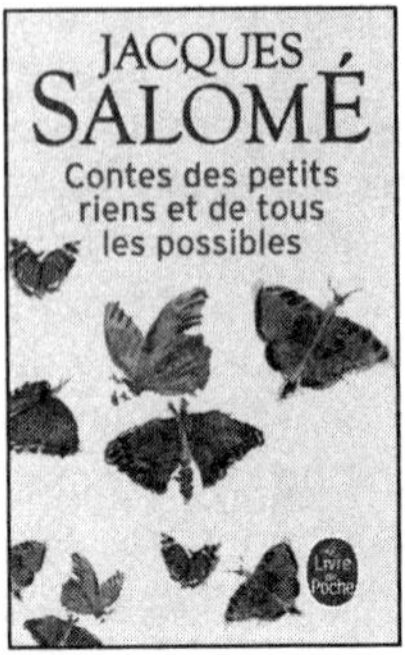
JACQUES
SALOMÉ
Contes des petits riens et de tous les possibles
Livre de Poche

« Les contes remplissent une fonction symbolique importante, essentielle pour nous permettre de nous réconcilier non seulement avec notre passé mais aussi avec quelques-uns des avatars de notre vie actuelle. Alors oser lire des contes, en créer, en offrir ou accepter d'en recevoir me semble une démarche vivante pour nourrir une relation avec des proches et des moins proches. Pour stimuler des

émerveillements, des découvertes et des partages avec les enfants et les ex-enfants que nous sommes tous. »
Grâce à ces nouvelles petites histoires ludiques et poétiques, légères et profondes, Jacques Salomé nous relie à l'immensité d'un savoir universel dont chacun d'entre nous est partie prenante sans le savoir.

La Ferveur de vivre n° 33533

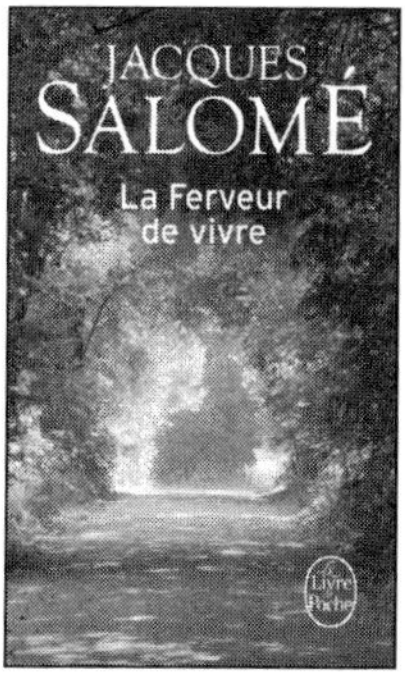
JACQUES
SALOMÉ
La Ferveur
de vivre

Fort de sa longue carrière de psychosociologue et d'écrivain, avec le regard apaisé d'un homme d'expérience, Jacques Salomé propose un nouvel art de vivre : construire la confiance en soi, lutter contre les auto-sabotages à répétition, apprendre à vivre en couple, gérer les messages positifs ou négatifs que nous recevons, oser renaître chaque jour pour enfin changer, avoir foi en la vie, vieillir sans se presser... Un livre de sagesse sereine et créative.

J'ai encore quelques certitudes n° 34527

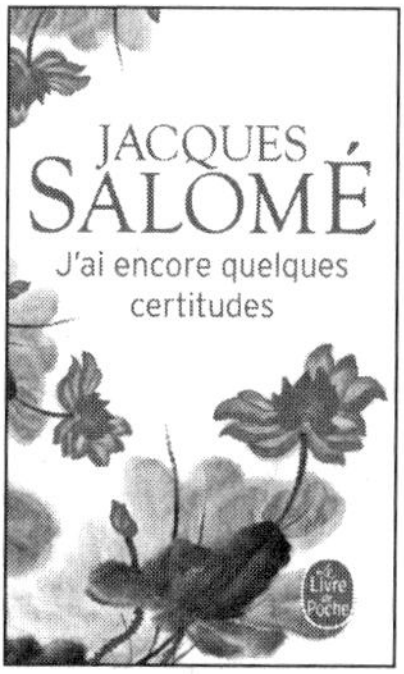
JACQUES
SALOMÉ
J'ai encore quelques
certitudes

« Acceptez de faire confiance à vos propres ressources et au miracle de l'imprévisible qui vous habite. Osez vous définir et marquez la différence quand l'autre tente de vous réduire ou de vous enfermer dans sa définition à lui. Expérimentez en créant du réel au-delà des croyances que vous avez reçues. Vivez comme si vous étiez le seul garant de votre existence. Voyez ceux qui vous entourent comme des êtres uniques ou, mieux encore, comme des cadeaux qui rendent le présent plus présent. »

Je croyais qu'il suffisait de t'aimer... n° 30937

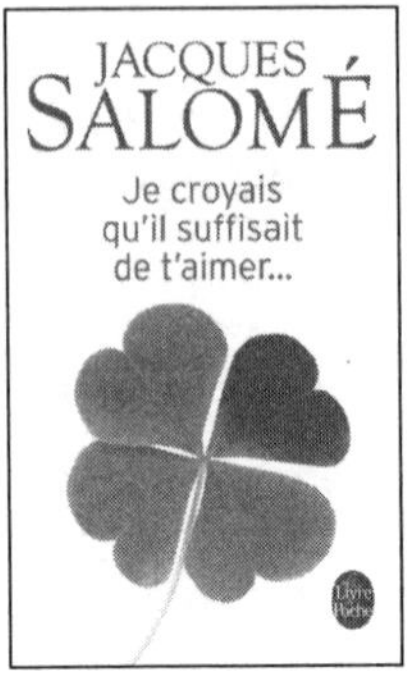
JACQUES
SALOMÉ
Je croyais
qu'il suffisait
de t'aimer...

Surprenantes de force et de beauté, magnifiées par l'écriture d'un fabuleux conteur, ces vingt-quatre histoires de Jacques Salomé sont l'œuvre d'un observateur attentif aux errances des passions. Irrigués par des amours violentes, incertaines ou pathétiques, ces récits sont tissés à partir du présent amoureux de chacun des protagonistes, mais aussi à partir de leur passé. Jacques Salomé sait combien l'intimité d'une rencontre peut s'ouvrir sur une liberté inouïe lorsque tous les sens y participent. Ces nouvelles, criantes de vérité et de sensualité, nous fascinent, et nous touchent.

Je viens de toutes mes enfances n° 32163

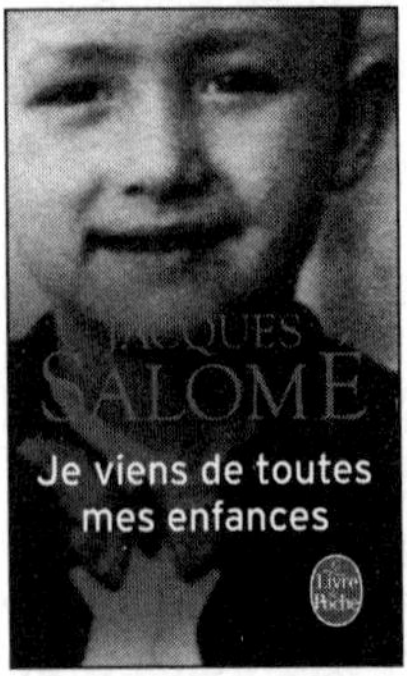
JACQUES
SALOMÉ
Je viens de toutes
mes enfances

« Quand on demandait à ma grand-mère d'où elle venait, elle répondait, après un infime temps d'hésitation : "Je viens du pays de mon enfance." Oserais-je dire aujourd'hui que mes enfances viennent de plusieurs pays, qui se sont aimés ou haïs, rapprochés ou éloignés, associés ou combattus aux rythmes de mes découvertes ? Que mes enfances ont des sources visibles et d'autres plus secrètes dont je découvre sur le dernier versant de ma vie l'importance, les influences si nécessaires, la générosité si pleine, la faveur jamais épuisée ? Mes enfances en effet sont multiples, mélangées et incomplètes, fugaces et éternelles comme chacun de mes souvenirs. Elles me semblent appartenir à des âges différents, à des périodes morcelées et cloisonnées de mon existence, comme si déjà, enfant, j'avais eu plusieurs vies à vivre en même temps. »

Oser travailler heureux n° 32477

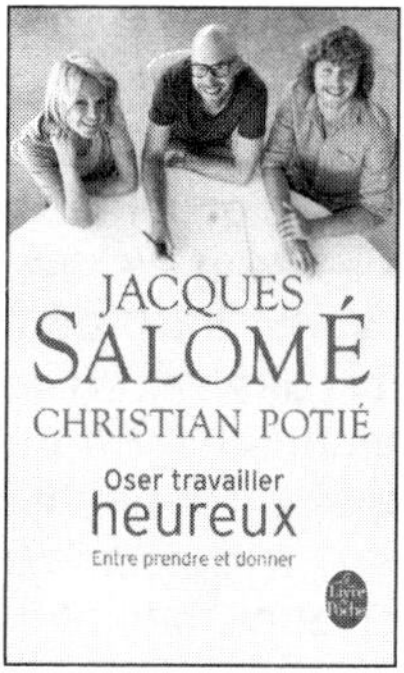
JACQUES
SALOMÉ
CHRISTIAN POTIÉ
Oser travailler
heureux
Entre prendre et donner

Travailler huit heures par jour, c'est vendre quotidiennement huit heures de sa vie. La question n'est pas tant de savoir *combien* nous la vendons mais *comment* nous la vendons. Souvent, nous la vendons mal, à un prix qui retentit lourdement sur nos vies personnelles... À partir de ce constat, les auteurs examinent les modalités relationnelles qui permettent à une entreprise d'être créative et conviviale tout en restant opérationnelle. Ils développent le concept de management relationnel et proposent des chartes de vie et des balises accessibles à chacun pour non seulement mieux se responsabiliser dans son poste et dans sa fonction, mais aussi pour ne plus entretenir tensions, morosité et relations énergivores. En somme, pour pouvoir mieux se faire respecter et se respecter soi-même, afin de rendre possible le rêve de travailler heureux !

Papa, Maman, écoutez-moi vraiment n° 31971

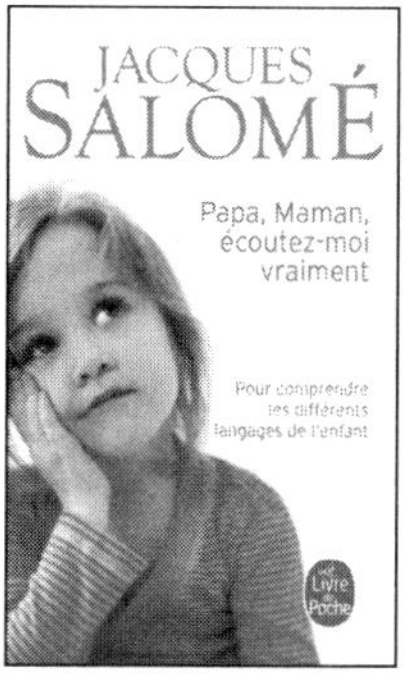
JACQUES
SALOMÉ
Papa, Maman,
écoutez-moi
vraiment

Après Françoise Dolto et stimulé par son travail, Jacques Salomé nous montre combien l'essentiel d'une existence se joue parfois dans les premières années de la vie. Si les bébés et les jeunes enfants n'ont pas beaucoup de mots pour parler, ils ont beaucoup de langages pour s'exprimer. L'auteur dévoile ici quelques-uns de ces langages avec lesquels le bébé, le jeune enfant et plus tard l'adulte vont tenter de se dire, ou de ne pas se dire, de se signifier, et peut-être d'exister.

Pourquoi est-il si difficile d'être heureux ? n° 31651

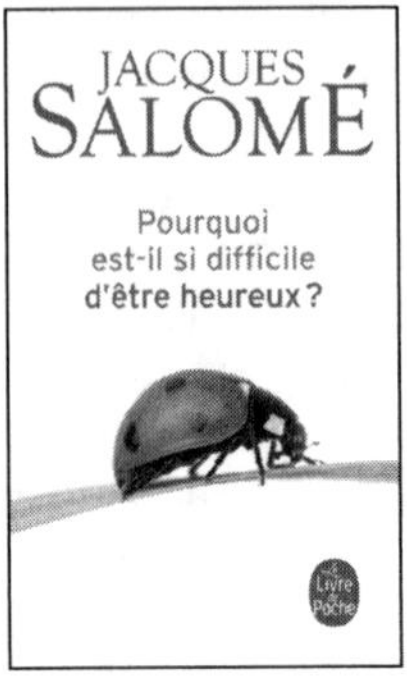
JACQUES SALOMÉ
Pourquoi est-il si difficile d'être heureux ?
Le Livre de Poche

« Le bonheur, faut-il le rappeler, c'est une petite lumière au plus sombre de soi. Petite veilleuse fidèle, patiente et inaltérable, mais qu'il est bon de raviver sans cesse jour après jour, qu'il est bon de tenir à l'abri des vents, de protéger des tempêtes du chagrin ou de la pluie des désespoirs. Une petite lumière qu'il appartient à chacun de préserver de la malveillance, des pensées négatives, des poisons du ressentiment, de l'inattention des habitudes. Le bonheur est une conquête permanente sur la lassitude, les découragements ou les enfermements. Le bonheur est une toute petite flamme scintillant en plein jour, courageuse, précieuse, magique et mystérieuse au cœur de chacun. »

Ouvrages de Jacques Salomé

Aux Éditions Albin Michel

PAPA, MAMAN, ÉCOUTEZ-MOI VRAIMENT
JE M'APPELLE TOI
T'ES TOI QUAND TU PARLES
BONJOUR TENDRESSE
CONTES À GUÉRIR, CONTES À GRANDIR
HEUREUX QUI COMMUNIQUE
L'ENFANT BOUDDHA
CHARTE DE VIE RELATIONNELLE À L'ÉCOLE
COMMUNIQUER POUR VIVRE
C'EST COMME ÇA, NE DISCUTE PAS !
EN AMOUR, L'AVENIR VIENT DE LOIN
ÉLOGE DU COUPLE
TOUS LES MATINS DE L'AMOUR... ONT UN SOIR
LES MÉMOIRES DE L'OUBLI
(en collaboration avec Sylvie Galland)
PAROLES À GUÉRIR
POUR NE PLUS VIVRE SUR LA PLANÈTE TAIRE
CAR NOUS VENONS TOUS DU PAYS DE NOTRE ENFANCE
CONTES À AIMER, CONTES À S'AIMER
DIS, PAPA, L'AMOUR C'EST QUOI ?
OSER TRAVAILLER HEUREUX
(en collaboration avec Christian Potié)
LETTRES À L'INTIME DE SOI
JE T'APPELLE TENDRESSE
JE CROYAIS QU'IL SUFFISAIT DE T'AIMER...

MINUSCULES APERÇUS SUR LA DIFFICULTÉ D'ENSEIGNER
MINUSCULES APERÇUS SUR LA DIFFICULTÉ DE SOIGNER
TOI, MON INFINITUDE (calligraphies de Hassan Massoudy)
N'OUBLIE PAS L'ÉTERNITÉ
PAROLES DE RÊVES (photographies de Vincent Tasso)
PENSÉES TENDRES À RESPIRER AU QUOTIDIEN
(calligraphies de Lassaâd Metoui)
CONTES D'ERRANCES, CONTES D'ESPÉRANCE
POURQUOI EST-IL SI DIFFICILE D'ÊTRE HEUREUX ?
JE VIENS DE TOUTES MES ENFANCES
LA FERVEUR DE VIVRE
CONTES POUR GRANDIR DE L'INTÉRIEUR
CONTES DES PETITS RIENS ET DE TOUS LES POSSIBLES
J'AI ENCORE QUELQUES CERTITUDES
UN CHEMIN DE VIE

Chez d'autres éditeurs

SUPERVISION ET FORMATION DE L'ÉDUCATEUR SPÉCIALISÉ
(épuisé)
Éd. Privat

RELATION D'AIDE ET FORMATION À L'ENTRETIEN
Presses universitaires de Lille

PARLE-MOI, J'AI DES CHOSES À TE DIRE
Éd. de l'Homme

APPRIVOISER LA TENDRESSE
Éd. Jouvence

SI JE M'ÉCOUTAIS JE M'ENTENDRAIS
(en collaboration avec Sylvie Galland)
Éd. de l'Homme

Aimer et se le dire
(en collaboration avec Sylvie Galland)
Éd. de l'Homme

Jamais seuls ensemble
Éd. de l'Homme

Une vie à se dire
Éd. de l'Homme

Le courage d'être soi
Éd. du Relié, Pocket

Au fil de la tendresse
(en collaboration avec Julos Beaucarne)
Éd. Ancrage

Inventons la paix
Éd. Librio

L'Amour et ses chemins
(en collaboration avec Catherine Enjolet)
Éd. Pocket

Passeur de vies
Éd. Dervy, Pocket

Car nul ne sait à l'avance la durée d'un amour
Éd. Dervy

Un océan de tendresse
Éd. Dervy

Mille et un chemins vers l'autre
Éd. Souffle d'Or

Découvrir la communication relationnelle dès l'enfance
(en collaboration avec Kathleen Geerlandt)
Éd. Jouvence

« Je mourrai avec mes blessures »
Éd. Jouvence

Vivre avec soi
Éd. de l'Homme

VIVRE AVEC LES MIENS
Éd. de l'Homme

VIVRE AVEC LES AUTRES
Éd. de l'Homme

ÉCRIRE L'AMOUR
Éd. Dervy

SI ON EN PARLAIT...
Éd. Jouvence

ET SI NOUS INVENTIONS NOTRE VIE?
Éd. du Relié

INVENTER LA TENDRESSE
Éd. Bachari

Le Livre de Poche s'engage pour
l'environnement en réduisant
l'empreinte carbone de ses livres.
Celle de cet exemplaire est de :
200 g éq. CO_2
Rendez-vous sur
www.livredepoche-durable.fr

PAPIER À BASE DE
FIBRES CERTIFIÉES

Composition réalisée par PCA

Achevé d'imprimer en mai 2020 en Espagne par
Liberdúplex
Dépôt légal 1re publication : février 2019
Édition 05 – mai 2020
LIBRAIRIE GÉNÉRALE FRANÇAISE
21, rue du Montparnasse – 75298 Paris Cedex 06